人は、変えてゆく人だ。

目の前にある問題はもちろん、

人生の問いや、

社会の課題を自ら見つけ、

挑み続けるために、人は学ぶ。

「学び」で、

少しずつ世界は変えてゆける。

いつでも、どこでも、誰でも、

学ぶことができる世の中へ。

旺文社

大学入試
出る順

英熟語ターゲット

5訂版　早稲田大学名誉教授 花本金吾 著

TARGET 1000 -5th Edition-

Obunsha

はしがき

　『英熟語ターゲット1000』の第5版をお届けする。本書の第1版を送り出してから40年近い年月が流れた。幸いにもこの間，本書は全国の大学受験生に広く受け入れられ，好評でありつづけた。4度目にあたる今回の改訂を機に，本書をさらに進化させ，英語の習得に情熱を傾けている読者の皆さんにとって「真に役立つ1冊」となるよう，精一杯の力を込めて執筆を行った。

　今回の改訂にあたっては，直近8年分の全国の大学入試問題を分析し，最近の入試傾向を十分に反映するものとした。特に顕著な入試傾向としては，「問題文のさらなる長文化」「熟語・慣用表現の多量化」を挙げることができる。1点目については，日ごろからいろいろな種類の英文を多く読んで読解力を養う以外にないが，2点目については，本書をしっかり活用することで合格に必要な実力を養成していただくことができる。

　熟語・慣用表現がなぜ増加しているのか。それは現代英語の特徴だからである。かつて入試に使われた英文は有名作家や名文家たちのものがほとんどで，そのため難単語が多く，熟語は比較的限られていた。ところがインターネットの普及とともに入試に使用される英文の多様化が一気に進み，その結果が日常レベルで使用されている熟語・慣用表現の多量化となって現れたのである。この多量化への対応策としては，同意表現や反意表現，解説を前の版より大幅に増やしたほか，巻末に「難熟語 Plus80」を追加した。

　音声面への配慮は前の版のときと同様に払った。熟語といえども現代英語の一部であることに変わりはない。これからの若い人たち

は少なくとも外国語の1つ，その中でも圧倒的に広く使われている英語くらいは，自分の将来のためにもものにしておくのが絶対に得策であるのは，ぼくは自分の体験からもはっきり申し上げることができる。その英語は，「読み・書き」のほかに，「話し・聞く」能力が伴ったものでありたい。そのための一助となればとの願いから，見出し熟語にはすべてアクセント記号をつけた。音声は使われる場の状況により変化し得るが，最も一般的な状況で発せられると思えるものを付した。

例文については，毎回述べることであるが，最大限の注意を払って作成し，今回も信頼する2人の native の先生 ― アメリカ英語の視点からは，かつて高校の教科書を一緒に編纂するなどした古くからの友人ウィリアム・オコーナー亜細亜大学教授，そしてイギリス英語の視点からは，早大の同じ学部で長く同僚であったエイドリアン・ピニングトン早稲田大学教授 ― にしっかりチェックをお願いした。皆さんには安心してものにしていただきたい。

これから先どのように technology が進歩し，どのようにすばらしい翻訳機器が発明されようと，外国語習得を果たした人の将来は常に洋々たるものであることを信じ，読者の皆さんの研鑽を祈りたい。

最後に，今回の改訂で苦労をともに分かち合った編集部の上原英氏に心からの御礼を申し上げる。

花本 金吾

著者紹介　花本 金吾（はなもと きんご）

早稲田大学名誉教授。英語を含めすべて独学で大学入学資格検定試験（現在の高等学校卒業程度認定試験）に合格。早稲田大学文学部卒・文学研究科博士課程修了。専攻は現代米文学（小説）・米語法。『オーレックス英和辞典』（旺文社）編集委員。ほぼ半世紀に及ぶ『全国大学入試問題正解　英語』校閲のほか，『基礎英作文問題精講』（いずれも旺文社），『フォークナー研究　第1巻』（学書房）などの著書多数。通訳案内業者試験（現在の全国通訳案内士試験）（英語）合格により，若き日には外国人観光団を案内し，国際親善にも努めた。

CONTENTS

4

英熟語ターゲットの特長と使い方

英熟語ターゲット1000の4大特長

❶ 厳選した「1000熟語」と入試で狙われやすい「意味」

❷ 最新の入試傾向を反映した入試問題分析に基づく
「でる順」

❸ 覚えやすくグルーピングした「パート」&「セクション」

❹ 学習に役立つ「ファイナルチェック」などの巻末と「無料
音声ダウンロード」

特長 ❶ 厳選した「1000熟語」と入試で狙われやすい
　　　　「意味」

特長 ❷ 最新の入試傾向を反映した入試問題分析に
　　　　基づく「でる順」

分析と専門家の意見を基に厳選した「1000熟語」*1 と「でる順」!

　長年『全国大学入試問題正解』を刊行してきた旺文社だからこそ持ち得る膨大な蓄積資料から、ベースとなる出題頻度順データを作成しています。最新の入試傾向を反映するため、5訂版では特に過去8年分のデータ分析を重視しました。このデータを基に、入試英語の専門家である著者がこれからの入試に対応するために必要な「1000熟語」(見出し熟語)を厳選し、その上で入試問題に出題されやすいものから効率的に覚えられるように「でる順」(出題頻度順)の配列を決定しています。

入試問題に出題されやすい「意味」*2 を掲載!

　単語と同様に、熟語にも複数の意味を持つものがたくさんあります。本書では、見出し熟語を含む入試英文を検証し、複数ある意味のうち、入試問題で出題されやすい意味や覚えておく価値があると判断した意味を選び、掲載しています。このため、掲載されている意味や並び順が辞書とは異なることがあります。

*¹ 1000 熟語＝見出し熟語   *² 意味

màke súre (〜)	(〜を)確かめる；確実に〜をする
□□ 89	同 make certain (〜)
	▶ sure [certain] の後には that 節, to do, of 〜 のいずれも続けることが可能。

*³ 同意表現・補足説明など

　見出し熟語と合わせて覚えておきたい同意表現（同）や反意表現（反），見出し熟語についての補足説明（▶）や参考として押さえておきたい内容（参考）など*³も示しているので，これらを読み込むことで見出し熟語についての知識や理解を深めることができます。

特長 ❸ 覚えやすくグルーピングした「パート」＆「セクション」

意味や形で覚えやすくグルーピングした「パート」＆「セクション」！

　本書では1000の熟語を5つのパートに分け，さらにパートごとにグルーピングを行い，セクションとしてまとめました。覚えやすくグルーピングを行うことで，より効率的な学習が可能となっています。

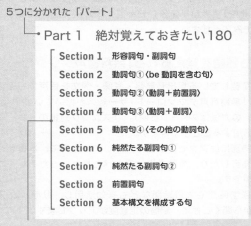

5つに分かれた「パート」

Part 1　絶対覚えておきたい180

Section 1　形容詞句・副詞句
Section 2　動詞句①〈be 動詞を含む句〉
Section 3　動詞句②〈動詞＋前置詞〉
Section 4　動詞句③〈動詞＋副詞〉
Section 5　動詞句④〈その他の動詞句〉
Section 6　純然たる副詞句①
Section 7　純然たる副詞句②
Section 8　前置詞句
Section 9　基本構文を構成する句

パートごとにさらにグルーピングされた「セクション」

特長 ❹ 学習に役立つ「ファイナルチェック」などの 巻末と「無料音声ダウンロード」

最難関レベル入試にも対応できる「難熟語 Plus80」！
(P.334〜345)

　読解に求められる熟語のレベルが高くなっている近年の最難関レベル入試にも対応できるように，1000熟語に加えてさらに知っていると役立つ「80の難熟語」＝「難熟語 Plus80」を巻末特集として収録しています。

　1000熟語と同様に，見出し熟語・意味・例文を1セットとしています。最難関レベルを目指す受験生はぜひ活用してください。

最終確認に最適な「ファイナルチェック」！ (P.346〜445)

　1〜1000までの見出し熟語と意味を「英➡日」「日➡英」の2パターンでランダム順に確認できる「ファイナルチェック」を巻末特集として収録しています。熟語を覚えられているかの確認や，試験直前の最終確認にピッタリです。

　「英➡日」では熟語を見て意味が言えるか，「日➡英」では意味を見て熟語が言えるかを確認することができます。

　1 Unit ＝ 40題（見開き2ページ）の構成になっていますので，例えば1 Unit を「英➡日：2分」「日➡英：3分」を目標とするなどして取り組んでみてください。

耳（音）でも熟語を覚えられる「無料音声ダウンロード」！

　本書に掲載している見出し熟語・意味・例文を音声でも確認できるように，「無料音声ダウンロード」サービスが付いています（音声ダウンロードの方法は9ページ参照）。リスニング対策のトレーニングとしても活用することができます。

　見出し熟語にはアクセント記号がついているので，本書を見ながら自分で発音したり，意味を思い浮かべたりといったトレーニングがおすすめです。

　また，通学時間や入浴時間なども有効活用し，リラックスした状態で耳から聞くことで，記憶の定着度がアップします。

音声ファイルダウンロードについて

　本書の音声は，音声ファイルの形で無料でダウンロードすることができます。（音声はストリーミング再生も可能です。詳しくは専用サイトをご覧ください。）

音声の聞き方

公式サイトからダウンロードできます

https://www.obunsha.co.jp/tokuten/target/

①パソコンからインターネットで専用サイトにアクセス
②**『英熟語ターゲット1000（5訂版）』**をクリック
③パスワード「**tg1000**」をすべて半角英数字で入力して，音声ファイルをダウンロード

　音声ファイルは ZIP 形式で圧縮されていますので，解凍［展開］して，デジタルオーディオプレーヤーなどでご活用ください。解凍［展開］せずに利用されると，ご使用の機器やソフトウェアにファイルが認識されないことがあります。

　デジタルオーディオプレーヤーへの音声ファイルの転送方法は，各製品の取扱説明書やヘルプをご参照ください。

【注意】
・ スマートフォンやタブレットでは音声をダウンロードできません。
・ 音声ファイルは MP3 形式です。音声の再生には MP3 ファイルを再生できる機器などが別途必要です。
・ ご使用機器，音声再生ソフトなどに関する技術的なご質問は，ハードメーカーもしくはソフトメーカーにお願いします。
・ 本サービスは予告なく終了することがあります。

音声の内容

① 1000の「見出し熟語（英語）」
② 1000の「見出し熟語（英語）➡見出し熟語の意味（日本語）」
③ 1000の「見出し熟語（英語）➡見出し熟語の意味（日本語）➡例文（英語）」

おすすめ学習法

**自分に合った覚え方が選べる！ 試せる！
だから続けられる！**

　単語だけでなく熟語学習もコツコツ地道に覚えていくことが大事ですが，「なかなか覚えられない，続けられない…」というのが現実ではないでしょうか。そんなあなたにゴールまで挫折せずに継続できる学習法をお教えします。

◤1◢ Section ごとに覚えよう！

　英熟語ターゲット1000は，覚えやすいようにセクションという形でグルーピングを行っています。各セクションは，同じ「形」や「意味」（同じ意味の表現，違う意味の表現など）で分けられていますので，1セクションを1つの区切りとして学習を進めていきましょう。

◤2◢ 折って覚えよう！

　本書の見出し熟語の部分を折って使用することで，見出し熟語部分や意味を隠して使うことができます。覚えたところを折ることにすれば，どこまで覚えたか一目瞭然です。折ってさらにコンパクトになることで，カバンのすきまや，制服のポケットなどにも入ります。

◤3◢ 公式アプリを活用して覚えよう！

　本書にはシリーズ公式アプリ「ターゲットの友」が対応しており，英熟語を覚えるためのさまざまな学習サポート機能を用意しています。書籍とアプリを一緒に使うことで，学習効果アップが期待できます。

11

本書の紙面構成

パート・セクション

項
セクション内でさらにグルーピングする場合に示しています。

見出し熟語・アクセント記号
出題頻度順データを分析した厳選の1000熟語です。（´）（`）は見出し熟語の強勢を示しています。強勢は、最も一般的な状況で発せられると思われるものをつけています。
※（´）＝第1アクセント
　（`）＝第2アクセント

チェックボックス・熟語番号（ID）
覚えた熟語にはチェック☑をつけられるようにしています。
数字は、見出し熟語の掲載順に1～1000の番号をつけたものです。

意味
見出し熟語の意味を赤字にしています。ほぼ同じ意味のものはコンマ（,）でつなぎ、意味や用法が異なるものはセミコロン（;）で区別しています。
複数の意味に例文をつけている場合は、①②のように分けて提示しています。

深める！・広げる!!
深める！ は、見出し熟語に関連する表現をまとめたもの、広げる!! は、巻末特集の1つで、見出し熟語にとらわれずにさらに押さえておきたい表現をまとめたものです。

Part 3　形で覚える240
Section 5　動詞句⑤〈be動詞＋形容詞＋前置詞〉

1　be動詞 ＋ 形容詞 ＋ to

be related to ～
☐☐ 549
～と関係がある；～と姻戚関係がある
　同 be connected to [with] ～
　▶ 前置詞が with ではなく to である点に注意。

be similar to ～
☐☐ 550
～に似ている
　同 be analogous [ənǽləɡəs] to [with] ～
　反 be different from ～ →21,
　　 be dissimilar to [from] ～ 「～と似ていない」

be subject to ～
☐☐ 551
～を受けやすい；～に服従している
　▶ 文脈に応じていろいろな訳し分けが必要な厄介な熟語。
　参考 be subjected to ～ は「～（不快な経験など）を受ける、～にさらされる」の意味。この subjected は動詞 subject [səbdʒékt] の過去分詞で発音が異なる。

be superior to ～
☐☐ 552
～より優れている
　▶「～より」は、than ではなく to ～。 ●深める！

be sensitive to ～
☐☐ 553
～に敏感である
　反 be insensitive to ～「～に鈍感である」
　▶「神経質だ、気にしすぎだ」の意味では、be sensitive about ～ も使う。

> **深める！** be superior to ～（552）と類似の表現
>
> superior のようなラテン語由来と言われる形容詞では、than の代わりに to が使われる。同様の例は次のとおり。
>
> ・be inferior to ～「～より劣っている」

196

広げる!! ① make を使った慣用表現

〈make＋名詞〉

☐ make coffee「コーヒーを入れる」
☐ make haste「急ぐ」（やや古風）　■ hurry
☐ make money「金もうけをする」　■ earn money
☐ make progress「進歩する」→93
☐ make room「場所を空ける」
☐ make sense「意味をなす；道理にかなう」→90
☐ make tea「お茶を入れる」

12

〈be 動詞＋形容詞＋前置詞〉の熟語 36 個を集めた。形容詞のアクセントにも注目しよう。551 の subject は品詞が違えば発音・アクセントも異なる。

We can't deny the fact that our facial expressions <u>are</u> closely <u>related to</u> emotions. （鳥取大）	私たちの顔の表情は感情<u>と密接な関係がある</u>という事実を否定できない。
The human body <u>is similar to</u> most plants in that it is designed to be active during the day. （立教大） *in that ...「…の点で」⇒ 760	ヒトの体は、日中活発であるように設計されているという点で、ほとんどの植物に<u>似ている</u>。
If you are under the impression that only the students of four-year schools <u>are subject to</u> debt, think again. （関西外大）	もしあなたが 4 年制学校の学生だけが負債を負いやすいと思い込んでいるなら、考え直しなさい。
Mr. Kato <u>is superior to</u> anyone in the company in his English ability. （専修大）	加藤さんは英語の能力においては会社の誰<u>よりも優れている</u>。
It is very important for all of us <u>to be</u> more <u>sensitive to</u> the feelings of others. （早大）	他人の気持ちにもっと<u>敏感である</u>ことは私たち皆にとってとても重要だ。

・ be senior to ～「～より先輩[上位]である」
　*「～の2歳年上」のように「年齢」を比較する場合には、be two years ～'s senior や be older than ～ by two years が普通。
・ be prior to ～「～より前である」⇒ 206
・ be anterior to ～「～より前方[以前]である」
・ be posterior to ～「～より後方[以後]である」

197

ゲージ
どこまで学習が進んだかが一目でわかります。

例文・出典
見出し熟語とその意味を効果的に覚えるための例文です。見出し熟語は赤字にして下線を引いています。（　）内は、例文の出典元の大学名などを示しています。例文は、覚えやすくするために出典元の英文から一部改変を行っています。

訳文
例文の訳です。見出し熟語に対応する部分は赤字にして下線を引いています。

同・反
見出し熟語の同意表現と反意表現を示しています。
見出し熟語が複数の意味を持つ場合、特定の意味のときにのみ同意表現になるものは、表現の前に該当する見出し語の意味を示しています。

▶・参考
▶は見出し熟語についての補足説明など、参考は見出し熟語と合わせて押さえておきたい内容などを示しています。

●関連情報の表示
⇒0000　参照先として見出し熟語の番号を示す
米 アメリカ式英語　主に米 アメリカ式英語でよく使われる
英 イギリス式英語　主に英 イギリス式英語でよく使われる

●語句表示
～ 名詞句を表す（熟語が副詞句の場合はその限りでない）
... 英文中の節を表す　… 和文中の動詞句または節を表す
[　] 直前の語(句)と置き換え可能　（　）省略可能　（　）補足説明
be be 動詞　do 原形動詞　to do 不定詞　doing 動名詞・現在分詞　done 過去分詞
A，B 対になる語句を表す（語句以外が対になる場合は～，...で表す）
one's，oneself 主語と同じ人を表す

13

入試基礎〜国公立2次・難関私大
熟語を重点的にマスター！
〜英熟語ターゲット1000シリーズ〜

英熟語ターゲット1000［5訂版］
カード版
実戦問題集
英文で覚える 英熟語ターゲット R［改訂版］

共通テスト〜国公立2次・難関私大
国公立2次・難関私大にチャレンジするなら！
〜英単語ターゲット1900シリーズ〜

英単語ターゲット1900［6訂版］
カード版（Part 1, Part 2）
実戦問題集
書き覚えノート
英文で覚える 英単語ターゲット R（1900レベル）［改訂版］

入試基礎〜共通テスト・中堅私大
共通テスト・中堅私大突破を目指す！
〜英単語ターゲット1400シリーズ〜

英単語ターゲット1400［5訂版］
カード版
実戦問題集
書き覚えノート
英文で覚える 英単語ターゲット R（1400レベル）［改訂版］

日常学習〜共通テスト・中堅私大
大学受験への足がかりに！
〜英単語ターゲット1200シリーズ〜

英単語ターゲット1200［改訂版］
書き覚えノート
英文で覚える 英単語ターゲット R（1200レベル）

日常学習
中学〜高校基本の単熟語をまとめて覚える！

基本英単語・熟語ターゲット1100［改訂新版］

Part 1

絶対覚えておきたい

180

基本的な熟語ばかりなので，その多くをすでに知っている人も多いだろう。しかし中にはいくつかの意味と用法に注意が必要なものもある。最初から目を通して確認してほしい。

Section 1　形容詞句・副詞句

a píece of ～ □□ 1	**1つの～** ▶ 不可算名詞を「数量化」する最も一般的な句。 ▶ 「数量化」を表すほかの例は ●深める✍ P.74。
a cóuple of ～ □□ 2	**① 2つの～** 　回 two **② 2, 3の～** 　回 a few ～ ▶ ①②の区別が明確でない場合も多い。國では of が省略されることもある。
a númber of ～ □□ 3	**いくつもの～；かなり多くの～** ▶ 後には可算名詞がくる。number の前には, large, small, huge などを用いて「数の大小」を表すことができる。 ▶ 定冠詞の付く the number of ～「～の数」と混同しない。
dózens of ～ □□ 4	**数十もの～；何ダースもの～** ▶ dozen をはじめ「数詞」が付く場合には複数形にしない語も, 後に of ～ が付けば複数形にするものは多い。圀 **hundreds of ～**「何百もの～」, **thousands of ～**「何千もの～」, **millions of ～**「何百万もの～」, **billions of ～**「何十億もの～」
plénty of ～ □□ 5	**たくさんの～** ▶ 「数」「量」のどちらにも使える。
a [gréat / góod] déal (of ～) □□ 6	**たくさん(の～)** ▶ 後には不可算名詞がくる。a great [good] deal は副詞句・名詞句としても使う。

まずは形容詞句と副詞句の13個をマスターしよう。前半は数量表現を集めた。すべて基本的な熟語なので，ウォーミングアップとして取り組もう。

I handed him <u>a piece of</u> paper so that he could write down all the names. （信州大）	彼がすべての名前を書けるように私は彼に<u>1枚の</u>紙を手渡した。
① My mother wanted me to buy <u>a couple of</u> sandwiches on my way home. （同志社大）	①母は私に，帰宅の途中で<u>2個の</u>サンドイッチを買ってきてもらいたかった。
② Take <u>a couple of</u> sweaters with you; it might be cold up there. （佛教大）	②<u>2，3枚の</u>セーターを持って行きなさい。その上のほうは寒いかもしれません。
Remember that there are <u>a number of</u> places where you can seek help if you need it. （岐阜大）	必要なら助けを求めることのできる場所が<u>いくつも</u>あることを覚えておきなさい。
I introduced myself in front of <u>dozens of</u> new students yesterday. （京都府医大）	私は昨日，<u>何十人もの</u>新入生の前で自己紹介をした。
Be sure to get <u>plenty of</u> sleep; sleep is the key to good health. （甲南大）	<u>十分な</u>睡眠をとるようにしなさい。睡眠は健康のかぎなのです。
The recent typhoon did <u>a great deal of</u> damage to rice crops. （福島大）	先ごろの台風は米作に<u>大きな</u>被害を与えた。

17

at hóme □□ 7	① 在宅して，家庭で
	② くつろいで
	③ 精通して ▶「～に精通して」は，at home in [on / with] ～ （例文）。
in tíme □□ 8	① 間に合って ▶「～に間に合って」は，in time for ～（例文）。 参考 on time → 10
	② やがて，そのうちに 圓 sooner or later → 162, in due course [time]
in fáshion □□ 9	流行して 圓 in vogue, (all) the rage → 845 反 out of fashion「すたれて」
on tíme □□ 10	時間どおりに[で] 圓 punctually, on schedule → 12 参考 in time → 8① は on time に比べ，何秒か何 分かにしろ，先に到着していることを示す。
on dúty □□ 11	当番で，勤務時間中で 反 off duty「非番で，勤務時間外で」
on schédule □□ 12	予定どおりで，定時に 圓 according to schedule, on time → 10
ùp to dáte □□ 13	最新(式)の ▶ 名詞の前に付けるときには，up-to-date のよう にハイフンを付けて形容詞にするのが普通。

① What would it feel like to have to stay <u>at</u> <u>home</u> every day? (成城大)

①毎日<u>在宅して</u>いなければならないというのは，どんな感じだろうか。

② Please make yourself <u>at</u> <u>home</u> during your stay with us. (南山大)

②わが家での滞在中はどうぞ<u>くつろいで</u>ください。

③ Yoshito is completely <u>at</u> <u>home</u> in geometry. (名城大)

③ヨシトは幾何学に完璧に<u>精通している</u>。

① Do you think we can get back <u>in</u> <u>time</u> for dinner? (成蹊大)

①私たちは夕食に<u>間に合う</u>ように戻れると思いますか。

② I'm afraid these small changes will have a big impact <u>in</u> <u>time</u>. (関西大)

②こうした小さな変化が<u>やがて</u>大きな影響を与えるのではないかと思う。

Our car was red because the color was <u>in</u> <u>fashion</u> in those days. (明治大)

当時その色が<u>はやって</u>いたので，私たちの車は赤だった。

We have to work harder, or we won't finish this project <u>on</u> <u>time</u>. (東京理科大)

私たちはもっと一生懸命働かねばならない。さもないとこの計画は<u>時間どおりに</u>終わらないだろう。

I'm not feeling well and wonder if there is a doctor <u>on</u> <u>duty</u> at the hotel. (早大)

私は気分がすぐれないのだが，ホテルに<u>当番</u>医がいるだろうか。

The traffic was heavy and the buses weren't running <u>on</u> <u>schedule</u>. (青山学院大)

交通量が激しく，バスは<u>予定どおりに</u>運行していなかった。

It's important to keep information <u>up</u> <u>to</u> <u>date</u>. (東京外大)

情報を常に<u>最新に</u>しておくことが大切だ。

19

Section 2　動詞句①〈be動詞を含む句〉

be awáre of ～ □□ 14	**～に気がついている，～を知っている** ▶「～に気づく」なら，become aware of ～。 ▶ be [become] aware that ... と節も続く。
be máde of ～ □□ 15	**～でできている** ▶ 原材料の質的変化が伴わない。伴う場合には be made from ～。「～で構成されている」と言うときは be made up of ～ を使う。
be cápable of ～ □□ 16	**～ができる；～の可能性がある** ▶「人」以外も主語になる。
be afráid of ～ □□ 17	**～を恐れる[怖がる]；～を心配している** ▶ be afraid to do「怖くて…することができない」と同じ意味で使われることもある。
be súre [of / abòut] ～ □□ 18	**～を確信している** 同 be certain of [about] ～, be confident of [about] ～ → 576 ▶ 主語には「人」がくる。 ▶ be sure [certain] that ... と節も続く。
be compósed of ～ □□ 19	**～から構成されている** ▶ consist of ～ → 46 と異なり，受動態。
be básed [on / upòn] ～ □□ 20	**～に基づいている** ▶ base A on [upon] B「A を B に基づかせる」の受動態。

〈be動詞＋形容詞〉で始まる基本的な 18 個の動詞句をマスターしよう。
14 から 27 までの 14 個では，特にその前置詞に注意したい。

From the beginning I <u>was aware of</u> this misunderstanding between us. （東京電機大）	私は最初から私たちの間のこの誤解<u>に気がついていた</u>。
The special golf ball used then <u>was made of</u> feathers instead of stone. （愛知大）	そのとき使われた特別なゴルフボールは石の代わりに羽<u>でできていた</u>。
Tina <u>is capable of</u> speaking three foreign languages, including German. （獨協大）	ティーナはドイツ語を含む３つの外国語を話すこと<u>ができる</u>。
Don't <u>be afraid of</u> making mistakes when you are learning a second language. （清泉女大）	第２言語を学習しているときは間違えること<u>を恐れる</u>な。
I've been thinking, but I'<u>m</u> still not <u>sure about</u> what I want to do in the future. （日本大）	私はずっと考えているが，いまだに自分が将来したいこと<u>がわから</u>ない。
I like the fact that our group <u>is composed of</u> different types of individuals. （東京外大）	私たちのグループがさまざまなタイプの個人<u>で構成されている</u>という事実を私は気に入っている。
These papers <u>are based on</u> his long research. （青山学院大）	これらの論文は彼の長年の研究<u>に基づいている</u>。

21

***be* dífferent from ~** □□ 21	**~とは違っている** 反 *be* similar to ~ → 550 ▶ from の代わりに than や to も使われるが, from が一般的。 参考 differ from ~ → 52
***be* ábsent from ~** □□ 22	**~を欠席する** 反 *be* present at ~「~に出席している」 ▶「学校・職場」など「当然いるべき場所にいない」ときに使われる。
***be* engáged in ~** □□ 23	**~に従事している；忙しく~をしている** ▶ *be* engaged in ~ は「状態」を表すが, engage in ~ は「~に従事する」と「動作」を表す。 参考 *be* engaged to ~ は「~と婚約中である」。
***be* respónsible for ~** □□ 24	**~に責任がある** ▶「人」以外も主語になる。 ▶「人」に対して責任があると言う場合には, *be* responsible to ~ となる。 例 Parents **are responsible to** their children. 「親には自分たちの子供に対して責任がある」
***be* márried (to ~)** □□ 25	**(~と)結婚している** ▶「A は B と結婚した」は *A* married *B*. または *A* got [was] married to *B*. という。
***be* sátisfied with ~** □□ 26	**~に満足している** ▶ 意味に応じて *be* の代わりに seem, look などを用いることもある。
***be* cúrious abòut ~** □□ 27	**~を知りたがる, ~に好奇心の強い** ▶ *be* curious to *do* は「しきりに…したがる」。

0 ▲ | 180 | 420 | 660 | 830 | 1000

Learning one's native language <u>is different from</u> learning a second language. （昭和女大）	母語を学習することは第2言語を学習するの<u>とは違う</u>。
Five students <u>were absent from</u> school today. （北海学園大）	今日，5人の生徒が学校<u>を欠席していた</u>。
Millions of Americans <u>are engaged in</u> volunteer work for charities. （獨協大） *charity「慈善団体」	何百万人ものアメリカ人が慈善団体のボランティア活動<u>に従事している</u>。
Parents <u>are responsible for</u> taking care of their children. （佛教大）	親には自分たちの子供の面倒を見ること<u>に対して責任がある</u>。
Yui <u>is married to</u> Hiroki, a dentist. （法政大）	ユイは歯科医師のヒロキ<u>と結婚している</u>。
What I cannot understand is why he <u>is</u> not <u>satisfied with</u> his job. （駒澤大）	私が理解できないのは，彼がなぜ自分の仕事に<u>満足していない</u>のかということだ。
I <u>was</u> very <u>curious about</u> how my brother lived while he was studying in America. （北大）	私は，兄がアメリカに留学中どのように生活したのか<u>をとても知りたかった</u>。

_be_ wèll óff □□ 28	**裕福である** 　回 _be_ well-to-do 　反 _be_ bad [badly] off 「お金に困っている, 落ちぶれている」（比較級は _be_ worse off） 　▶ _be_ well-off とも書く。well-off は「裕福な」の意味の形容詞。 　　例 a well-off family 「裕福な一家」 　▶ 比較級 _be_ better off には「もっと裕福である」のほか, 「もっと好都合である」の意味もある。
_be_ líkely to _do_ □□ 29	**…しそうである** 　反 _be_ unlikely to _do_ 「…しそうにない」 　▶ likely の前に very, more, little, less などの副詞が付くことも多い。
_be_ wílling to _do_ □□ 30	**…してもかまわない** 　反 _be_ unwilling [reluctant] to _do_ 　　「…することに気が進まない」 　▶ _be_ glad [pleased] to _do_ などに比べ, 積極的な気持ちは弱い。
_be_ abóut to _do_ □□ 31	**今にも…しようとしている** 　回 _be_ on the point of _doing_

Maki, who is married, asked her father for financial support though she <u>is</u> quite <u>well off</u>. (慶大)	マキは既婚者だが，たいへん<u>裕福であるのに</u>父親に財政的な支援を求めた。
The weather report says that <u>it's</u> <u>likely</u> <u>to</u> rain this afternoon. (南山大)	今日の午後は雨が降り<u>そうだ</u>と天気予報は伝えている。
The tourist said he <u>was</u> <u>willing</u> <u>to</u> pay extra for the double room if it really had a good view. (宮崎大)	その旅行者は，本当によい眺めならダブルルームのための追加料金を払っ<u>てもかまわない</u>と言った。
He <u>was</u> just <u>about</u> <u>to</u> go out when she called. (青山学院大)	彼女が電話をかけてきたとき，彼は<u>今にも</u>出かけ<u>ようとしていた</u>。

25

Section 3　動詞句②〈動詞＋前置詞〉

léad to ~ □□ 32	**~（という結果）を引き起こす； ~へ通じる** ▶ lead A to B は「AをBに導く」。この lead は他動詞。
refér to ~ □□ 33	**① ~に言及する** ▶ 名詞を使った堅い表現では，make reference to ~。 **② ~を参照する；~に問い合わ せる**
contríbute to ~ □□ 34	**~の一因となる，~に貢献する； ~に寄付[寄稿]する** 圓「~の一因となる，~に貢献する」make 　 for ~ →405② ▶ よい意味でも悪い意味でも使う。 ▶ contribute A to B は「A を B に寄付[寄稿]す る」。この contribute は他動詞。
amóunt to ~ □□ 35	**総計~になる** 圓 come to ~ →382① ▶ 意味が転じて，「結果として~となる，~に等し い」ともなる。
depénd $\begin{bmatrix} \text{on} \\ \text{upòn} \end{bmatrix}$ **~** □□ 36	**~に頼る；~しだいである** 圓「~に頼る」rely on [upon] ~ →38, 　 count on [upon] ~ →305, 　 rest on [upon] ~ →306 ▶「AにBを頼る」は depend on[upon] A for B。
fócus on ~ □□ 37	**~に集中する；~に焦点を合わせ る** ▶ focus A on B は「A を B に集中させる」の意味。 この focus は他動詞。

ここに集めた 31 個の動詞句でも，構成要素の前置詞には十分注意を払いたい。33・39・45・62 のように複数の意味を知っておく必要があるものもある。

His constant hard work has **led to** his victory in the competition.

(早大)

彼の絶え間ない努力が競技での勝利につながった。

---

① The author **referred to** this traditional festival in his new book.

(上智大)

①その著者は彼の新刊でこの伝統的な祭りに言及した。

② He's still a beginner and has to continually **refer to** manuals to do his work.

(秋田県大)

②彼はまだ新米で，仕事をするのに絶えずマニュアルを参照しなければならない。

Cutting down trees eventually **contributes to** global warming.

(近畿大)

樹木の伐採は最終的には地球温暖化の一因となっている。

The damage from the recent typhoon is estimated to **amount to** billions of yen.

(早大)

先ごろの台風の被害は総額数十億円になると推計されている。

It's important to remember that we all **depend on** various people for different reasons.

(高知大)

私たちは皆，さまざまな理由でいろいろな人々に頼っているということを覚えておくことが大切だ。

Why don't you just **focus on** doing what you have to do today, not tomorrow?

(摂南大)

明日ではなく今日しなければならないことをするのに集中したらどうですか。

27

relý [on / upòn] ~　□□ 38	~に頼る 圓 depend on[upon] ~ → 36, 　count on[upon] ~ → 305, 　rest on[upon] ~ → 306 ▶ rely on[upon] *A* for *B* は「B のことで A に頼る」。
gèt ón (~)　□□ 39	① （公共の乗り物など）に乗る ▶「（乗用車）に乗り込む」は，get into ~。 ② 主に英 仲良くやっていく；（なんとか）やっていく 圓 get along → 82 ▶「~と仲良くやっていく」は，get on with ~（例文）。
insíst [on / upòn] ~　□□ 40	~を主張する ▶ insist that ... と節を続けることもできる。
cóncentrate on ~　□□ 41	~に集中する ▶ concentrate *A* on *B* は「A を B に集中する」。この場合の concentrate は他動詞。
lóok for ~　□□ 42	~を探す[捜す] 圓 search for ~ → 43
séarch for ~　□□ 43	~を探す[捜す] 圓 look for ~ → 42 ▶ search for a house「家はどこかと探す」，search a house「家の中を捜す」の違いに注意。

We Japanese <u>rely on</u> imports for most of our energy resources. <div align="right">(鹿児島大)</div>	私たち日本人はエネルギー源のほとんどを輸入品<u>に頼っている。</u>
① I arrived at the airport just ten minutes before it was time to <u>get on</u> the plane. <div align="right">(北星学園大)</div>	①私は飛行機<u>に乗る</u>時刻のほんの10分前に空港へ到着した。
② It is important that students <u>get on</u> with their classmates at school. <div align="right">(近畿大)</div>	②生徒たちが学校でクラスメートと<u>仲良くやっていく</u>ことは重要なことだ。
The child <u>insisted on</u> continuing to play in the game despite an injury to her right leg. <div align="right">(藤女大)</div>	その子供は右足の負傷にもかかわらず試合でプレーし続ける<u>と主張した。</u>
Right now he is <u>concentrating on</u> the last part of his paper. <div align="right">(東京理科大)</div>	今，彼はレポートの最後の部分<u>に集中している</u>ところだ。
Just tell me what you're <u>looking for</u>, and I might be able to help you find it. <div align="right">(宮崎大)</div>	あなたが何<u>を探している</u>のか教えてください。そうすれば見つける手伝いができるかもしれません。
Drones were used to <u>search for</u> missing people after the flood. <div align="right">(近畿大)</div>	洪水の後，行方不明者<u>を捜す</u>ためにドローンが使われた。

prepáre for ～ □□ 44	**～の準備をする；～に備える** ▶ prepare A for B は「B に備えて A を準備する」。この場合の prepare は他動詞。 ▶ be prepared for ～ は「～への用意［覚悟］ができている」（= be ready for ～)。
thínk of ～ □□ 45	**① ～をしようかなと思う；～のことを考える** ▶ 進行形で使うことも多い。 ▶「～をしようかなと思う」の意味では，of の後に *doing* が続くことが多い（例文)。 **② ～を思いつく** 　同 come up with ～ → 186, 　　 hit on [upon] ～ → 238 **③ ～を思い出す** 　同 remember ▶ ②③では can, cannot, try to などが前に付くことも多い。 　参考 think of A as B → 286
consíst of ～ □□ 46	**～から成り立っている** 　同 be composed of ～ → 19 ▶ 進行形や受動態にはしない。 ▶ consist in ～ → 297 と混同しないこと。
compláin [abòut / of] ～ □□ 47	**(苦痛など)を訴える；～について不平を言う** ▶「(苦痛など)を訴える」の意味では of が普通。
die [of / from] ～ □□ 48	**～で死ぬ** ▶ 一般に，死因が「病気・飢え・老齢」などのときは die of ～ を，「外傷・衰弱・不注意」などのときは die from ～ を使うとされるが，区別なく使われることも多い。

| I have to **prepare** **for** a test in English scheduled next week. (中央大) | 私は来週に予定されている英語のテスト<u>の準備をし</u>なければならない。 |

| ① My cousin is **thinking of** staying in America and studying English during this summer vacation. (大阪学院大) | ①私のいとこは今年の夏休みにアメリカに滞在し、英語を勉強<u>しようかと思っている</u>。 |

| ② I need to **think of** at least three more interesting topics for discussion. (慶大) | ②私は話し合いのために少なくともあと3つおもしろいトピック<u>を思いつく</u>必要がある。 |

| ③ Can you **think of** any important advice you received from your parents when you were young? (北大) | ③若いころ両親から受けた何か大切な助言<u>を思い出す</u>ことができますか。 |

| In those days, our baseball club **consisted** **of** about a hundred members. (九大) | 当時、私たちの野球部は約100人の部員<u>で成り立っていた</u>。 |

| I remember my grandfather used to regularly **complain of** backache in his later years. (南山大) | 私は、祖父が晩年によく背中の痛み<u>を訴えていた</u>ことを覚えている。 |

| Sadly, her aunt **died of** a rare lung disease in her late 40s. (関西大) | 悲しいことに、彼女のおばは40代後半に珍しい肺の病気<u>で亡くなった</u>。 |

súffer from ～ □□ 49	**(病気など)で苦しむ[悩む]** 参考 suffer には，suffer damage[a loss]「損害[損失]を受ける」などの他動詞用法もある。
resúlt from ～ □□ 50	**～から起こる** ▶ result in ～「～の結果に終わる」と区別する。
gráduate from ～ □□ 51	**～を卒業する** ▶ 最近では from を省略した形もときに使われるが，これを認めない人は多い。
díffer from ～ □□ 52	**～と異なる** ▶ 形容詞を使った be different from ～ → 21 よりやや堅い表現。
recóver from ～ □□ 53	**～から立ち直る[回復する]** 圓 get over ～ → 189
héar from ～ □□ 54	**～から便り[電話・伝言]がある** 参考 hear of ～ は「～のことを耳にする，～のうわさを聞く」。hear about ～ は，hear of ～ より詳しい内容について聞くときに用いる。
belíeve in ～ □□ 55	**～の価値[存在]を信じる；～を信用する** ▶ I believe in him. は「人格的に彼を信頼している」ことを表し，I believe him.「彼の言葉を信じる」とは質的に異なる。
succéed in ～ □□ 56	**～に成功する** 反 fail in ～「～に失敗する」； 　　fail to do「…し損なう」

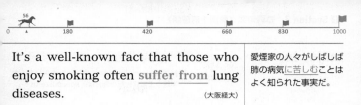

It's a well-known fact that those who enjoy smoking often <u>suffer</u> <u>from</u> lung diseases. (大阪経大)	愛煙家の人々がしばしば肺の病気<u>に苦しむ</u>ことはよく知られた事実だ。
Japan will face many problems that <u>result</u> <u>from</u> the declining population. (関西外大)	日本は人口減少<u>から生じる</u>多くの問題に直面するだろう。
My sister is expected to <u>graduate</u> <u>from</u> university next spring. (学習院女大)	来春, 私の姉は大学<u>を卒業する</u>予定だ。
Humans <u>differ</u> <u>from</u> other animals in that they can use language. *in that ...「…の点で」➡ 760 (青山学院大)	言語を使えるという点で人間はほかの動物<u>とは異なる</u>。
The company will surely <u>recover</u> <u>from</u> the recent financial crisis. (藤女大)	その会社はきっと最近の財政危機<u>から立ち直る</u>だろう。
He left us three years ago, and we haven't <u>heard</u> <u>from</u> him since. (兵庫県大)	彼は3年前に私たちのもとを去り, それ以来彼<u>からは連絡が</u>ない。
Melinda <u>believed</u> <u>in</u> Santa Claus until she became ten years old. (獨協大)	メリンダは10歳になるまでサンタクロース<u>の存在を信じていた</u>。
We appreciate your support; without it, we couldn't have <u>succeeded</u> <u>in</u> our new project. (阪南大)	私たちはあなたの支援に感謝しています。それがなければ, 私たちは新プロジェクト<u>を成功させ</u>られなかったでしょう。

májor in ～ □□ 57	主に米 (大学生が)～を専攻する ▶ 英 では specialize in ～ や study を用いる。大学や大学院や上級研究所の場合は，specialize in ～。
abóund $\begin{bmatrix} \text{in} \\ \text{with} \end{bmatrix}$ **～** □□ 58	(場所が)～に富む ▶ 形容詞を使えば，*be* abundant in ～ → 566。
cáre abòut ～ □□ 59	～を気にかける，～に関心を持つ ▶ 否定文・疑問文で使われることが多い。
brìng abóut ～ □□ 60	～を引き起こす 同 cause ▶ bring ～ about の語順も可。
déal with ～ □□ 61	～を扱う；～を処理する 同 「～を処理する」cope with ～ → 851 ▶ deal in ～ → 859 と混同しない。
gò thróugh ～ □□ 62	① ～を通過する 同 get through ～ ▶ through は，The bill went **through** the Diet.「その法案が国会を通過した」では前置詞だが，The bill went **through**.「その法案が通過した」では副詞。 ② (苦しみなど)を経験する 同 experience, undergo

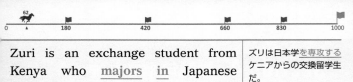
Zuri is an exchange student from Kenya who <u>majors</u> <u>in</u> Japanese Studies. （同志社大）	ズリは日本学を専攻するケニアからの交換留学生だ。
The beautiful forests surrounding those houses <u>abound in</u> mushrooms and berries. （北里大）	あの家々を囲んでいる美しい森はキノコとベリーが豊富だ。
My father doesn't <u>care about</u> clothes much when he goes out. （獨協大）	私の父は出かけるときにあまり服装を気にしない。
Climate change has <u>brought about</u> rainfall shortages even in areas which used to be wet. （甲南大）	気候変動は以前に雨の多かった地域においてさえ降雨不足を引き起こしている。
These two books <u>deal with</u> similar topics, but their conclusions are different from each other. （中央大）	その2冊の本は似たような主題を扱っているが，結論は互いに異なっている。
① There is no direct flight from Nagoya to San Francisco, so you have to <u>go through</u> Los Angeles. （南山大）	①名古屋からサンフランシスコへの直行便がないため，ロサンゼルスを経由しなければならない。
② Suddenly the child shouted, "Oh, no! I don't want to <u>go through</u> that experience again." （慶大）	②突然その子供は，「だめだ！　二度とあんな目にあいたくないよ」と叫んだ。

35

gìve úp ～ ☐☐ 63	**～をあきらめる；～を捨てる[やめる]** ▶ give ～ up の語順も可。 ▶ give up on ～ の形もある。
gròw úp ☐☐ 64	**大人になる；(事態などが)生じる** ▶ 精神的に「大人になる」の意味でも使う。
pìck úp ～ ☐☐ 65	**～を(車などに)乗せる；～を拾う** ▶ pick ～ up の語順も可。
sèt úp ～ ☐☐ 66	**～を立てる[建てる]；～を創設する[始める]** ▶ set ～ up の語順も可。
wàke úp (～) ☐☐ 67	**目が覚める；(人)の目を覚まさせる** ▶ 他動詞では wake ～ up の語順も可。
brùsh úp (on) ～ ☐☐ 68	**(語学など)をやり直して磨きをかける**
fìnd óut ～ ☐☐ 69	**(調査などの結果)を見つけ出す；(真相)を知る** ⟺ discover ▶ find ～ out の語順も可。

〈動詞＋副詞〉の動詞句23個。この場合の第1アクセントは副詞にあるのが一般的だが，77②のように前置詞の場合は第1アクセントが動詞にくる点に注意。

Maggie is known for her strong will; she would not easily <u>give</u> <u>up</u> her dreams. （慶大）

マギーは強い意志で知られている。彼女は簡単に自分の夢を<u>あきらめ</u>ようとはしないだろう。

Bob said he <u>grew</u> <u>up</u> in a Los Angeles suburb, where three in ten people spoke Spanish. （早大）

ボブは，自分はロサンゼルス郊外で<u>育ち</u>，そこでは10人のうち3人がスペイン語を話していたと言った。

Miki was kind enough to come with the car to <u>pick</u> me <u>up</u> at the airport. （南山大）

ミキは親切にも，空港で私を<u>乗せる</u>ために車で来てくれた。

I'm a music lover, and my dream is to <u>set</u> <u>up</u> a small recording studio at my house. （名古屋工大）

私は音楽が大好きで，夢は自分の家に小さなレコーディングスタジオを<u>作る</u>ことだ。

I <u>woke</u> <u>up</u> just past noon because I stayed up late last night watching TV. （摂南大）

私はテレビを見て昨夜遅くまで起きていたので，ちょうど正午過ぎに<u>目が覚めた</u>。

My kid sister has been spending a lot of time <u>brushing</u> <u>up</u> <u>on</u> her English lately. （上智大）

*kid sister = younger sister

私の妹は最近多くの時間を英語を<u>やり直す</u>ことに費やしている。

If you are not feeling well, you'd better see a doctor to <u>find</u> <u>out</u> what is wrong. （立命館大）

もし具合が悪いのなら，どこがおかしいのかを<u>見つける</u>ために医者に診てもらったほうがいい。

37

càrry óut ～ □□ 70	**～を実行する** ▶ carry ～ out の語順も可。
pòint óut ～ □□ 71	**～を指摘する** ▶ point ～ out の語順も可。 ▶ point out that ... と節も続く（例文）。 参考 「～を指さす[指し示す]」は, point to [at] ～。
fìgure óut ～ □□ 72	**～を理解する；～を計算する； ～を解く** ▶ figure ～ out の語順も可。
tùrn óut (～) □□ 73	**① ～であることがわかる；(結果 的に)～になる** 同 prove ▶ "～" には名詞のほか, 形容詞や不定詞（例文）, that 節も入る。 ▶ It turns out that ... の構文もとる。 **② ～を産出する** 同 produce ▶ turn ～ out の語順も可。 **③ (催しなどに)繰り出す** 参考 turnout [tə́ːrnàut]「人出；(選挙の)投票者数」
fìll óut ～ □□ 74	**(書類など)に書き込む** ▶ fill ～ out の語順も可。 ▶ fill in ～ もほぼ同じ意味だが, 括弧のような短い 空欄を埋めるときに主に使う。 例 **fill in** the blanks「空欄を埋める」
pìck óut ～ □□ 75	**～を選ぶ** 同 choose, select ▶ pick ～ out の語順も可。

The biologist has been **carrying out** long-term research into the behavior of belugas. (日本女大)

*beluga [bəlúːgə] 「ベルーガ（大型のチョウザメ）」

その生物学者はベルーガの生態について長期の調査を行ってきた。

I don't need to **point out** that the food you eat has a direct impact on your health. (専修大)

あなたの食べるものがあなたの健康に直接影響するということを私が指摘する必要はない。

Scientists are trying to **figure out** how the universe came into being. (亜細亜大)

*come into being 「出現する」→ 586

科学者たちはどのように宇宙が出現したのかを理解しようとしている。

---

① The e-mail address she'd given me **turned out** to be completely wrong. (椙山女学園大)

①彼女が私にくれたメールアドレスがまったく違っていることがわかった。

---

② The speaker said, "Even a rural school **turns out** a competent scientist once in a while." (関西大)

②講演者は「地方の学校でさえ時折有能な科学者を生み出すことがある」と発言した。

---

③ Hundreds of villagers **turned out** for the circus. (明治学院大)

③何百人もの村人たちがサーカスに繰り出した。

You should always be careful when you **fill out** an application form. (北星学園大)

申込書に書き込むときは常に注意深くすべきだ。

Yumi, can you come along with me and help me **pick out** a birthday present for John? (京都産業大)

ユミ，私と一緒に来て，ジョンの誕生日プレゼントを選ぶのを手伝ってくれますか。

pùt ón ~ □□ 76	**~を(身に)つける；(電気器具・ガスなど)をつける** 反 take off ~「~を脱ぐ」→81① ▶ put ~ on の語順も可。 ▶「身につける」から「~を装う，~のふりをする」の意味にもなる。例 **put on** airs「気取る」(airs は複数形で「気取った態度」の意味)
wòrk ón (~) □□ 77	① **働き続ける** ▶ on は「継続」を表す副詞。read on は「読み続ける」，sleep on は「眠り続ける」で，アクセントはいずれも on にある。 ② **~に取り組む；~を手がける；~に影響を与える；(薬などが)~に効く** ▶ on は前置詞で，アクセントは wórk on ~。
trỳ ón ~ □□ 78	**~を試着する** ▶ try ~ on の語順も可。
tùrn ón (~) □□ 79	**(スイッチなど)をつける；(水・ガスなど)を出す；(明かりなどが)つく** 同「~をつける；つく」switch on (~) 反 turn off (~) →80 ▶ 他動詞では turn ~ on の語順も可。 ▶ 発展して「(人)を興奮させる」の意味にもなる。
tùrn óff (~) □□ 80	**(スイッチなど)を消す；(水・ガスなど)を止める；(明かりなどが)消える** 同「~を消す；消える」switch off (~) 反 turn on (~) →79 ▶ 他動詞では turn ~ off の語順も可。 ▶「(人の気持ち)をしらけさせる」の意味もある。

The boy took off the jacket he'd <u>put on</u> just a minute before.

(明治大)

その少年はたった1分前<u>に身につけた</u>ジャケットを脱いだ。

---

① The boy <u>worked on</u> while all the others took a short break.

(獨協大)

①その少年はほかの全員が短い休憩をとっている間に<u>働き続けた</u>。

② Many scientists today are <u>working on</u> AI technology to make our lives better.

(学習院女大)

*AI = artificial intelligence「人工知能」

②今日の多くの科学者たちは、私たちの生活をよりよいものにするためにAI技術<u>に取り組んで</u>いる。

Why don't you <u>try</u> it <u>on</u> to see if it suits you?

(佛教大)

あなたに似合うか確かめるのにそれ<u>を試着して</u>はどうですか。

When I <u>turned on</u> the TV, our team had already scored two goals.

(東京海洋大)

私がテレビ<u>をつけた</u>とき、私たちのチームはすでに2ゴール入れていた。

In the room we were told to <u>turn off</u> our smartphones and put them on the desk.

(一橋大)

私たちは、部屋ではスマートフォン<u>の電源を切って</u>机の上に置くように言われた。

41

tàke óff (～) □□ 81	① ～を脱ぐ；～を取り除く 反 put on ～ →76 ▶ take ～ off の語順も可。 ② 離陸する；(流行・売り上げなどが)急増[急伸]する ③ (take ～ off で)～を休暇としてとる 同 have ～ off →99
gèt alóng □□ 82	① 暮らす, (なんとか)やっていく ② 仲良くやっていく；進む ▶「～と仲良くやっていく；～が進む」は, get along with ～(例文)。 ▶ ①②ともに 英 では get on →39② とも言う。
gèt togéther (～) □□ 83	集まる；～を集める ▶ 他動詞では get ～ together の語順も可。
càlm dówn (～) □□ 84	～を落ち着かせる[静める]；落ち着く[静まる] ▶ 他動詞では calm ～ down の語順も可。
thìnk óver ～ □□ 85	～をよく考える ▶ think ～ over の語順も可。

| 0 | 180 | 420 | 660 | 830 | 1000 |

① If your shoes hurt, the only thing you can do is <u>take</u> them <u>off</u> and wear different ones.

(東北大)

①もし靴が痛かったら，あなたにできることはそれ<u>を脱ぎ</u>，別の靴を履くことだけだ。

② Our plane couldn't take off because of bad weather.

(名城大)

②私たちの飛行機は悪天候のために<u>離陸する</u>ことができなかった。

③ I've decided to take tomorrow off from work.

(成蹊大)

③私は明日<u>を仕事の休みにする</u>ことにした。

① Since my grandparents live in a rural area, they can't <u>get</u> <u>along</u> without a car.

(中央大)

①私の祖父母は田舎に住んでいるので，車なしでは<u>暮らす</u>ことができない。

② I've always <u>gotten</u> <u>along</u> well with all my friends.

(佛教大)

②私は常に友人たち皆と<u>仲良くやってきた</u>。

Why not <u>get</u> <u>together</u> sometime next week?

(学習院大)

来週のいつかに<u>集まる</u>のはどうですか。

One of the best ways to <u>calm</u> yourself <u>down</u> is to take a deep breath.

(旭川医大)

自分<u>を落ち着かせる</u>最善の方法の1つは深呼吸をすることだ。

Can I have a few days to <u>think</u> it <u>over</u> before deciding?

(名古屋外大)

決める前にそのこと<u>についてよく考える</u>ために数日いただけますか。

Section 5　動詞句④〈その他の動詞句〉

kéep *dóing* □□ 86	**…し続ける** 同 keep [go] on *doing*
tàke pláce □□ 87	**催される；起こる** ▶「(計画されたことが) 催される」の意味で使うとされるが，「(自然に) 起こる」(= happen)の意味でも広く使う。
plày a $\begin{bmatrix} \textbf{róle} \\ \textbf{párt} \end{bmatrix}$ **(in ～)** □□ 88	**(～で)役割を演じる[果たす]** ▶ role [part] の前にはいろいろな形容詞を入れることが可能。
màke súre (～) □□ 89	**(～を)確かめる；確実に～をする** 同 make certain (～) ▶ sure [certain] の後には that 節，to *do*，of ～ のいずれも続けることが可能。
màke sénse □□ 90	**意味をなす；道理にかなう** ▶ sense には perfect, much, no, little などの形容詞も付く。 参考 make sense of ～ は「～を理解する，～の意味がわかる」。
màke a dífference □□ 91	**違いが生じる；重要である** ▶「大きな違い」の場合には a big [a lot of / a great deal of] difference，「違いが生じない」の場合には no [little] difference などとなる。
màke a mistáke □□ 92	**間違いをする**
màke prógress □□ 93	**進歩する** ▶ progress にはいろいろな形容詞が付くが，a は付けない。

ここには雑多な形の動詞句 30 個を集めたが，そのほとんどは諸君にとってすでになじみ深いものであろう。解説も読み，知識を確実なものにしよう。

The air became cooler as we <u>kept climbing</u> the mountain. (秋田県大)	私たちが山<u>を登り続ける</u>につれて空気が冷たくなってきた。
Unless it rains, the athletic meet will <u>take place</u> on the playground as scheduled. (白百合女大)	雨が降らない限り，予定どおりグラウンドで運動会が<u>開催される</u>だろう。
Nobody can deny that social media <u>plays an</u> important <u>role in</u> modern life. (熊本大)	ソーシャルメディアが現代生活<u>において</u>重要な<u>役割を果たしている</u>ことは誰にも否定できない。
When you leave the room, <u>make sure</u> you've turned off the light. (阪南大)	部屋を出るときは電灯を消したこと<u>を確かめてく</u>ださい。
Grammar is the study of the way we bring words together in order to <u>make sense</u>. (千葉大)	文法とは，私たちが単語<u>を意味をなす</u>ように結び合わせる方法の研究だ。
Where you live can <u>make a difference</u> in how long you live. (香川大)	住んでいる場所によって，どのくらい長生きするか<u>に違いが生じる</u>ことがある。
It is really difficult to admit that we have <u>made a mistake</u>. (阪南大)	<u>間違いをした</u>ことを認めるのは本当に難しい。
Speech-to-text technology has <u>made</u> great <u>progress</u> in recent years. (鹿児島大) *speech-to-text「話し言葉を文書に変える」(形容詞)	話し言葉を文書に変える技術は近年大きく<u>進歩している</u>。

45

màke úp *one's* **mínd** ☐☐ 94	**決心する** 🟩 decide, determine ▶ mind の後には on 〜 や about 〜，疑問詞節などを置いてもよい。 ▶ change *one's* mind は「気が変わる」。
dò *one's* **bést** ☐☐ 95	**最善を尽くす** ▶ do *one's* utmost [uttermost] という表現もある。
kèep *one's* ⎰ **prómise** ⎱ **wórd** ☐☐ 96	**約束を守る** 🟥 break *one's* promise [word] 「約束を破る」 ▶ *one's* promise は a promise [promises] でも可。 ▶「約束」の意味では，word は常に単数形で，*one's* を付ける。
gèt lóst ☐☐ 97	**道に迷う** 🟩 go astray ▶「人生の道に迷う」の意味でも使われる。 ▶ be lost は「迷っている」という「状態」を表す。
enjóy *onesèlf* ☐☐ 98	**楽しい時を過ごす** 🟩 have a good [great] time, have fun ▶ get a (big) kick out of 〜 という口語表現もある。
hàve 〜 óff ☐☐ 99	**〜を休みとしてとる** 🟩 take 〜 off →81③
pày atténtion to 〜 ☐☐ 100	**〜に注意を払う** 🟩 look to 〜 →393①, attend to 〜 →855 ▶ attention にはいろいろな形容詞が付けられる。 ▶「(人の)注意を引く」は，attract [draw / catch] *one's* attention。

Have you <u>made up your mind</u> which subjects you will take this school year? (山梨大)	この学年度にどの科目をとるか<u>決めました</u>か。
Let's all <u>do our best</u> to make the school festival a success. (日本大)	学園祭を成功させるために全員で<u>最善を尽くし</u>ましょう。
I <u>kept my promise</u> to help Emily with her work. (静岡大)	私はエミリーの仕事を手伝うという<u>約束を守った</u>。
If you <u>get lost</u> in a foreign country, do not hesitate to ask somebody for help. (中部大)	もし外国で<u>道に迷ったら</u>, 躊躇せず誰かに助けを求めなさい。
My brother usually <u>enjoys himself</u> working out at a gym after work. (東京経大)	兄はふだん, 仕事の後にジムでトレーニングをして<u>楽しい時を過ごしている</u>。
Most of the workers <u>have</u> two days <u>off</u> each week these days — Saturdays and Sundays. (北海学園大)	最近はほとんどの労働者が毎週, 土曜日と日曜日の2日<u>を休みにしている</u>。
Everybody, please <u>pay attention to</u> what I am going to say! (東京経大)	皆さん, 私がこれから言うこと<u>に注意を払って</u>ください！

tàke cáre of ～ □□ 101	**～に気をつける；～の世話をする** 回 care for ～ → 293, look after ～ → 294, attend to ～ → 855 ▶ care の前に little, good, no などの形容詞を入れることも可能。
lòok fórward to ～ □□ 102	**～を楽しみに待つ** ▶ to は前置詞なので後には(動)名詞がくる。進行形での使用も多い。
ásk for ～ □□ 103	**～を求める** ▶ ask A for B は「A に B を求める」。この場合の ask は他動詞。
gèt ríd of ～ □□ 104	**(厄介なもの)を取り除く** 回 do away with ～ → 187, dispose of ～ → 438, eliminate, remove
fàll in lóve with ～ □□ 105	**(事・物)を大好きになる, (人)と恋に落ちる** ▶ be in love with ～ は「状態」を表す。
úsed to $\begin{bmatrix} dó \\ bé ～ \end{bmatrix}$ □□ 106	**(used to do で)…したものだった；(used to be ～ で)昔は～であった** ▶「今はそうでない」の意味を含む。be used to doing → 673 と区別する。
had bètter *dó* □□ 107	**…したほうがいい, …すべきだ** ▶ 命令的な響きを持つので, 2人称に使うときには要注意。 ▶ had best do も使われる。否定形は had better not do の語順。
hélp *A* **with** *B* □□ 108	**A の B を手伝う, A を B で助ける** ▶ A には「人」が入る。 ▶ help (A) の後に動詞がくるときは, help (A) to do と help (A) do の2つの形があるが, 後者が増えている。

48

We should <u>take care of</u> our health by eating healthy food and doing regular exercise. (西南学院大)	私たちは健康的な食事をし，定期的な運動をすることで健康<u>に気をつける</u>べきだ。
We're all really <u>looking forward to</u> hearing from you soon. (立命館大)	私たちは皆，あなたから近々便りがあること<u>を</u>本当に<u>楽しみにして</u>います。
I need to see my teacher and <u>ask for</u> an extension on the essay's deadline. (神奈川大)	私は先生に会って小論文の締切日の延長<u>を求める</u>必要がある。
We want to <u>get rid of</u> two pieces of furniture before we move into our new house. (金沢工大)	私たちは新しい家に引っ越す前に2つの家具<u>を処分</u>したい。
I immediately <u>fell in love with</u> the city we visited, and so did my sister. (関西大)	私はすぐに私たちが訪れた町<u>を好きになり</u>，それは妹も同じだった。
I learned from this cookbook what people <u>used to</u> eat during the Edo era. (法政大)	私はこの料理本から江戸時代に人々が何を食べ<u>ていた</u>のかを学んだ。
We <u>had better</u> make reservations early if we want to travel during the holiday season. (青山学院大)	私たちは休暇シーズン中に旅行をしたいのなら，早く予約<u>したほうがいい</u>。
My kid brother asked me to <u>help</u> him <u>with</u> his math homework the other day. (名大) *kid brother = younger brother	先日，弟は私に彼<u>の</u>数学の宿題<u>を手伝う</u>ように頼んできた。

prefér *A* **to** *B* □□ 109	**B より A を好む** 同 like *A* better than *B* ▶ *A* に動詞がくる場合は不定詞・動名詞の両方を使えるが，不定詞の場合には後の to *B* は rather than (to) *do* とするのが一般的。 例 I **prefer** going by taxi **to** walking. = I **prefer** to go by taxi **rather than (to)** walk.
túrn *A* **ìnto** *B* □□ 110	**A を B に（質的に）変える** 同 transform *A* into [to] *B* → 510, change *A* into *B* ▶ turn into 〜「〜に変わる」の turn は自動詞。into は「質的変化」を表す。 例 translate *A* into *B*「A を B に翻訳する」
prevént *A* **from** *B* □□ 111 ●深める！ P.228	**A が B するのを妨げる，A を B から防ぐ** 同 keep *A* from *B* → 494, prohibit *A* from *B* → 497, hinder *A* from *B*
remínd *A* $\begin{bmatrix} \text{of} \\ \text{abòut} \end{bmatrix}$ *B* □□ 112	**A に B を思い出させる** ▶ remind *A* to *do* は「A に…することを気づかせる」，remind *A* that ... は「A に…であることを気づかせる」。
regárd *A* **as** *B* □□ 113 ●深める！ P.74	**A を B と見なす** 同 see *A* as *B*, look on [upon] *A* as *B* → 285, think of *A* as *B* → 286, view *A* as *B*, take *A* as *B*
assóciate *A* **with** *B* □□ 114	**A を B と結び付けて考える** 同 connect *A* with *B* ▶ be associated with 〜 は「〜と関係 [提携] している」。
infórm *A* $\begin{bmatrix} \text{of} \\ \text{abòut} \end{bmatrix}$ *B* □□ 115	**A に B を知らせる**

A survey shows that more than half of children <u>prefer</u> video games <u>to</u> books. <div align="right">（金沢工大）</div>	ある調査によれば，子供たちの半数以上は本<u>より</u>テレビゲーム<u>を好んでいる</u>そうだ。
If we use SNS wisely, it has the power to <u>turn</u> strangers <u>into</u> friends all over the planet. <div align="right">（上智大）</div>	SNSを賢明に使えば，それには世界中の知らない人たち<u>を</u>友達<u>に変える</u>力がある。
One of the problems with cellphones is that they can <u>prevent</u> us <u>from</u> relaxing. <div align="right">（佛教大）</div>	携帯電話の問題の１つは，それらは私たち<u>が</u>リラックスするの<u>を妨げる</u>可能性があることだ。
This song always <u>reminds</u> me <u>of</u> the good old days I enjoyed growing up in the countryside. <div align="right">（日本女大）</div>	この歌はいつも私<u>に</u>田舎ですくすくと育った古きよき時代のこと<u>を思い出させる</u>。
Despite the difficulties, many elderly people <u>regard</u> learning foreign languages <u>as</u> fun. <div align="right">（共立女大）</div>	困難にもかかわらず，多くの高齢者は外国語の学習を楽しみ<u>と見なしている</u>。
Numerous studies have <u>associated</u> marriage <u>with</u> a lower risk of disease. <div align="right">（学習院大）</div>	無数の研究が結婚<u>を</u>病気にかかるリスクが低いこと<u>と結び付けて</u>考えてきた。
Would you mind <u>informing</u> me <u>of</u> your e-mail address so I can send you the photos from the trip? <div align="right">（南山大）</div>	旅行の写真を送るように私<u>に</u>あなたのメールアドレス<u>を知らせて</u>いただけますか。

51

Section 6 　純然たる副詞句①

àfter áll □□ 116	結局(は)；やっぱり ▶ after all is said and done という言い方もある。 ▶ at the end of the day もほぼ同じ意味の口語表現。
àll the tíme □□ 117	いつも, 常に ▶〈all the time S + V〉なら「S が…する間ずっと」。
àll the wáy □□ 118	ずっと；はるばる
〜 and só [òn 　　　　　fòrth] □□ 119	〜など 🔲 and the rest, and all the rest of it, and the like ▶ 口語では「その他何でも」の意味で you name it も使われる。
and yét □□ 120	それにもかかわらず 🔲 nevertheless ▶ but yet も同じ意味。文や節の初めだけでなく, simple **and yet** effective「単純であるにもかかわらず効果的」のように同じ形容詞句や副詞句内でも使われる。
as 〜 as [póssible 　　　　　*one* cán] □□ 121	できる限り〜 🔲 as best *one* can, to the best of *one's* ability (cf. to the best of *one's* knowledge → 697) ▶ as 〜 as *one* possibly can という強調の形もある。
as a resúlt (of 〜) □□ 122	(〜の)結果として 🔲 as a consequence (of 〜)

「純然たる副詞句」を次の Section 7 と二分し，ここではその① 25 個を扱う。
最上級を使った 125・126・127 と類似の句も「深める！」で確認したい。

After all, you are saying you are not coming with me, aren't you?

（慶大）

結局，あなたは私とは一緒に行かないと言っているんですよね。

When I was a child, my parents took me to the zoo **all the time**.

（宮崎大）

子供のころ，私の両親は私をいつもその動物園に連れて行ってくれた。

I ran **all the way** from home but wasn't in time for the 8:15 express.

（宮城教育大）

私は家からずっと走ったが，8 時15分の急行には間に合わなかった。

When we call something a fruit, we necessarily distinguish it from vegetables, meat, dairy, **and so on**.

（筑波大）

私たちはあるものを果物と呼ぶとき，それを野菜や肉，乳製品などと必ず区別している。

No one likes to be criticized, **and yet** criticism is essential for personal growth.

（獨協大）

批判されるのが好きな人はいないが，それにもかかわらず批判は個人の成長には不可欠なものだ。

I need to return this book to the library **as** soon **as possible**.

（神戸学院大）

私はできる限り早くこの本を図書館に返す必要がある。

The child fell ill and, **as a result**, her mother had to stay home to take care of her.

（早大）

その子供は病気になり，結果として母親は彼女の世話をするために家にいなければならなかった。

---

as a whóle ☐☐ 123	**全体として(の)** ▶ at large → 414① と同様に，名詞の直後に置かれることも多く，その場合は「形容詞」の働きをする(例文)。
as úsual ☐☐ 124	**いつものように** ▶ business as usual には，「(掲示で)(災害などにかかわらず)平常どおり営業いたします」のほか，「(改善が必要にもかかわらず)旧態依然とした状態(の)」の意味がある。 参考 「いつもより〜」は〈比較級＋than usual〉。 例 earlier **than usual**「いつもより早く」
at bést ☐☐ 125 ➡深める！ P.74	**よくても，せいぜい** 反 at (the) worst「最悪の場合(でも)」 ▶ at the best もときに使われる。
at léast ☐☐ 126 ➡深める！ P.74	**少なくとも** 反 at (the) most → 127 ▶ at the (very) least もときに使われる。
at (the) móst ☐☐ 127 ➡深める！ P.74	**せいぜい，多くても** 反 at (the) least → 126 ▶「数量・程度」について使う。
at a tíme ☐☐ 128	**1度に** ▶ one at a time は「1度に1人[1個]ずつ」の意味で，例文は one person at a time のように変更してもよい。 参考 〈at a time (when) S＋V〉は「Sが…するときに」の意味。
at ónce ☐☐ 129	**① すぐに** 同 immediately, right away → 224, 　 out of hand → 950②, 　 on the spot → 992① **② 同時に** 同 at the same time, all at once

I don't know enough about this problem <u>as a whole</u> to propose how to solve it. （上智大）	私は解決方法を提案するほどにはこの問題<u>全体</u>についてわかっていない。
We tend to keep doing things <u>as usual</u> until some serious changes occur. （神戸大）	私たちは何か深刻な変化が起きるまで<u>いつもどおり</u>に物事をし続ける傾向がある。
I hear views on the effectiveness of this new medicine are mixed <u>at best</u>. （大阪市大）	この新薬の有効性に関する見方は<u>よくても</u>賛否両論だそうだ。
Our teacher told us to spend <u>at least</u> a little time every day studying the language. （岩手大）	私たちの先生は，毎日<u>少なくとも</u>少しの時間をその言語の勉強に費やすように私たちに言った。
The gym is a short distance away from my house, a ten-minute walk <u>at most</u>. （関西大）	そのジムは私の家から近い所にあり，<u>せいぜい</u>歩いて10分だ。
We were told to enter the room one <u>at a time</u> for the interview. （学習院大）	私たちは，面接には<u>1度に</u>1人ずつ入室するように言われた。
① Oh, this is not what we've ordered. Take it back <u>at once</u>. （法政大）	①おっと，これは私たちが注文したものではありません。<u>すぐに</u>返しなさい。
② It's impossible to meet everyone's needs <u>at once</u>. （専修大）	②全員の要求に<u>同時に</u>応えることは不可能だ。

55

at áll □□ 130	① 〔否定文で〕まったく 圓 not ~ (in) the least → 698 ▶ no [not] ~ at all が一般形。 ② 〔疑問文で〕一体, そもそも ③ 〔肯定文で〕そもそも, ともかく ▶ 条件文中でも使われ, 「仮にも, いやしくも」の意味を表す。
at ány ràte □□ 131	とにかく, いずれにしても 圓 anyway, in any case [event] → 146, at all events
at rándom □□ 132	無作為に；手当たりしだいに
mòre or léss □□ 133	① 多かれ少なかれ, 程度の差は あれ ▶ 名詞・形容詞を修飾する。 ② ほぼ；おおよそ 圓 「ほぼ」almost, just about → 776； 「おおよそ」approximately, about ▶ 名詞・形容詞のほか, 動詞・副詞を修飾。「おおよそ」の意味では数字や the same とともに使う。

56

① I didn't like the movie <u>at all</u>, and Mayu didn't like it either.

（愛知学院大）

①私はその映画を<u>まったく</u>気に入らず，マユもそうだった。

② I know there are many people who wonder why we need speed bumps <u>at all</u> in big cities.

（慶大）

*speed bump「スピードバンプ」（車のスピードを落とさせるために設けた路上の段差）

②<u>一体</u>なぜ大都市にスピードバンプが必要なのかと疑問に思う人がたくさんいることを私は知っている。

③ Before jumping to a conclusion, let's check if we need any of those regulations <u>at all</u>.

（龍谷大）

*jump to a conclusion「結論を急ぐ」

③結論を急ぐ前に，<u>そもそも</u>そうした規則が何か必要かどうか調べましょう。

<u>At any rate</u>, from now on, make sure you have some time off SNS.

（中央大）

*from now on「今後は」

<u>とにかく</u>，今後は必ずSNSから離れる時間を持つようにしてください。

The researcher selected people for the questionnaire <u>at random</u> from telephone directories.

（獨協大）

*questionnaire [kwèstʃənéər]「アンケート」

その調査員は電話帳から<u>無作為に</u>アンケートのための人々を選び出した。

---

① In a new place, we have to adapt our way of living <u>more or less</u> to the local culture.

（早大）

①新しい場所では，私たちは地域の文化に合わせて自分たちの生活の仕方を<u>多かれ少なかれ</u>適応させなければならない。

② It's <u>more or less</u> impossible to calculate accurately the number of refugees worldwide.

（名古屋外大）

*refugee [rèfjudʒíː]「難民」

②世界中の難民の数を正確に算出することは<u>ほぼ</u>不可能だ。

at tímes □□ 134	ときどき 回 sometimes, 　(every) now and then[again], 　(every) once in a while → 207, 　from time to time → 217, 　on occasion(s) → 221
between yòu and mé □□ 135	ここだけの話だが, 内緒だが 回 between ourselves[us]
by hánd □□ 136	手で ▶ この by は「手段」を表し, 後の名詞は無冠詞。 例 by machine「機械で」, by check「小切手 で」, by e-mail「E メールで」
by mistáke □□ 137	間違って
by nó mèans □□ 138	全然〜ない ▶ not[no] 〜 by any means の形にもなる。 参考 by all means → 348 は「ぜひとも」。
by the wáy □□ 139	ところで 回 incidentally
fár from 〜 □□ 140	〜からほど遠い, 〜どころではな い 回 anything but 〜 → 261 ▶ 距離的に「〜から遠い」の意味でも使う。

The twins look so much alike that <u>at times</u> I can't tell them apart.

(法政大)

その双子はよく似ていて，私は<u>ときどき</u>区別ができない。

<u>**Between you and me**</u>, he lost all his money by gambling.

(大妻女大)

<u>ここだけの話だが</u>，彼はギャンブルですべてのお金を失った。

Making things <u>by hand</u> has given way to mass production by machine.

(神戸学院大)

*give way to 〜「〜に道を譲る」➡ 300

<u>手で</u>の物作りは機械による大量生産に道を譲った。

The other day I took someone's umbrella <u>by mistake</u> since it looked very similar to mine.

(関西学院大)

先日，誰かの傘を<u>間違って</u>持っていってしまった。というのもそれは私のとよく似ていたからだ。

The coach said he was <u>by no means</u> satisfied with the way his baseball team played.

(南山大)

コーチは，彼の野球チームのプレーには<u>全然</u>満足してい<u>ない</u>と言った。

<u>By the way</u>, did you attend the lecture given by Professor Yamada?

(関西学院大)

<u>ところで</u>，山田教授の行った講義に出席しましたか。

We spent long hours discussing the matter, but it still remains <u>far from</u> settled.

(中央大)

私たちはその問題について長い時間議論したが，依然として解決<u>からはほど遠い</u>ままだ。

Section 7　純然たる副詞句②

for a while ☐☐ 141	**しばらくの間** ▶ while には short, little, long などの形容詞も付く。quite(副詞)が付く場合は, for quite a while の語順。
for $\begin{bmatrix} \text{exámple} \\ \text{instance} \end{bmatrix}$ ☐☐ 142	**例えば** ▶ e.g. と略すこともある(ラテン語 *exempli gratia* より)。[ìː dʒíː] または [fər ɪɡzǽmpl] と読む。
for óne thìng ☐☐ 143	**1つには** ▶ 理由などを挙げる言い方。for another は「もう1つには」。
in a húrry ☐☐ 144	**急いで, あせって** 回 in haste 参考 「急げ」と人をせかす表現は, Hurry up. や Step on it [the gas]. など。hurry ～ up は「～を急がせる」。
in addítion (to ～) ☐☐ 145	**(～に)加えて；さらに** 回 besides (～), on top (of ～); 「～に加えて」along [together] with ～ → 203, apart from ～ → 169①; 「さらに」what is more → 693
in ány $\begin{bmatrix} \text{càse} \\ \text{evènt} \end{bmatrix}$ ☐☐ 146	**とにかく, いずれにしても** 回 anyway, at any rate → 131, at all events
in détail ☐☐ 147	**詳細に** ▶ in great(er) [more] detail のように detail には形容詞が付くことも多い。

「純然たる副詞句」残り後半の 23 個。148 と 152 には，「（そして）実際に」と「（ところが）実際には」の両方の意味がある点に注意したい。

We've been walking since the morning, so let's take a rest <u>for a while</u>. (慶大)	朝からずっと歩いているので，<u>しばらくの間</u>休憩をとろう。
In some parts of the world — the Middle East, <u>for example</u> — people are very expressive. (上智大)	<u>例えば</u>中東など，世界の場所によっては，人々はとても表情豊かである。
<u>For one thing</u>, the seats are too soft; for another, they are too small for us. (立教大)	<u>1 つには</u>，座席が柔らかすぎる。もう 1 つには，それらは私たちには小さすぎる。
Tom was <u>in</u> such <u>a hurry</u> to get to the airport that he left without the gift from us. (立教大)	トムは空港に行くのにとても<u>急いで</u>いたので，私たちからの贈り物を忘れていった。
<u>In addition to</u> being a novelist himself, Soseki taught literature at a university. (中央大)	漱石は自身が小説家であったことに<u>加えて</u>，大学で文学を教えた。
I'm satisfied, because both sides agree that research needs to continue <u>in any case</u>. (獨協大)	私は満足している。というのも，<u>とにかく</u>研究は続ける必要があるということで両者が合意しているからだ。
I gave her the document, in which the proposal was explained <u>in detail</u>. (芝浦工大)	私は彼女に資料を提供したが，それには<u>詳細に</u>提案が説明されていた。

in fáct □□ 148	① 実際に
	② 〔前言と対照して〕(ところが)実際は
	①② 圓 in reality → 152, in (all) truth, in effect → 415①
	▶ ①の「そして実際に」のほかに，②の「ところが実際は」のニュアンスもある点に注意。
in géneral □□ 149	① 一般に
	圓 as a (general) rule → 211, generally
	② 〔名詞の後に置いて〕一般の
	圓 at large → 414①
	▶ 形容詞句としての用法。
in óther wòrds □□ 150	言い換えれば，つまり
	圓 namely, that is (to say) → 681, to put it another way
in públic □□ 151	人前で，公然と
	圓 publicly
	反 in private [secret] 「ひそかに，こっそりと」
in reálity □□ 152	(ところが)実際には；(想像などではなく)現実に
	圓 in fact → 148, in effect → 415①
	▶ in fact → 148② と同様に「ところが実際は」のニュアンスがある点に注意したい。

① The Egyptians recognized many gods — hundreds of them, <u>in fact</u>.

（お茶の水女大）

①エジプト人は多くの神々，実際には何百もの神々を認識していた。

② Sue insisted she was there, but, <u>in fact</u>, there is enough evidence to show otherwise.

（関西大）

②スーはそこにいたと主張したが，実際はそうではないことを示す十分な証拠がある。

---

① <u>In general</u>, childhood obesity is a problem for rich countries. （北九州市大）

*obesity [oubíːsəti]「肥満」

①一般に，小児肥満は豊かな国における問題だ。

② This study brutally reveals our attitude toward poverty <u>in general</u> in this country. （東大）

②この研究はこの国の貧困に対する私たちの一般の姿勢を残酷なまでにあらわにしている。

English is now an international language: <u>in other words</u>, it plays an important role in international communication. （群馬大）

英語は今や国際言語だ。言い換えれば，それは国際的なコミュニケーションにおいて重要な役割を果たしているということだ。

I think children should be taught how to behave <u>in public</u> when they are very young. （佛教大）

子供たちは人前でどのように振る舞うべきか，とても幼いころに教えられるべきだと私は考える。

We thought everything was going on smoothly, but <u>in reality</u>, we were all mistaken. （神戸大）

私たちは，すべてのことが順調にいっていると考えていたが，実際には私たちは全員間違っていた。

---

in the énd ☐☐ 153	結局は, ついには 圓 finally, at last, eventually, at the end of the day
in the fúture ☐☐ 154	将来は；今後は ▶ future には near, immediate, distant, remote など, いろいろな形容詞も付く。in the not-too-distant future は「あまり遠くない将来に」。
in the lóng rùn ☐☐ 155	長い目で見れば, 結局は 圓 in the long term 反 in the short run [term]「短期的には」
nò dóubt ☐☐ 156	おそらく, たぶん 圓 without (a) doubt, undoubtedly ▶ no doubt 〜 but ... で「確かに〜だが…」と譲歩の構文を構成することもある。 例 **No doubt** this bed is good, **but** it doesn't fit me.「このベッドは確かによいものだが, 私には合わない」
nò lónger 〜 ☐☐ 157	もはや〜ない 圓 not 〜 any longer 参考 no more 〜[not 〜 anymore] は「数量・程度」について使うことが多い。
nòt álways 〜 ☐☐ 158	必ずしも〜ではない 圓 not necessarily 〜

➡深める!

深める!　not always 〜(158)のような部分否定の表現

〈否定語＋全体を表す語〉＝「部分否定」となることが多い。

・ not all 〜「すべて〜とは限らない」
・ not altogether 〜「全面的に〜とは限らない」

<u>In the end</u>, we decided to go to the beach for a swim. (慶大)	<u>結局</u>, 私たちは泳ぎに海辺へ行くことに決めた。
You have to get ready for whatever will happen <u>in the future</u>. (中央大)	あなたは, <u>将来</u>起こるどんなことに対しても準備をしておかなければならない。
I'm convinced that buying high-quality items will save us money <u>in the long run</u>. (西南学院大)	<u>長い目で見れば</u>, 高品質の商品を買うことはお金の節約になると私は確信している。
In terms of popularity, soccer is <u>no doubt</u> the No. 1 sport in Japan today. (関東学院大) *in terms of ～「～に関して」→ 598	人気に関しては, サッカーは<u>おそらく</u>今日の日本において1番のスポーツだろう。
Sadly, he has completely changed; he is <u>no longer</u> the Masato we used to know. (大阪学院大)	悲しいことに, 彼はすっかり変わってしまった。彼は<u>もはや</u>私たちが昔知っていたあのマサトでは<u>ない</u>。
Experience tells me that things do <u>not always</u> go the way you want them to. (成蹊大)	経験は, 物事は<u>必ずしも</u>私たちが望むようにはいか<u>ない</u>ことを私に教えてくれる。

- not both ～「両方とも～とは限らない」
- not completely ～「完全に～とは限らない」
- not entirely ～「まったく～とは限らない」
- not every ～「すべて～とは限らない」
- not necessarily ～「必ずしも～とは限らない」
- not wholly ～「完全に～とは限らない」

on éarth □□ 159	① 〔疑問詞を強めて〕一体全体
	② 〔最上級を強めて〕世界中で
	①② 圓 in the world
	▶ 単に「地球上で」の意味で使うこともある。
	▶ 否定を強める用法もある。
	例 There is no reason **on earth** to apologize to you. 「あなたに謝る理由はまったくない」
on the óther hànd □□ 160	他方では；これに反して 参考 on (the) one hand は「一方では」。
só fàr □□ 161	今までのところ 圓 thus far, up to this point, to date → 1000
sóoner or láter □□ 162	遅かれ早かれ，そのうち 圓 in time → 8②
thése dàys □□ 163	近ごろは，このごろは 反 in those days「当時は」 ▶ 通例，現在時制とともに使われる。

① What **on earth** are you trying to convey to him by writing such a long letter?

(愛知大)

①あなたはあんなに長い手紙を書いて，<u>一体全体</u>彼に何を伝えようとしているのですか。

② India is one of the most densely populated countries **on earth**.

(上智大)

②インドは<u>世界中で</u>最も人口が密集している国の1つだ。

My big brother, **on the other hand**, prefers spending his free time alone reading books.

(清泉女大)

<u>他方では</u>，私の兄は本を読んで自由時間を1人で過ごすことを好む。

Of the houses I've checked on the internet **so far**, I think this is the best.

(早大)

<u>今までのところ</u>インターネットで調べた家の中では，私はこれが最高だと思う。

I'm sure we'll find out the truth **sooner or later**.

(名古屋外大)

私たちは，<u>遅かれ早かれ</u>きっと真実を見つけ出すと思う。

These days I get up early in the morning and enjoy jogging around the park.

(青山学院大)

<u>近ごろ</u>私は朝早く起きて，公園の周りをジョギングして楽しんでいる。

Section 8　前置詞句

accórding to ~ □□ 164	① ～によれば
	② ～に従って；～に応じて 　 同 in accordance with ~ → 958
⌈ówing⌉ to ~ **⌊dúe ⌋** □□ 165	～のために 　 同 on account of ~, because of ~ 　▶ かつては due to ~ を前置詞的に使うのは誤り 　　とされたが，現在では標準語法になっている。
thánks to ~ □□ 166	～のおかげで 　▶ thanks は必ず複数形。悪いことにも使える。
in spíte of ~ □□ 167	～にもかかわらず 　 同 despite, for all ~ → 357, 　　 with all ~ → 358 　▶ in spite of [despite] *oneself* は「思わず，我知 　　らず」。
áll òver (~) □□ 168	① (～の)至る所に[で]
	② 一面に 　▶ ①の over は前置詞だが，②では副詞でアクセン 　　トは àll óver。The races are all over.「レー 　　スは全部終わっている」も àll óver。

前置詞句を 10 個集めた。前置詞句であるから直後には名詞（句）がくるが，168 の②は前置詞句ではなく副詞句で，アクセントも①とは異なる点に注意したい。

① **According to** this article, the world is continuing to be urbanized rapidly. （東海大） ＊urbanize [ə́ːrbənàɪz]「～を都市化する」	①この記事によれば，世界は急速に都市化を続けている。
② If all goes **according to** plan, the building will have been completed by next spring. （立教大）	②もしすべてが計画に従って進めば，その建物は来春までには完成しているだろう。
The price of cabbage has gone up sharply, mainly **owing to** the bad weather. （東京理科大）	主に悪天候のためにキャベツの値段が急騰している。
Thanks to this book, I finally understood what had happened all those years ago. （関東学院大）	この本のおかげで，私は過ぎ去りし日々に起きたことをついに理解した。
We all went out and took part in open-air exercise **in spite of** the bad weather. （東京都大）	私たちは全員悪天候にもかかわらず外に出て，屋外での運動に参加した。
① I hear the Japanese word *kawaii*, meaning cute, is becoming popular **all over** the world. （福岡女大）	①かわいいを意味する日本語の「かわいい」が世界中で人気になっているそうだ。
② I don't know what happened to me, but my body ached **all over** last night. （武庫川女大）	②自分に何が起きたのかわからないが，昨夜は体中が痛かった。

apárt from ~ □□ 169	① ~のほかに 🔁 besides, 　in addition to ~ → 145, 　aside from ~ → 170 ② ~を除いては 🔁 except for ~, 　aside from ~ → 170 ▶「~から離れて」の意味でも使う。 例 sit **apart from** each other 「互いに離れて座る」
asíde from ~ □□ 170	~を除いては；~のほかに 🔁 apart from ~ → 169; 「~を除いては」except for ~
ahéad of ~ □□ 171	(時間的に)~より先に；(位置的に)~の前に；~より進歩して
in séarch of ~ □□ 172	~を求めて[探して] 🔁 in pursuit of ~
in preparátion for ~ □□ 173	~の準備中で

① **Apart from** being very friendly to us all, David was also a very talented talker.
(香川大)

①デイビッドは私たち全員にとても親切であることのほかに，話がとても上手な人でもあった。

② In the school I entered in America, I hardly knew anybody **apart from** my host sister.
(白百合女大)

②私がアメリカで入学した学校では，私はホストシスターを除いてはほとんど誰も知らなかった。

Nobody **aside from** her was able to solve that math problem.
(学習院大)

彼女を除いては誰もその数学の問題を解くことができなかった。

Today there are some workers who retire **ahead of** their retirement age.
(学習院大)

今日では定年より先に退職する人もいる。

In the 1930s many Americans moved west **in search of** opportunities.
(名古屋学院大)

1930年代，多くのアメリカ人は職の機会を求めて西へと移動した。

Right now I'm studying hard **in preparation for** the term exams, which begin next week.
(明治大)

現在，私は来週始まる期末試験に備えて一生懸命勉強している。

Section 9　基本構文を構成する句

èach óther □□ 174	お互い 圓 one another ▶ one another とほぼ区別なく使われる。
sò ～ that ... □□ 175	(結果を表して)非常に～なので … ▶ "～" には形容詞・副詞が入る。 ▶ that は特に口語では省略されることが多い。 ▶ 主節が否定文の場合は「…するほど～ではない」 　と「程度」を表すのが普通。
A **as wéll as** *B* □□ 176	B だけではなく A も ▶ not only *A* but (also) *B* → 177 とは *A*, *B* の 　位置が逆。 ▶ *A* as well as *B* 全体が主語の場合は，動詞は *A* 　に一致。 ▶「B と同じようによく～な A」の意味もある。
nòt ónly *A* **but** 　　　　**(àlso)** *B* □□ 177	A だけではなく B も ▶ only の代わりに merely, simply, just なども使わ 　れる。 ▶ 全体が主語の場合，受ける動詞は *B* に合わせる。
as ⎡**if**　　⎤ **...** 　　⎣**thòugh**⎦ □□ 178	まるで…のように ▶ "..." には，仮定法のほかに直説法も使われる。 ▶ it's not as if[though] ... は「…であるわけでも 　ない」の意味。
as sóon as ... □□ 179	…するやいなや 圓 the moment [minute] ... → 703
Sómething is 　　wróng with ～. □□ 180	～はどこか調子がおかしい[故障 している]。 ▶ Nothing is[There is nothing] wrong[the 　matter] with ～. は「～はどこもおかしくない」。

いずれも基本的な7個の句だが，文法面で特に要注意のものがある。176と177が主語として用いられる場合，動詞をA・Bのどちらに合わせるかが異なる。

Technology continues to impact the way people communicate with <u>each other</u>. (慶大)	技術は人々の<u>互い</u>のコミュニケーションの取り方に影響を与え続けている。
She resembles her mother <u>so</u> much <u>that</u> they are often mistaken for each other. (明治大)	彼女は母親に非常に似ている<u>ので</u>，しばしば互いに間違われる。
Kento is a fluent speaker of Chinese <u>as well as</u> English. (福島大) *fluent [flúːənt]「流ちょうな」	ケントは英語だけで<u>なく</u>中国語<u>も</u>流ちょうに話す。
Recycling things is <u>not only</u> environmentally friendly <u>but also</u> economically sound. (関西外大)	物をリサイクルすることは，環境に優しい<u>だけでなく</u>経済的に健全でもある。
I got back just yesterday, although I'm feeling <u>as if</u> I'm still in a different time zone. (同志社大)	私は昨日戻ったばかりだ。<u>まるで</u>まだ別の時間帯にいる<u>ような</u>気分だが。
I'll be with you, Ken, <u>as soon as</u> I'm done with the dishes. (一橋大)	ケン，皿洗いを済ませ<u>たらすぐに</u>あなたの所へ行くからね。
I knew from the beginning <u>something was wrong with</u> him. (佛教大)	私は最初から彼は<u>どこか調子が悪い</u>とわかっていた。

73

不可算名詞を「数量化」する形容詞句の例

(1) 形を示す：**a bar of** chocolate「チョコレート1枚」，**a loaf of** bread「パン1個」，**a sheet of** paper「紙1枚（＝大きさがそろった紙の1枚）」，**a slice of** ham「ハム1切れ」

(2) 容器を示す：**a cup of** tea「1杯の紅茶」，**a glass of** milk「グラス1杯の牛乳」，**a spoon(ful) of** sugar「スプーン1杯の砂糖」

(3) 単位を示す：**an acre of** land「1エーカーの土地」，**a pound of** flour「1ポンドの小麦粉」，**a yard of** silk「1ヤードの絹」

---

regard *A* as *B* (113)と類似の表現

〈動詞＋*A* as *B*〉の文型が使われる動詞(句)の例を挙げる。動詞(句)によって *B* には名詞のほか，形容詞・現在分詞・過去分詞もくる。

・ **accept** *A* as *B*「*A* を *B* として受け入れる」

・ **acknowledge** *A* as *B*「*A* を *B* として認める」

・ **class[classify]** *A* as *B*「*A* を *B* として分類する」

・ **define** *A* as *B*「*A* を *B* と定義する」

・ **describe** *A* as *B*「*A* を *B* と説明[描写]する」

・ **identify** *A* as *B*「*A* を *B* だと特定する」

・ **interpret** *A* as *B*「*A* を *B* だと解釈する」

・ **look on[upon]** *A* as *B*「*A* を *B* とみなす」→ 285

・ **treat** *A* as *B*「*A* を *B* として扱う」

---

at best (125)・**at least** (126)・**at (the) most** (127)と類似の表現

〈at（＋the）＋最上級〉は表現力豊かな句である。125～127以外にもいくつか例を挙げておこう（使用頻度が高ければ定冠詞は省略される傾向）。

・ **at (the) longest**「一番長くて（も）」
　反 **at (the) shortest**「一番短くて（も）」

・ **at (the) earliest**「一番早くて（も）」
　反 **at (the) latest**「一番遅くて（も）」

・ **at (the) highest**「一番高くて（も）」
　反 **at (the) lowest**「一番低くて（も）」

Part 2

グルーピングで覚える

240

ここに集めた240の熟語はまさに中核とも言えるものばかり。「覚えやすさ」を主眼にして，大きく5グループに分類した。セットで暗記できるものも多いのでテンポよく覚えていこう。

brìng úp ~ □□ 181	**=raise** ① ～を育てる ② （問題・話題など）を持ち出す ▶ ①②ともに bring ~ up の語順も可。
càll óff ~ □□ 182	**=cancel** ～を中止する[取り消す]
càrry ón (~) □□ 183	**=continue** （～を）続ける ▶ 他動詞では carry ~ on の語順も可。 ▶ 「…し続ける」は，carry on *doing*（例文）。
còme abóut □□ 184	**=happen, occur** 起こる 参考 「～を引き起こす」は，bring about ~ → 60。
cóme by ~ □□ 185	**=get, obtain** ～を手に入れる ▶ 「ちょっと立ち寄る」（= drop in → 481, drop by）の意味も。その場合，アクセントは còme bý。
còme úp with ~ □□ 186	**=devise, invent, conceive** （解決策など）を思いつく 🔲 think of ~ → 45②
dò awáy with ~ □□ 187	**=eliminate, abolish** ～を取り除く；～を廃止する 🔲 「～を取り除く」get rid of ~ → 104

入試では熟語の意味を１語で言い換える問題も多い。特に頻度の高いもの 44 個のうち，ここでは 22 個を集めた。言い換えの１語とセットで覚えよう。

① From the age of five, she was <u>brought</u> <u>up</u> by her aunt. （専修大）	①彼女は５歳のときからおばに<u>育てられた</u>。
② Yumi felt a little uneasy when her parents <u>brought</u> <u>up</u> the subject of marriage. （東洋英和女学院大）	②ユミは彼女の両親が結婚の話題<u>を持ち出した</u>とき，少し不安に感じた。
The scheduled football game had to be <u>called</u> <u>off</u> because of the bad weather. （関西外大）	悪天候のため，予定していたフットボールの試合は<u>中止</u>されなければならなかった。
My father says he wants to <u>carry</u> <u>on</u> working past his retirement age. （日本医大）	私の父は定年を過ぎても働き<u>続け</u>たいと言っている。
I believe more changes will <u>come</u> <u>about</u> in our way of life owing to global warming. （立命館大）	地球温暖化のために私たちの生活様式により多くの変化が<u>起こる</u>だろうと私は信じている。
These newly developed fibers are very economical and easy to <u>come</u> <u>by</u>. （高崎経大）	この新たに開発された繊維はとても経済的で，<u>手に入れる</u>のが簡単だ。
Tom was late to class again and was unable to <u>come</u> <u>up</u> <u>with</u> a good excuse for that. （早大）	トムはまた授業に遅れ，そのことについてうまい言い訳<u>を思いつく</u>ことができなかった。
Modern society should make every effort to <u>do</u> <u>away</u> <u>with</u> racial discrimination. （青山学院大）	現代社会は人種差別<u>をなくす</u>ためにあらゆる努力をすべきだ。

find fáult with ～ □□ 188	**=criticize** **～にけちをつける, ～を非難する** ▶ 受動態でも with を落とさない。
gèt óver ～ □□ 189	**=overcome** **～を克服する；(病気など)から回復する** ▶ 〈can't (などの否定語) + get over ～〉で,「(驚きのあまり)～を信じられない」の意味でも使う。
hànd ín ～ □□ 190	**=submit** **(手渡しで)～を提出する[届ける]** 回 turn in ～ → 404① ▶ hand ～ in の語順も可。
léarn ～ by héart □□ 191	**=memorize** **～を暗記する** ▶ know ～ by heart は「～を暗記している」。
lòok ínto ～ □□ 192	**=investigate** **～を調べる** ▶「～の中をのぞき込む」の元の意味でも使う。
lòok óver ～ □□ 193	**=examine** **～を(ざっと)調べる** ▶ look ～ over の語順も可。
pàss awáy □□ 194	**=die** **死ぬ** ▶「過ぎ去る；(時)を過ごす」の元の意味でも使う。
pùt óff ～ □□ 195	**=postpone** **～を延期する** ▶ put ～ off の語順も可。 ▶「(人)を不快にさせる」などの意味にもなる。

It's easy to <u>find fault with</u> the work of others, but we should know it's a most shameful act. (日本大)

他人の仕事<u>にけちをつける</u>のは簡単だが，それはとても恥ずかしい行いだということを知るべきだ。

Erika used to be afraid of heights, but she has <u>gotten over</u> her fear now. (中部大)

エリカは以前は高い所が怖かったが，今ではその恐怖<u>を克服している</u>。

Maybe we should go to the lost and found and ask if someone <u>handed</u> it <u>in</u>. (宮城教育大)

遺失物取扱所へ行って，誰かがそれ<u>を届けてくれた</u>かどうか尋ねてみたらどうだろう。

I've found it fun to <u>learn</u> something <u>by heart</u> — Toson's beautiful poems, for example. (滋賀大)

私は何か<u>を暗記すること</u>は楽しいと気づいた。例えば，藤村の美しい詩などだ。

The police started to <u>look into</u> the cause of the accident more carefully. (清泉女大)

警察はより慎重に事故の原因<u>を調べ</u>始めた。

The clerk was kind enough to <u>look over</u> the papers for me before I sent them off. (東京理科大)

その職員は私が書類を送る前に親切にもそれら<u>をざっと調べて</u>くれた。

My grandmother <u>passed away</u> at age 97, surviving her husband by 15 years. (立教大)

私の祖母は彼女の夫より15年長生きして，97歳で<u>亡くなった</u>。

Jason decided to <u>put off</u> taking his summer vacation because he was too busy at work. (南山大)

ジェイソンは仕事があまりにも忙しかったので，夏休みをとるの<u>を延期する</u>と決めた。

pùt togéther ～ □□ 196	=assemble, build (部品など)を組み立てる；(考え など)をまとめる ▶ put ～ together の語順も可。
pùt úp ～ □□ 197	① =raise, lift, erect, construct ～を掲げる；～を上げる； ～を建てる ② =accommodate ～を泊める ▶ ①②ともに put ～ up の語順も可。
pùt úp with ～ □□ 198	=tolerate, endure, stand ～を我慢する
sét abòut ～ □□ 199	=begin, start ～を始める
sèt ín □□ 200	=begin, start 始まる ▶ 主に雨季や病気などの「好ましくないこと」が始 まるときに使う。
tàke áfter ～ □□ 201	=resemble ～に似ている
of impórtance □□ 202　　➡深める！ P.158	=important 重要な

Putting a model airplane **together** by yourself is easy. (明治大)	自分で模型飛行機を組み立てることは簡単だ。
① A sign was **put up** in front of the station to advertise the new store. (中央大)	①その新しい店を宣伝するために駅の正面に看板が掲げられた。
② The business school that was hosting me **put** me **up** at a nice hotel near the school. (山梨大)	②私を招いてくれたビジネススクールは学校の近くのすばらしいホテルに私を泊まらせてくれた。
There are many inconveniences that have to be **put up with** when you go abroad. (上智大)	外国へ行くと, 我慢しなければならない不便なことがたくさんある。
Soon after the party, Kana **set about** clearing the tables with her sister. (東大)	パーティーのすぐ後, カナは妹と一緒にテーブルの片づけを始めた。
We all feared that a serious economic depression might **set in** after the epidemic. (富山大)	私たちは皆, 伝染病の流行後に深刻な経済不況が始まるのではないかと恐れていた。
Which side of your family do you think you **take after**? (中部大)	あなたは自分が家族のどちらの家系に似ていると思いますか。
I believe that education is **of** supreme **importance**, no matter where we live. (中央大)	どこに住んでいようと教育が最も重要であると私は信じている。

81

alóng with ～ □□ 203	=**besides** ～と一緒に，～に加えて 圓 in addition to ～ → 145, together with ～
in connéction with ～ □□ 204	=**concerning, about** ～に関連して
on bóard（～） □□ 205	=**aboard** 〔前置詞句〕（乗り物）に乗って； 〔形容詞句・副詞句〕乗って[た]
príor to ～ □□ 206	=**before** ～より前で ▶ prior は，senior, junior などとともにラテン語系の単語。これらの語では「～より」は than ～ ではなく to ～ で表す。 ●深める！ P.196
(èvery) ónce in a while □□ 207	=**sometimes, occasionally** ときどき 圓 at times → 134, from time to time → 217, (every) now and then [again], every so often, on occasion(s) → 221
abòve áll（élse） □□ 208	=**especially, particularly** とりわけ，特に 圓 above all things

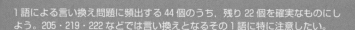

1 語による言い換え問題に頻出する 44 個のうち，残り 22 個を確実なものにしよう。205・219・222 などでは言い換えとなるその 1 語に特に注意したい。

I couldn't understand why we had to submit our notebook <u>along with</u> our test paper. <div align="right">（東京理科大）</div>	どうして私たちはテスト用紙<u>と一緒に</u>ノートを提出しなければならないのか，私には理解できなかった。
Mr. Yamada has often appeared on TV <u>in connection with</u> Japan's health care system. <div align="right">（中央大）</div>	山田さんは日本の保健医療制度<u>に関連して</u>テレビにしばしば出演してきた。
We began to get <u>on board</u> the plane half an hour before its scheduled takeoff. （福岡女大） *takeoff [téɪkɔ̀ːf]「離陸」〔名詞〕	私たちは離陸予定時刻の30分前に飛行機<u>に乗り</u>始めた。
A sign by the poolside says: "All users must shower <u>prior to</u> entering the pool." <div align="right">（武蔵大）</div>	プールサイドのそばの看板には「すべての利用者はプールに入る<u>前に</u>シャワーを浴びなければならない」と書いてある。
Old friends of mine from elementary school send me e-mails <u>every once in a while</u>. <div align="right">（龍谷大）</div>	小学校からの古い友人たちは<u>ときどき</u>私にEメールを送ってくれる。
The countries facing this economic problem include the US, Canada, and, <u>above all</u>, Japan. <div align="right">（関東学院大）</div>	この経済問題に直面している国にはアメリカ，カナダ，そして<u>とりわけ</u>日本が含まれる。

àll of a súdden □□ 209	**=suddenly, abruptly** 突然に, 不意に 　圓 (口語で) out of the blue, 　　　from [out of] nowhere
⌈**àll**⌉ **the sáme** ⌊**jùst**⌋ □□ 210	**=nevertheless** それでもやはり 　▶「すべて同じ(の)」という文字どおりの意味もある。 　▶ Thank you just the same.「とにかくありが 　　とう」は, 相手の好意に感謝しながら断る表現。
as a (gèneral) rúle □□ 211	**=generally, usually** 普通は；概して 　圓「普通は」in general → 149①, 　　　in principle → 345
as wéll □□ 212	**=too, also** 〜もまた 　▶ 文末に置くことが多い。
befòre lóng □□ 213	**=soon** 間もなく 　圓 It is not long before .... → 728
by degrées □□ 214	**=gradually** 徐々に
for góod □□ 215	**=forever, permanently** 永久に
for the móst pàrt □□ 216	**=mostly, generally** 大体は, 大部分は 　圓 in general → 149①, 　　　on the whole → 343, 　　　all in all → 344

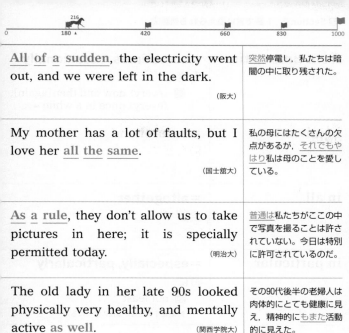

All of a sudden, the electricity went out, and we were left in the dark.

(阪大)

突然停電し，私たちは暗闇の中に取り残された。

My mother has a lot of faults, but I love her all the same.

(国士舘大)

私の母にはたくさんの欠点があるが，それでもやはり私は母のことを愛している。

As a rule, they don't allow us to take pictures in here; it is specially permitted today.

(明治大)

普通は私たちがここの中で写真を撮ることは許されていない。今日は特別に許可されているのだ。

The old lady in her late 90s looked physically very healthy, and mentally active as well.

(関西学院大)

その90代後半の老婦人は肉体的にとても健康に見え，精神的にもまた活動的に見えた。

She went out to buy some office supplies a few minutes ago, so she should be back before long.

(東洋大)

彼女は数分前に事務用品を買いに出かけたので，間もなく戻ってくるだろう。

By degrees, he began to feel at home in the new environment.

(東京理科大)

彼は徐々に新しい環境で落ち着き始めた。

In most cases, when a language is gone, it is gone for good.

(東京外大)

多くの場合，ある言語がなくなるとそれは永久に失われてしまう。

We've used this dishwasher for many years, and for the most part it's worked very well.

(神奈川大)

私たちは長年にわたってこの食洗機を使ってきた。そして，大体はとても順調に動いてきた。

85

from time to time □□ 217	**=sometimes, occasionally** ときどき 　圖 (every) now and then[again], 　　(every) once in a while → 207
in advánce □□ 218	**=beforehand** 前もって
in áll □□ 219	**=altogether** 全部で
in partícular □□ 220	**=especially, particularly** 特に 　圖 not least 　▶ 限定する語句の直後に置かれる。
on occásion(s) □□ 221	**=sometimes, occasionally** ときどき 　圖 (every) once in a while → 207, 　　(every) now and then[again]
on púrpose □□ 222	**=intentionally, purposely** わざと, 故意に
óver and óver 　　　　(agáin) □□ 223	**=repeatedly** 何度も繰り返し
right awáy □□ 224	**=immediately** 今すぐ, 直ちに 　圖 at once → 129①, right now

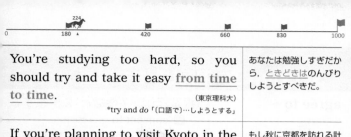
You're studying too hard, so you should try and take it easy <u>from time to time</u>. (東京理科大) *try and *do* 「(口語で)…しようとする」	あなたは勉強しすぎだから, <u>ときどきは</u>のんびりしようとすべきだ。
If you're planning to visit Kyoto in the fall, you should book your hotel <u>in advance</u>. (駒澤大)	もし秋に京都を訪れる計画を立てているのなら, <u>前もって</u>ホテルを予約すべきだ。
The protesters succeeded in collecting over 200,000 signatures <u>in all</u> in just a week. (成城大)	抗議する人たちはたった1週間で<u>全部で</u>20万以上の署名を集めるのに成功した。
Is there anything <u>in particular</u> you'd like me to mention in the recommendation letter? (慶大) *recommendation letter 「推薦状」	推薦状の中であなたが私に触れてほしいことは<u>特に</u>何かありますか。
This kind of misunderstanding can happen <u>on occasions</u> even among good friends. (岩手大)	この種の誤解はたとえ親友どうしの間でも<u>ときどき</u>起こり得る。
I made that harsh comment <u>on purpose</u> to see how he'd respond to it. (近畿大)	私は彼がどのように反応するかを見るために<u>わざと</u>あんな厳しいコメントをした。
Late last night, curled up in bed, I read a letter from her <u>over and over</u>. (九大)	昨夜遅くにベッドで丸くなり, 彼女からの手紙を<u>何度も</u>繰り返し読んだ。
Mr. Ohta, there's a man here at the reception who says he has to see you <u>right away</u>. (上智大)	太田さま, <u>今すぐ</u>あなたにお会いしたいとおっしゃる男性が, こちら受付にいらっしゃいます。

agrée to ~ ☐☐ 225	(提案・計画・条件など)に同意する 園 consent to ~ → 858 ▶ to の代わりに on, about, as to なども使う。 ▶ agree to *do*「…することに同意する」と混同しない。
agrée with ~ ☐☐ 226	(人が)(人・考えなど)に同意する;(気候・食物などが)~に合う;~に一致[適合]する
apply for ~ ☐☐ 227	(仕事・許可など)を申し込む[志願する] ▶ 〈apply to + 人[場所] + for ~〉は「人[場所]に~を申し込む」。
apply to ~ ☐☐ 228	① ~に当てはまる ▶ apply *A* to *B* は「*A* を *B* に応用[適用]する」。 ② (人・場所・組織)に申し込む ▶ apply to *do* は「…することを申し出る」。
remémber *doing* ☐☐ 229	…したのを覚えている ▶ 動名詞(*doing*)は述語動詞の時制より「前」を表す。 ➡深める！ P.158
remémber to *do* ☐☐ 230	忘れずに…する ▶ 不定詞(to *do*)は述語動詞の時制より「後」を表す。 ➡深める！ P.158

わずかな思い違いが致命的なミスになりかねない「混同しがちな熟語」56個のうち，Section 3では30個を扱う。微妙な違いを確認しながら進もう。

Those who attended the meeting all <u>agreed to</u> the proposal that a new factory be built. （芝浦工大）	その会議に出席した人たちは皆，新しい工場を建てるという提案<u>に同意した</u>。
She wanted me to <u>agree with</u> her point of view, but I couldn't. （一橋大）	彼女は私に彼女の考え方<u>に同意して</u>ほしがったが，私にはできなかった。
I'm too busy to go to the bank, so I'm planning to <u>apply for</u> internet banking services. （名古屋工大）	私は忙しくて銀行に行けないので，インターネットバンキング<u>を申し込む</u>つもりだ。
① What this research has found does not <u>apply to</u> people under 40. （慶大）	①この研究が発見したことは40歳未満の人々<u>には当てはまら</u>ない。
② If you're <u>applying to</u> a university overseas, you'll need some letters of recommendation. （中央大）	②海外の大学<u>に出願する</u>予定なら，何通かの推薦状が必要になるだろう。
Now that you mention it, I do <u>remember seeing</u> her on TV quite often. （畿央大）	そう言われてみると，私は頻繁にテレビで彼女を<u>見たことを</u>確かに<u>覚えて</u>います。
I'm going to take a nap. <u>Remember to</u> wake me up at four, please. （東京経大）	私は昼寝をします。どうか，<u>忘れずに</u>4時に私を<u>起こして</u>ください。

càtch úp [with / to] ~ □□ 231	（遅れた状態から）～に追いつく ▶ to は 主に米 。「追いつく」の意味から「（警察などが）～を逮捕する；（悪業などが）～の身にこたえる」などの意味にもなる。
kèep páce with ~ □□ 232	～に遅れずについていく 同 keep abreast of [with] ~ → 898 ▶ 233 とは同意。231 の catch up with [to] ~ との違いに注意。
kèep úp with ~ □□ 233	～に遅れずについていく 同 → 232 同
lèave ~ alóne □□ 234	～をそのままにしておく，～に干渉しない 同 let ~ alone
lèt alóne ~ □□ 235	～は言うまでもなく 同 much [still] less ~ → 692 ▶ 通例，否定構文の中で使われる。 ▶ let ~ alone「～をそのままにしておく」（= leave ~ alone → 234）と区別する。
correspónd to ~ □□ 236	～に一致する；～に相当する
correspónd with ~ □□ 237	～とやりとりを交わす，～と文通する ▶「～と一致［調和］する」の意味もあるが，その場合は with 以外に to も使える。

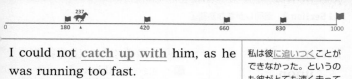
I could not **catch** **up** **with** him, as he was running too fast. (関西外大)	私は彼に追いつくことができなかった。というのも彼がとても速く走っていたからだ。
We need to make constant efforts to **keep** **pace** **with** what's happening in the world. (専修大)	私たちは世界で起きていることに遅れずについていくために絶えず努力する必要がある。
Since I'm not a math person, I find it kind of hard to **keep** **up** **with** the rest of the class. (関西学院大)	私は数学ができるほうではないので、クラスのほかの人たちに遅れずについていくのは少し難しいと感じる。
He's doing his homework, so we'd better **leave** him **alone** for some time. (群馬大)	彼は宿題をしているので、しばらく彼をほうっておくほうがいいだろう。
The old man can hardly remember what he had for breakfast this morning, **let** **alone** two days ago. (上智大)	その老人は2日前は言うまでもなく、今朝朝食に何を食べたのかもほとんど思い出せない。
His explanation about the incident does not **correspond** **to** what actually happened. (上智大)	その事故に関する彼の説明は実際に起きたことと一致しない。
We're now **corresponding** **with** a few students in Canada in chat rooms on the internet. (高知大)	私たちは現在、インターネット上のチャットルームでカナダの数人の生徒とやりとりをしている。

91

hit $\begin{bmatrix} \text{on} \\ \text{upòn} \end{bmatrix}$ **~** ☐☐ 238	**～を思いつく；～に出くわす** 圓「～を思いつく」think of ~ →45②, 　come up with ~ →186 ▶「思いつくもの」が目的語になる。次の例と239の 　例を比べてみよう。 　例I **hit on** <u>a good idea</u>. 「よい考えが浮かんだ」
occúr to ~ ☐☐ 239	**ふと(人)の心に浮かぶ** ▶「思いつくもの」が主語になる。 　例<u>A good idea</u> **occurred to**[**dawned on**] 　me. 「よい考えが浮かんだ」
dáwn on ~ ☐☐ 240	**(考えなどが)(人)にわかり始め る[思い浮かぶ]** ▶ 239と同様に「思いつくもの」が主語になる。
màke the bést 　　　　of ~ ☐☐ 241	**(不利な状況で)～を最大限に利 用する[善処する]** ▶ make the best of it[things] の形も多い。
màke the móst 　　　　of ~ ☐☐ 242	**～を最大限に利用する** ▶ こちらには241が含意する「不利な状況で」のニ ュアンスはない。
lày óff ~ ☐☐ 243	**～を一時解雇する** ▶ lay ~ off の語順も可。 ▶ ほかに「(悪いことなど)をやめる」の意味もあり, 　その場合は常に lay off ~。例 **lay off** smoking 　「タバコをやめる」(= stop smoking)
lày óut ~ ☐☐ 244	**～を並べる；～を設計する** 圓 set out ~ →411③ ▶ lay ~ out の語順も可。

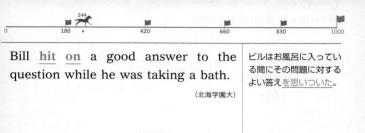
Bill **hit on** a good answer to the question while he was taking a bath. （北海学園大）	ビルはお風呂に入っている間にその問題に対するよい答え<u>を思いついた</u>。
She'd lived that way all her life, so it never **occurred to her** to act in any other way. （名古屋市大）	彼女は生まれてからずっとそんなふうに生きてきたので，ほかの行動をとることは<u>彼女には</u>まったく<u>思いつか</u>なかった。
It suddenly **dawned on me** that these islands could be covered by the constantly rising sea. （静岡県大）	この島々は絶えず上昇している海に覆われてしまう可能性があるということが突然<u>私にわかり始めた</u>。
Risk management capability is tested when one can **make the best of** a bad situation. （上智大） *risk management「危機管理」	危機管理能力は人が苦境<u>に最大限対応する</u>ときに試される。
To **make the most of** the warm weather, we went to the beach. （名古屋外大）	暖かい天候<u>を最大限に利用する</u>ために私たちは海辺へ行った。
During the last recession, even the big companies were forced to **lay off** thousands of workers. （一橋大）	この前の不況では，大企業でさえ何千人もの労働者<u>を一時解雇</u>せざるを得なかった。
We found a good picnic spot and **laid out** our food on a piece of cloth on the ground. （秋田県大）	私たちはピクニックによい場所を見つけ，地面に敷いた布の上に食べ物<u>を並べ</u>た。

93

be concérned $\begin{bmatrix} \text{abòut} \\ \text{for} \end{bmatrix} \sim$ □□ 245	**～を心配している** 同 *be* anxious about ～ → 257
be concérned $\begin{bmatrix} \text{with} \\ \text{in} \end{bmatrix} \sim$ □□ 246	**～に関係している** 同 *be* involved in ～ → 562
be frée $\begin{bmatrix} \text{from} \\ \text{of} \end{bmatrix} \sim$ □□ 247	**～がない** ▶ *be* は live, remain などになることもある。 参考 free A from [of] B「A(人・場所)からB(苦難・障害など)を取り除く」では, free は他動詞。
be frée to *do* □□ 248	**自由に…できる** ▶ feel free to *do* は主に命令形で, 「遠慮なく…してください」という意味の文でよく使われる。
be famíliar to ～ □□ 249	**(人)によく知られている** 反 *be* unfamiliar to ～「(人)によく知られていない」 ▶ 主語は「事物」。
be famíliar with ～ □□ 250	**(物事)をよく知っている** 反 *be* unfamiliar with ～「(物事)に精通していない」 ▶ 主語は「人」。

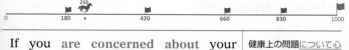
If you <u>are concerned about</u> your health problem, you should arrange for a medical checkup. （福岡大） * medical checkup「健康診断」	健康上の問題<u>について心配している</u>のなら，健康診断の手配をすべきだ。
This book raises discussions on wide issues <u>concerned with</u> gender equality. （立命館大）	この本は性の平等に<u>関係した</u>幅広い問題に関する議論を提起している。
Needless to say, water good to drink must <u>be</u> clean and <u>free of</u> harmful substances. （早大）	言うまでもなく，飲料に適した水はきれいで有害物質<u>を含まない</u>ものでなければならない。
Now that my uncle is retired from work, he<u>'s</u> <u>free to</u> do anything he wants. （関西学院大）	私のおじは退職しているので，したいことを何でも<u>自由に</u>する<u>ことができる</u>。
Homesickness <u>is</u> probably very <u>familiar to</u> anyone who has lived abroad for some time. （金沢大）	ホームシックはおそらく，しばらく海外に住んだことのある人なら誰<u>に</u>でも非常に<u>なじみのあるもの</u>であろう。
Most Americans <u>are familiar with</u> the Gettysburg Address by Abraham Lincoln. （獨協大） *the Gettysburg Address「ゲティスバーグの演説（1863年にリンカン大統領が行った演説）」	ほとんどのアメリカ人はエイブラハム・リンカンによるゲティスバーグの演説<u>をよく知っている</u>。

be trúe of ~ □□ 251	**～に当てはまる** ▶ of の代わりに about, for なども使う。
be trúe to ~ □□ 252	**～に忠実である** ▶ be は remain となることも多い。 ▶ be true to life は「生き写しである；実物大である」, be true to one's word [promise] は「約束を守る」。
be tíred $\begin{bmatrix} \text{from} \\ \text{with} \end{bmatrix}$ ~ □□ 253	**～で疲れる** 参考 「～でへとへとに疲れる」は, be tired [worn] out from [with] ~, be exhausted from [with] ~, be used up from [with] ~ などと言う。
be tíred of ~ □□ 254	**～に飽きる[うんざりしている]** 同 be fed up with ~ → 822, be bored with [of] ~ ▶ be は 253・254 ともに feel, become, get などにもなる。

In those days we needed tickets to buy clothing, and the same <u>was true of</u> most other necessities. <div align="right">（東北大）</div>	当時，私たちには衣類を買うチケットが必要で，同じことがほかのほとんどの必需品<u>にも当てはまった</u>。
I think Sakamoto Ryoma <u>was true to</u> his philosophy all his life, and I respect him for that. <div align="right">（山口大）</div>	坂本龍馬は生涯自分の哲学<u>に忠実だった</u>と私は思うし，私はそのことで彼を尊敬している。
I'<u>m</u> very <u>tired from</u> working all day and want to take a good rest now. <div align="right">（福井県大）</div>	私は一日中働きずくめ<u>で</u>とても<u>疲れていて</u>，今は十分な休息をとりたい。
I'<u>m</u> really <u>tired of</u> having the same thing for lunch every day. <div align="right">（関東学院大）</div>	私は昼食に毎日同じものを食べること<u>に</u>本当に<u>飽き飽きしている</u>。

Section 4　混同しがちな熟語②

***be* bóund for ～** □□ 255	**～行きである** ▶ この bound は「行こうとしている」の意味の形容詞。
be* bóund to *do □□ 256	**きっと…する；…する責任がある** 同「きっと…する」 be sure to *do* ▶ この bound は bind の過去分詞が形容詞化したもので，255 の bound とは語源が異なる。
***be* ánxious 　　　　about ～** □□ 257	**～を心配している** 同 be concerned about [for] ～ → 245 ▶ ときに be anxious for ～ も使う。
be* ánxious to *do □□ 258	**…したがる** ▶「案じながら切望する」のニュアンスがある。
～ to cóme □□ 259	〔名詞の後に置いて〕**将来の～，来るべき～** ▶ 前にくる名詞は time, year(s), decade(s) など「時」を表す語が一般的。
～ to gó □□ 260	〔名詞の後に置いて〕**あと～，残りの～；持ち帰り用の～**
ánything but ～ □□ 261	**全然～ではない，～どころではない** 同 far from ～ → 140 ▶「～以外何でも」の文字どおりの意味もある。
nóthing but ～ □□ 262	**ただ～だけ，～にすぎない** 同 only, merely, no more than ～ ▶「～以外は何も…（し）ない」の文字どおりの意味もある。

ここでは「混同しがちな熟語」56 個のうち，残り 26 個を扱う。261・262 および 263・264 あたりは特に意味を混同しやすく，注意が必要である。

This train is bound for San Francisco. (大阪経大)	この列車はサンフランシスコ行きだ。
I know this kind of misunderstanding is bound to happen again in the future. (東北大)	私はこの種の誤解は将来，きっと再び起きるとわかっている。
People in that area are always anxious about the possibility of another big earthquake in the future. (中央大)	その地域の人々は常に将来のさらなる大地震の可能性を心配している。
The patient was very anxious to know if the doctor saw any sign of cancer in the X-rays. (慶大)	その患者は医師がエックス線でなんらかの癌の兆候を見たのかとても知りたがった。
It is feared that the impact of the economic depression will be felt for many years to come. (国際教養大)	経済不況の影響は今後何年にもわたって感じられるだろうと懸念されている。
I've finished reading about 80 percent of the book, so I still have about 20 percent to go. (京都工繊大)	私はその本の80パーセントほどを読み終えたので，まだあと20パーセントほど残っている。
The boy looked anything but happy in his dirty baseball uniform. (青山学院大)	少年は汚れた野球のユニフォームを着ていて全然うれしそうではなかった。
It is indeed a shame that we had nothing but rain all the while we were staying here. (東京理科大)	私たちがここに滞在していた間ずっと雨降りばかりだったのは，本当に残念なことだ。

at fírst ☐☐ 263	**最初は** 🔁 at the start, at the outset ▶ first of all → 334, for the first time → 264 と混同しない。334 は「まず第一に」と「陳述の順序」を，264 は「初体験」を述べる表現。
for the fírst tíme ☐☐ 264	**初めて** ▶ for the first time in 10 years は「10年ぶりに」の意味。(直訳は「10年で初めて」。) ▶「2度目に」なら for the second time。for the last time は「最後に」。
in the wáy (of ～) ☐☐ 265	**(～の)邪魔になって** ▶ in *one's* way の形も多い。 ▶ in the way of ～ には「～の点では」の意味もある。
on the wáy (to ～) ☐☐ 266	**(～への)途中で** ▶「(～から帰る)途中で」は，on the way (from ～)。
by nów ☐☐ 267	**今はもう，今ごろは**
for nów ☐☐ 268	**今のところは，当分は** 🔁 for the present → 353, 　for the time being → 354, 　for the moment ▶ Goodbye for now. は「それではまた」の意味。
on the cóntrary ☐☐ 269	**それどころか，それに反して**
to the cóntrary ☐☐ 270	**それと反対の[に]** ▶ 例文のように，修飾する語句の直後に置かれることが多い。

At **first** I thought he was joking, but soon I realized he was dead serious. (成蹊大)	<u>最初は</u>，私は彼が冗談を言っていると思ったが，すぐに彼は大まじめだとわかった。
It was almost a decade ago that I saw this movie **for the first time** with my father. (学習院大)	私が父と<u>初めて</u>この映画を見たのは10年近く前のことだった。
We cannot process information in a neutral way when emotions get **in the way of** truth. (東大)	感情が真実<u>の邪魔</u>になるとき，私たちは中立の立場で情報を処理することはできない。
The sign we saw **on the way to** the natural hot spring read: "Beware of bears." (東海大)	私たちが天然温泉<u>へ行く途中で</u>見た標識には「クマに注意」と書いてあった。
It's a little past ten; the guests should have arrived **by now**, shouldn't they? (学習院大)	10時少し過ぎです。お客さまは<u>今はもう</u>到着しているはずですよね。
I think this amount of work will do **for now**, but I'm not sure about next month. (立命館大)	<u>今のところ</u>はこの量の仕事で間に合うと思うが，来月についてはわからない。
"You don't like reading fiction very much, do you?" "**On the contrary**, I love it." (北里大)	「あなたはフィクションを読むのはあまり好きじゃないでしょう」「<u>それどころか</u>，大好きです」
Despite evidence **to the contrary**, we tend to believe in the accuracy of memories. (南山大)	<u>それと反対の</u>証拠があるのに，私たちは記憶の正確さを信じがちだ。

101

in the áir □□ 271	未決定で；空中で[の]；(雰囲気など)が)感じられて ▶ 最初の2つの意味では，up in the air ともなる。
on the áir □□ 272	放送中の[で] **反** off the air「放送されないで」 ▶ on [off] air と the を省くこともある。
by chánce □□ 273	偶然に **同** by accident, 　　as luck would have it
by ány chànce □□ 274	〔疑問文で〕もしかして ▶「要求」が強制的に響くのを防ぐのに使う。
as a màtter of 　　　　cóurse □□ 275	当然のこととして
as a màtter of fáct □□ 276	実を言うと，実際は ▶ 新情報を追加したり，相手の誤りを訂正するときに使われる。
at a dístance □□ 277	ある距離を置いて
in the dístance □□ 278	遠方に[で]
ìnside óut □□ 279	裏返して，ひっくり返して ▶「裏も表も，完全に」の意味でも使う。know ～ inside out は「～を(裏も表も)よく知っている」。
ùpside dówn □□ 280	逆さまに，ひっくり返って

We couldn't reach a decision, so our plans are still up **in the air**. (学習院大)	結論に達し得なかったので，私たちの計画は依然として<u>未決定</u>である。
The English programs **on the air** have been a big help to me in my study of the language. (横浜国大)	<u>放送中の</u>英語の番組は，私がその言語を勉強するのにとても役立ってきた。
Purely **by chance**, a friend from junior high and I were volunteering at the same organization. (岩手大)	中学時代の友人と私はまったく<u>偶然に</u>同じ組織でボランティアをしていた。
Do you know their names **by any chance**? (名古屋外大)	<u>もしかして</u>あなたは彼らの名前をご存じですか。
More and more young Japanese scientists today speak English **as a matter of course**. (早大)	今日では，ますます多くの若い日本人科学者たちが<u>当然のこととして</u>英語を話す。
"Who has won first prize?" "Well, **as a matter of fact**, I have." (琉球大)	「誰が１等賞を取りましたか」「ええと，<u>実を言うと</u>，私です」
The couple sat down on a lawn **at a distance** from each other. (名大)	そのカップルは互いに<u>距離を置いて</u>芝生に座った。
The snow-capped Mt. Fuji was clearly visible **in the distance**. (白百合女大)	雪を頂いた富士山が<u>遠方に</u>はっきりと見えた。
It was embarrassing that so many people saw me wearing my T-shirt **inside out**. (金沢工大)	私がTシャツを<u>裏返しに</u>着ているのをそんなにも多くの人に見られたのは恥ずかしいことだった。
The river was flowing so rapidly it turned the canoe **upside down**. (神戸学院大)	その川の流れはとても速くて，カヌーを<u>逆さまに</u>ひっくり返した。

103

províde *A* **with** *B* □□ 281	**A に B を供給する** ▶ provide *B* for *A* の形もある。 **参考** 同形をとる動詞に **supply** *A* with *B* → 282, **present** *A* with *B* → 512, **furnish** *A* with *B*, **endow** *A* with *B*, **equip** *A* with *B* など。
supplý *A* **with** *B* □□ 282	**A に B を供給する** ▶ *A* is supplied with *B* の受動態も多い。 ▶ supply *B* to [for] *A* の形もある。
mistáke *A* **for** *B* □□ 283	**A を B と間違える**
táke *A* **for** *B* □□ 284	**A を B だと(誤って)思う[間違える]**
lóok $\begin{bmatrix} \text{on} \\ \text{upòn} \end{bmatrix}$ *A* **as** *B* □□ 285	**A を B と見なす** 回 regard *A* as *B* → 113, see *A* as *B*, view *A* as *B*
think of *A* **as** *B* □□ 286	**A を B と見なす** 回 → 285 回
distínguish *A* 　　　　**from** *B* □□ 287	**A を B と区別する** 回 distinguish between *A* and *B*, tell [see] the difference between *A* and *B*
téll *A* **from** *B* □□ 288	**A を B と区別する** 回 → 287 回

Section 5・6 では「似た意味を持つ熟語」82 個を扱う。まず Section 5 では 38 個を習得しよう。この辺りをマスターすれば実力にたくましい心棒が入る。

This book **provides** readers **with** information on how to grow various kinds of vegetables. (名城大)	この本は読者にさまざまな種類の野菜の栽培に関する情報を提供してくれる。
The hotel **supplied** me **with** most things I needed until my suitcase arrived. (同志社大)	そのホテルはスーツケースが到着するまで私が必要とするほとんどのものを私に提供してくれた。
We often **mistake** a vulture **for** an eagle when in flight. (東邦大) *vulture [vʌ́ltʃər] 「ハゲタカ」	私たちはよく, 飛んでいるハゲタカをワシと間違える。
Those who saw us in the woods may have **taken** us **for** ghosts or something. (成蹊大)	森で私たちを見た人々は, 私たちのことを幽霊か何かだと思ったかもしれない。
Most of us treat pets with huge affection, **looking on** them **as** our beloved companions. (阪大)	私たちのほとんどはペットを私たちの愛する仲間と見なして, 大きな愛情をもって扱う。
Most high-school students **think of** homework **as** an unpleasant but unavoidable fact of life. (福岡教育大)	ほとんどの高校生は宿題を不快であるが避けがたい厳しい現実と見なしている。
Today it is often very difficult to **distinguish** accurate **from** inaccurate information. (阪大)	今日, 正確な情報を不正確なものと区別することはしばしば非常に難しい。
The boy is ten, so he should be old enough to **tell** right **from** wrong. (専修大)	その少年は10歳だから, 正しいことを間違ったことと区別してもいい歳だ。

105

partícipate in ～ ☐☐ 289	～に参加する
tàke párt in ～ ☐☐ 290	～に参加する
cómpensate for ～ ☐☐ 291	～の埋め合わせをする, ～を補償する 　同 make up for ～
màke úp (～) ☐☐ 292	① ～を構成する；～を作り上げる 　▶「作り上げる」から「化粧する；でっち上げる」の意味にもなる。make *oneself*[*one's* face] up と make up *one's* face は「～に化粧をする」の意味。 ② 仲直りをする 　▶「～と仲直りする」は，make up with ～。 　▶ make it up (with ～) の形もある。 ③ ～の埋め合わせをする 　同 → 291 同 　▶①③は make ～ up の語順も可。
cáre for ～ ☐☐ 293	① ～の世話をする 　同 take care of ～ → 101 ② 〔否定文・疑問文・条件文で〕～を好む；～を望む
lòok áfter ～ ☐☐ 294	～の世話をする 　同 → 293① 同

| 0 | 180 | 420 | 660 | 830 | 1000 |

Last weekend I **participated in** a beach cleanup activity as a volunteer. （秋田県大）

先週末，私はボランティアとして海岸の清掃活動に参加した。

Many young fathers are **taking part in** child rearing these days. （東洋英和女学院大）

最近では多くの若い父親たちが子育てに参加している。

My grandfather says nothing can **compensate for** the time wasted while one is young. （東北大）

祖父は，何事も人が若いときに浪費した時間の埋め合わせをすることはできないと言う。

---

① According to this article, the freshwater on Earth **makes up** only 3 percent of the water supply. （立教大）

①この記事によれば，地球上の真水は水資源の3％しか構成していない。

② The couple had an argument but soon **made up** with each other. （慶大）

②その夫婦は口論をしたが，すぐに互いに仲直りした。

③ The cashier would have had to **make up** the difference with her own money in an earlier time. （山梨大）
*cashier [kǽʃiər]「会計係」

③以前であれば，会計係は自分のお金で差額を埋め合わせなければならなかっただろう。

---

① Linda had to take a few days off last week to **care for** her elderly father. （早大）

①リンダは先週，年老いた父の世話をするために休みを数日とらなければならなかった。

② Because Mary doesn't **care for** bright colors, she always wears dark-colored clothes. （関東学院大）

②メアリーは明るい色が好きではないので，いつも暗い色の服を着ている。

We're going to **look after** our friend's dog while she's on vacation. （愛知学院大）

私たちは友人の休暇中，彼女の犬の世話をするつもりだ。

107

shòw úp (〜)	① （予定の所に）現れる
□□ 295	
	② 目立つ；〜を目立たせる
	▶ 他動詞では show 〜 up の語順も可。

tùrn úp (〜)	① 現れる；起こる
□□ 296	▶「上を向く；（経済などが）上向く」という文字どおりの意味もある。
	② （ガス・音量など）を大きくする；〜を探し出す
	▶ turn 〜 up の語順も可。
	▶「（襟など）を立てる」の意味もある。

consíst in 〜	〜にある
□□ 297	▶ やや堅い句。
	▶ consist of 〜 → 46 と区別する。

| **líe in** 〜 | 〜にある |
| □□ 298 | |

gìve ín (〜)	① 屈服する
□□ 299	圓 surrender (to 〜) → 324,
	yield (to 〜) → 325,
	submit (to 〜) → 857
	▶「〜に屈服する」は，give in to 〜（例文）。
	② 主に英 〜を提出する
	圓 hand in 〜 → 190, hand over
	〜 → 309, turn in 〜 → 404①
	▶ give 〜 in の語順も可。

| **gìve wáy** (**to** 〜) | （〜に）屈する；英 （〜に）道を譲る |
| □□ 300 | 圓「（〜に）屈する」→ 299① 圓 |

① It was almost half an hour after the appointed time when he finally <u>showed up</u>. （富山大）

①彼がついに<u>現れた</u>のは約束した時間を30分近く過ぎてからだった。

② The difference between the two designs clearly <u>showed up</u> against the bright background. （千葉大）

②2つのデザインの差は明るい背景のもとではっきりと<u>際立った</u>。

① Bob has not come to the party yet, but he will <u>turn up</u> eventually. （南山大）

①ボブはまだパーティーに来ていないが，最終的には<u>現れる</u>だろう。

② My kid brother asked me to show him how to <u>turn up</u> the volume on his smartphone. （中部大）

②弟はスマートフォンの<u>音量を大きくする</u>方法を教えてくれと私に頼んできた。

Our happiness <u>consists in</u> good health more than anything else. （獨協医大）

私たちの幸福はほかの何よりも健康に<u>ある</u>。

The key to baking a good pie <u>lies in</u> making a good crust. （慶大）

おいしいパイを焼くこつはよい皮を作ることに<u>ある</u>。

① The prime minister stated at the meeting that the nation would never <u>give in</u> to terrorism. （中京大）

①首相はこの国は決してテロに<u>屈服しない</u>と会議で述べた。

② I think you should look over what you've written before <u>giving</u> it <u>in</u> next Monday. （東京理科大）

②あなたは来週の月曜日に自分の書いたものを<u>提出する</u>前に，それを見直すべきだと思う。

Finally, the girl <u>gave way to</u> temptation and ate a slice of cake. （玉川大）

とうとうその女の子は誘惑に<u>屈し</u>，ケーキを1切れ食べた。

stànd óut ☐☐ 301	際立つ；目立つ 参考 形容詞は outstanding「顕著な」。
stick óut ☐☐ 302	突き出る；目立つ ▶「(舌など)を突き出す」の意味もあり，その場合は他動詞。 参考 stick it out は「(口語で)最後までやり通す」。
clíng to ～ ☐☐ 303	～にくっつく；～に固執[執着]する 同 adhere to ～ → 429, hang on to ～
stíck to ～ ☐☐ 304	(主義・決定など)を堅持する；～にくっつく 同 → 303 同
cóunt ［**on** 　　　 **upòn**］ **～** ☐☐ 305	～に頼る，～を当てにする 同 depend on[upon] ～ → 36, 　 rely on[upon] ～ → 38
rést ［**on** 　　 **upòn**］ **～** ☐☐ 306	～に基づく；～に頼る 同「～に頼る」→ 305 同 ▶「～の上に載っている」という元の意味もある。
lòok óut (for ～) ☐☐ 307	(～に)気をつける ▶ look out for ～ には「～の世話をする，～の面倒を見る」の意味もある。 参考「(内側から)窓の外を見る」には，① look out the window(s)，② look out of the window(s) の2通りある。①は主に米 で，out は前置詞。
wàtch óut (for ～) ☐☐ 308	(～に)気をつける

He was an excellent public speaker, which made him <u>stand out</u> from the crowd. (九大)	彼は人前ですばらしいスピーチをする人で，そのことによって彼は他者より<u>際立って</u>いた。
While walking along the beach, I found parts of a Buddhist statue <u>sticking out</u> of the sand. (福岡大)	海辺を歩いている間に，私は砂から<u>突き出ている</u>仏像の一部を見つけた。
The child <u>clung to</u> his mother more tightly when he was spoken to by a neighbor. (白百合女大)	その子供は近所の人に話しかけられたとき，さらにしっかりと母親<u>にくっついた</u>。
We're determined to <u>stick to</u> our original plan as best we can. (西南学院大)	私たちはできる限り元の<u>計画を堅持する</u>決意だ。
We're very lucky to have a trustworthy person like Kato, whom we can always <u>count on</u>. (玉川大)	私たちには加藤さんのような信頼できる人がいてとても幸運だ，というのもいつでも彼<u>に頼る</u>ことができるからだ。
There is no doubt that all human relationships <u>rest on</u> mutual respect and trust. (早大) *mutual [mjúːtʃuəl]「相互の」	すべての人間関係は相互の敬意と信頼の<u>上に成り立っている</u>ことは間違いない。
You should <u>look out for</u> pickpockets especially when you are traveling alone. (上智大)	特に一人旅をしているときにはスリ<u>に気をつける</u>べきだ。
<u>Watch out</u>, Yuka! There's a big car coming toward you! (信州大)	ユカ，<u>気をつけて</u>！ 大きな車があなたのほうに向かっているよ！

111

hànd óver ～ □□ 309	**～を引き渡す；～を手渡す** 圓 「～を手渡す」hand in ～ → 190, 　　give in ～ → 299②, 　　turn in ～ → 404① ▶ hand ～ over の語順も可。 ▶ 公的な譲渡などに使われることが多い。
tùrn óver (～) □□ 310	① **～を引き渡す；～を譲る** ② **～をひっくり返す；(ページなど)をめくる；ひっくり返る** ▶ 函 では「ページをめくる」の意味では over を付けないことも多い。 ▶ turn over a new leaf は「心機一転やり直す」の意味の口語表現。(直訳は「新しいページをめくる」。) ▶ ①②ともに turn ～ over の語順も可(②は他動詞の場合)。
dáte bàck to ～ □□ 311	**～にさかのぼる，～に始まる** 圓 go back to ～
dáte from ～ □□ 312	**～から始まる，～にさかのぼる**

He wants to **hand over** the command of the factory to his son as soon as possible.

(南山大)

彼はできるだけ早く息子に工場の指揮権を引き渡したいと思っている。

---

① According to a TV newscast, another badly abused child was **turned over** to an institution.

(小樽商大)

*abused [əbjúːzd] 「虐待を受けた」, institution [ɪnstɪtjúːʃən] 「施設」

①テレビのニュース放送によれば, ひどい虐待を受けた子供がまた1人, 施設に引き渡された。

② **Turning** the finished letter **over** and folding it, the secretary put it into an envelope.

(上智大)

②書き終わった手紙を裏返してたたむと, 秘書はそれを封筒に入れた。

Research reveals the first evidence of tool production **dates back to** about 2.5 million years ago.

(関西大)

道具製作の最初の証拠は約250万年前にさかのぼると研究で明らかになっている。

The first camera phones **date from** the very beginning of the 21st century.

(京大)

最初のカメラ付き携帯電話は21世紀初頭に登場する。

113

pùt asíde ~ □□ 313	～をわきに置く；～を取ってお く；～を蓄える ▶ put ~ aside の語順も可。
sèt asíde ~ □□ 314	～を蓄える；～を取っておく； ～をわきに置く ▶ set ~ aside の語順も可。 ▶ put aside ~ と同様に「～をわきに置く」の意味 から、「～を片づける；～を無視する」の意味にも 発展する。
sìt úp □□ 315	① (寝ないで)起きている ② (寝た状態から)上半身を起こす ▶ sit ~ up は「(寝た状態から人の)上半身を起こさ せる」。この場合の sit は他動詞。 ③ きちんと座る
stày úp □□ 316	(寝ないで)起きている
hòld báck ~ □□ 317	～を制止する；(真相など)を隠す ▶ hold ~ back の語順も可。
kèep báck ~ □□ 318	(真相など)を隠す；～を制止する ▶ keep ~ back の語順も可。

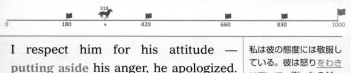
I respect him for his attitude — <u>putting</u> <u>aside</u> his anger, he apologized.

（東京理科大）

私は彼の態度には敬服している。彼は怒り<u>をわきに置いて</u>，謝ったのだ。

My mother has been <u>setting</u> <u>aside</u> a fixed amount of money every month for a rainy day.

（東京理科大）

*for a rainy day「緊急時に備えて」→ 940

私の母は緊急時に備えて毎月決まった額のお金を<u>蓄えてきて</u>いる。

---

① The mother <u>sat</u> <u>up</u> all night waiting for her son to get home. （関東学院大）

①その母親は息子の帰宅を待って一晩中<u>起きていた</u>。

② Suddenly, Hayato stopped snoring, <u>sat</u> <u>up</u>, looked around and went back to sleep. （成蹊大）

②ハヤトは突然いびきを止め，<u>上半身を起こし</u>，周りを見回して，再び寝た。

③ <u>Sitting</u> <u>up</u> straight with hands joined in his lap, he remained silent for a long time thinking. （神戸学院大）

③彼はひざの上で両手を重ね，背筋を伸ばして<u>きちんと座り</u>，考え事をしながら長い間静かにしていた。

I <u>stayed</u> <u>up</u> all night watching the tennis matches on TV last night.

（関東学院大）

私は昨夜テレビでテニスの試合を見ながら一晩中<u>起きていた</u>。

The story was so moving that the children could not <u>hold</u> <u>back</u> their tears.

（東洋英和女学院大）

その物語はとても感動的だったので，子供たちは涙<u>を抑える</u>ことができなかった。

I began to suspect that she was <u>keeping</u> <u>back</u> the truth from me.

（明海大）

彼女は私に真実を<u>隠して</u>いるのではないかと私は疑い始めた。

fèel sórry for ~ □□ 319	～を気の毒に思う、～に同情する 圖 feel for ~ ▶ feel sorry to *do* は「…して気の毒に思う」。 例 I **feel sorry to** hear that. 「それをお聞きして気の毒に思います」
⌈ tàke ⌉ píty on ~ ⌊ hàve ⌋ □□ 320	～に同情する 圖 → 319 圖
sýmpathize 　　　　with ~ □□ 321	～に同情する 圖 → 319 圖
tàke príde in ~ □□ 322	～を誇り[自慢]に思う 圖 *be* proud of ~, boast of [about] ~ → 440 ▶ pride には great, special などの形容詞も付く。
príde *oneself* 　　　　on ~ □□ 323	～を誇り[自慢]に思う 圖 → 322 圖
surrénder to ~ □□ 324	～に屈する 圖 give in to ~ → 299①, give way to ~ → 300, submit to ~ → 857
yíeld to ~ □□ 325	～に屈する；㊽ ～に道を譲る 圖「～に屈する」→ 324 圖

「似た意味を持つ熟語」82 個のうちの残り 44 個。少々骨っぽいものもあるが，グルーピングで覚えやすくした。登山では 3・4 合目辺り。たゆまず進もう。

I <u>felt</u> <u>sorry</u> <u>for</u> you when I saw you working in the rain.

(学習院大)

あなたが雨の中で働いているのを見て，あなた<u>を気の毒に思った</u>。

Finally, the guard seemed to <u>take pity on</u> the girl and said, "OK, go in."

(岩手大)

とうとう守衛はその少女<u>に同情した</u>ようで「いいよ，入りなさい」と言った。

I deeply <u>sympathized</u> <u>with</u> Tom when I knew he'd been in a tragic situation for a long time.

(上智大)

私はトムが長いこと悲劇的な状況にいたのだと知ったとき，心から彼<u>に同情した</u>。

It is important to <u>take</u> <u>pride</u> <u>in</u> whatever job you choose for your career.

(都留文科大)

あなたがどんな仕事であれ自分の職業として選んだものを<u>誇りに思うこと</u>が大切だ。

Naoki's new wife <u>prides</u> <u>herself</u> <u>on</u> being a good cook.

(成蹊大)

ナオキの新妻は料理が上手なこと<u>を誇りに思っている</u>。

He seemed to have <u>surrendered</u> <u>to</u> temptation and started drinking again.

(横浜市大)

彼は誘惑<u>に屈して</u>，再び酒を飲み始めたようだ。

Misa's parents finally <u>yielded</u> <u>to</u> her strong desire to study abroad.

(長崎大)

ミサの両親はついに，海外留学したいという彼女の強い願い<u>に屈した</u>。

117

be esséntial to ～ ☐☐ 326	～にとって不可欠である
be indispénsable $\begin{bmatrix} to \\ for \end{bmatrix}$ ～ ☐☐ 327	～にとって不可欠である ▶ to は基本的な「生存・維持」に不可欠，for は「目的」にとって不可欠な場合に使うとされる。 参考 dispense with ～「～なしですます」→ 854
be équal to ～ ☐☐ 328	～に等しい 同 on a par with ～ ▶「(仕事や状況) に対応できる」の意味にも発展する。
be equívalent to ～ ☐☐ 329	～に等しい 同 → 328 同
be ápt to *do* ☐☐ 330	…しがちである 同 tend to *do* → 745
be inclíned to *do* ☐☐ 331	…する傾向がある；…したい気がする 同 「…する傾向がある」→ 330 同； 「…したい気がする」feel like *doing* → 672 反 *be* disinclined to *do*「…するのに気が進まない」
in a sénse ☐☐ 332	ある意味では，ある点で ▶ to a certain extent (to ～ extent → 644)，in a way → 333 などと書き換えられることも多い。
in a wáy ☐☐ 333	ある意味では，ある点で ▶ in the way (of ～) → 265 や (in) the way ... → 712 と混同しないこと。 ▶ in one way とも言う。

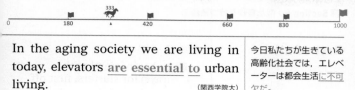
In the aging society we are living in today, elevators <u>are</u> <u>essential</u> <u>to</u> urban living. （関西学院大）	今日私たちが生きている高齢化社会では，エレベーターは都会生活<u>に不可欠</u>だ。
As a longtime worker, Jim <u>was</u> <u>indispensable</u> <u>to</u> a small company like my father's. （東海大）	長く勤めてきた人として，ジムは私の父の会社のような小さい会社<u>にとっては不可欠な人物</u>だった。
I used to think that diet, exercise and sleeping well <u>are</u> <u>equal</u> <u>to</u> good health. （上智大）	私は以前は食事，運動，それによく寝ることは健康<u>に等しい</u>と考えていた。
The amount of food waste in Japan is said to <u>be equivalent to</u> 30 percent of its domestic food production. （秋田県大）	日本の食品ロスの量は国内の食品生産量の30%<u>に等しい</u>と言われている。
I must be careful as I <u>am</u> <u>apt</u> <u>to</u> make a slip of the tongue. （早大）	私は言い間違いをし<u>がち</u>なので，注意しなければならない。
Perhaps it is true that married people <u>are</u> more <u>inclined</u> <u>to</u> make donations to charities. （学習院大） *donation [dòʊnéɪʃən] 「寄付」	既婚者はより慈善事業への寄付をする<u>傾向がある</u>というのはおそらく本当だ。
<u>In</u> <u>a</u> <u>sense</u>, he is right: Rivalry is essential for us to make progress and survive. （奈良教育大）	<u>ある意味では</u>，彼は正しい。競争心は私たちが進歩し，生き残るためには不可欠なものだ。
You keep advising him every step of the way, so <u>in</u> <u>a</u> <u>way</u>, you're kind of planning his life. （聖心女大）	あなたは彼にあらゆる局面で助言を与え続けているから，<u>ある意味では</u>彼の人生を設計しているようなものだ。

first of áll ☐☐ 334	まず第一に 回 to begin [start] with ； 〔口語で〕for starters, first off ▶ at first → 263 と混同しないこと。
in the first plàce ☐☐ 335	まず第一に 回 → 334 回 ▶「第二［三］に」は in the second [third] place, 「最後に」は in the last place。
bàck and fórth ☐☐ 336	行ったり来たり；前後［左右］に 回 to and fro
ùp and dówn ☐☐ 337	行ったり来たり；上下に 回「行ったり来たり」→ 336 回 ▶ 文字どおりの「上下に」のほかに「行ったり来た り；あちらこちらに」の意味もある点に注目。
at présent ☐☐ 338	現在は, 目下 回 now
at the móment ☐☐ 339	〔現在時制で〕現在は；〔過去時制で〕 （ちょうど）その時
in a wórd ☐☐ 340	要するに, つまり 回 in brief ； 〔口語で〕in a nutshell
in shórt ☐☐ 341	つまり, 手短に言えば 回 → 340 回 参考 for short は「略して, 短く言って」。

First of all, let me congratulate you on becoming members of this institution.

（群馬大）

まず第一に，皆さんがこの機関の一員になったことについてお祝いを述べさせてください。

The best cure for environmental problems is to prevent them from happening **in the first place**.

（立命館大）

環境問題の最良の解決策は，まず第一にそれが起きないようにすることだ。

In his 40s, Kenji used to travel **back and forth** between the United States and Japan.

（南山大）

ケンジは40代のころ，アメリカと日本を行ったり来たりしたものだ。

My shopping bag broke in the middle of the road; puzzled, I looked **up and down** the street.

（成蹊大）

私の買い物袋が道路の真ん中で破れた。私は当惑して，通りをきょろきょろ見回した。

At present, many victims from the last earthquake are still living in temporary dwellings.

（日本医大）

現在，この前の地震の多くの被災者たちは依然として仮設住宅に住んでいる。

The restaurant is full **at the moment**, so we will have to wait for some time.

（南山大）

レストランは現在満席なので，私たちはしばらく待たなければならないだろう。

The speaker talked a lot, but what he meant was, **in a word**, he was "opposed" to the plan.

（都留文科大）

その発言者はたくさんしゃべったが，言いたかったことは要するに彼はその計画に「反対」だということだった。

In short, Shakespeare was proposing the process we now call "the scientific method."

（東海大）

つまり，シェークスピアは私たちが現在「科学的手法」と呼ぶ方法を提案していたのだ。

gènerally spéaking □□ 342	**一般的に言えば** ▶ 慣用的な分詞構文。似た例に strictly speaking 「厳密に言えば」, frankly speaking「率直に言えば」, roughly speaking「大ざっぱに言えば」などがある。
on the whóle □□ 343	**全体的には, 概して** 圖 in general → 149①, for the most part → 216, by and large → 979, all things considered
àll in áll □□ 344	**全体的には, 概して** 圖 → 343 圖
in prínciple □□ 345	**理論的に(は);原則的に(は)** 圖 「原則的に(は)」 in general → 149①, as a (general) rule → 211 参考 on principle は「主義[信条]として」の意味。
in théory □□ 346	**理論上は** 反 in practice → 628, as a matter of fact → 276
at ⎡ **áll còst(s)** ⎤ ⎣ **ány còst** ⎦ □□ 347	**ぜひとも** 圖 at any price ▶ 「いくらお金をかけても」が元の意味。
by áll mèans □□ 348	**① ぜひとも, 必ず** ▶ 「どのような手段を使ってでも」が元の意味。 **② 〔承諾の返事として〕ぜひどうぞ** 圖 〔くだけた表現〕 no problem

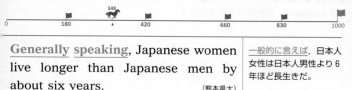

Generally speaking, Japanese women live longer than Japanese men by about six years. (熊本県大)	一般的に言えば，日本人女性は日本人男性より6年ほど長生きだ。
I saw a few people here and there, but **on the whole**, the street looked deserted that night. (上智大)	何人かの人があちらこちらに見えたが，その晩は全体的に通りに人気がないように見えた。
She made some small mistakes, but **all in all**, I think she's done a good job. (東京海洋大)	彼女はいくつかの小さな間違いをしたが，全体的にはうまくこなしたと私は思う。
This proved that the idea worked, at least **in principle**. (早大)	このことは，その考えが少なくとも理論的には機能していると証明した。
In theory, it may be so, but in practice, it is not so simple. (島根大)	理論上はそうかもしれないが，実際にはそれほど単純ではない。
The members are determined to complete the project **at all costs**. (芝浦工大)	メンバーたちはぜひともそのプロジェクトを完遂したいと決意している。
① If you wish to become a poet, I hope you pursue that passion **by all means**. (名大)	①もしあなたが詩人になりたいのなら，ぜひともその情熱を追求することを期待します。
② "May I take this pamphlet?" "**By all means**." (広島経大)	②「このパンフレットをもらってもいいですか」「ぜひどうぞ」

123

as it wére □□ 349	いわば ▶ as it is → 705 と区別する。
sò to [**spéak** 　　　 **sáy**] □□ 350	いわば
for *óne's* (**ówn**) 　　　　　　 **pàrt** □□ 351	～としては, ～に関する限りは 圓 as for ～ → 359, 　as [so] far as ～ be concerned 　→ 706
on *óne's* **pàrt** □□ 352	～の側での, ～としては 圓 → 351 圓 ▶ on the part of one の形にもなる。
for the présent □□ 353	当分の間(は), 差し当たり 圓 for now → 268 , 　for the moment ▶「将来状況は変わるかも」の含意がある。
for the time béing □□ 354	当分の間(は), 差し当たり 圓 → 353 圓 ▶ こちらも「将来状況は変わるかも」の含意がある。
[**clòse**] **at hánd** [**nèar**] □□ 355	(距離・時間的に)すぐ近くに 圓 on hand
(**jùst**) **aròund the** 　　　　　　 **córner** □□ 356	(距離・時間的に)すぐ近くに 圓 → 355 圓 ▶「角を曲がった所に」という文字どおりの意味でも使われる。

He often acts so selfishly; he is, <u>as it were</u>, a grown-up baby. （兵庫県大）	彼はしばしばとてもわがままに振る舞う。彼は<u>いわば</u>成人した赤ん坊だ。
The whole system was completely out of date; so it collapsed under its own weight, <u>so to speak</u>. （早大）	システム全体がまったく時代遅れだった。それで<u>いわば</u>それ自体の重みで崩壊したのだ。
<u>For his part</u>, Takuya had never once thought of making an apology for what he'd done. （早大）	タクヤは、<u>彼としては</u>、自分のしたことに対して謝罪することは一度も考えたことはなかった。
To read books critically, good reasoning is indispensable <u>on the readers' part</u>. （東京農工大）	本を批評的に読むためには<u>読者側での</u>十分な論証が欠かせない。
Jack remains in this post <u>for the present</u>, but someone else will take over next year. （早大）	<u>当分の間は</u>ジャックがこのポストにとどまるが、来年には誰かほかの人が引き継ぐだろう。
Our house is quite small, but it's good enough <u>for the time being</u>. （早大）	私たちの家はかなり狭いが、<u>当分の間は</u>十分だ。
I'm trying to repair this on my own, so I need to keep this manual <u>close at hand</u>. （早大） *on *one's* own「独力で」→ 934	私は独力でこれを修理しようとしているので、このマニュアルを<u>すぐ近く</u>に置いておく必要がある。
I'm just wondering if he remembers my birthday is <u>just around the corner</u>. （東京理科大）	彼は私の誕生日が<u>もうすぐ</u>だということを覚えているだろうか。

125

for áll ~　□□ 357	~にもかかわらず
	同 in spite of ~ → 167, 　despite, 　in (the) face of ~ ▶ for all that は「それにもかかわらず」。

with áll ~　□□ 358	~にもかかわらず
	同 → 357 同 ▶「~が (こんなに) あるので」(順接) の意味の場合も多いので，注意が必要。

às for ~　□□ 359	~について言えば，~に関する限り
	同 as [so] far as ~ be concerned 　→ 706, for one's (own) part 　→ 351, on one's part → 352 ▶ すでに話題になったことに関連した新しいことを持ち出すときに主に使うが，360 の as to ~ が使える場合も多い。

às to ~　□□ 360	~に関して (は)
	同 in relation to ~ → 606, 　with [in] regard to ~ → 624, 　about, 　concerning

nòt to méntion ~　□□ 361	~は言うまでもなく
	同 not to speak of ~ ▶「~」には名詞だけでなく，先行する文を受けてさまざまな語句がくる。

to sày nóthing 　　　　　of ~　□□ 362	~は言うまでもなく
	同 → 361 同

For all the convenience it provides, plastic is now a plague on the environment. （成蹊大） *plague [pleɪg]「悩みの種；疫病」	プラスチックは，それが提供する利便性<u>にもかかわらず</u>，今では環境における悩みの種だ。
With all the evidence, the man continued to deny committing the crime. （専修大）	<u>証拠があるにもかかわらず</u>，その男は犯罪を犯したことを否定し続けた。
As for architecture in the city, there are definitely quite a few must-see places. （弘前大） *quite a few「かなりの数の」→ 932, must-see「(口語で)必見の」	その都市の中の建築<u>について言えば</u>，間違いなく相当数の必見の場所がある。
The committee had a heated debate **as to** whether the construction of the park should be delayed. （福岡大）	委員会は公園の建設を遅らせるべきかということ<u>に関して</u>，激しい議論をした。
Maya was so tired she could hardly move, **not to mention** do all the cooking and washing. （立命館大）	マヤはとても疲れていたので，料理や洗濯<u>は言うまでもなく</u>，ほとんど動くこともできなかった。
She speaks French, **to say nothing of** English. （名城大）	彼女は英語<u>は言うまでもなく</u>，フランス語も話す。

Section 7　反対の意味を持つ熟語

***be* depéndent** $\begin{bmatrix} \textbf{on} \\ \textbf{upòn} \end{bmatrix}$ ~　☐☐ 363	**〜に依存している** ▶「〜に依存するようになる」は，*be* の代わりに become, grow, get などを用いる。
***be* indepéndent of 〜**　☐☐ 364	**〜から独立している** ▶「〜から独立する」は，*be* の代わりに become, grow, get などを用いる。 ▶ of は「分離・距離」を表す前置詞。
in órder　☐☐ 365	**整頓されて；順調で；適切で** ▶ put[keep] 〜 in order は「〜を整頓する[整頓しておく]」の意味。
òut of órder　☐☐ 366	**故障して；順序が狂って** ▶「体の一部の不調」についても使う。
lòok dówn $\begin{bmatrix} \textbf{on} \\ \textbf{upòn} \end{bmatrix}$ ~　☐☐ 367	**〜を見下す** 🔁 despise 参考 「(高所などから)〜を見下ろす」は look down at 〜 が普通。
lòok úp to 〜　☐☐ 368	**〜を尊敬する** 🔁 respect 参考 単に「(空など)を見上げる」は look up at 〜 が普通。

0   180   368   420   660   830   1000

Section 5・6 とは逆の「反対の意味を持つ熟語」12 個を集めた。363・364 および 367・368 のそれぞれでは特に前置詞の違いに注意しよう。

Japan has so little oil that we <u>are</u> almost entirely <u>dependent on</u> imports. （上智大）	日本にはほとんど石油がないので，私たちはほぼ全面的に輸入品<u>に依存している</u>。
Jane <u>was</u> already financially <u>independent of</u> her parents before she finished university. （共立女大）	ジェーンは大学を卒業する前にすでに経済的に両親<u>から自立していた</u>。
I think a brief explanation about how this historical event happened is <u>in order</u> here. （慶大）	この歴史的事件がどのように起きたのかということに関する簡潔な説明は，ここに<u>整理されている</u>と私は思う。
This vending machine is <u>out of order</u>, so I have to find another one. （広島経大）	この自動販売機は<u>故障している</u>ので，別のを探さなければならない。
Animals have a culture different from that of humans in that they <u>look down on</u> the old. （東京理科大） *in that ...「…の点で」→ 760	動物は老いた個体<u>を軽んじる</u>という点で人間とは異なった文化を有している。
I <u>look up to</u> this movie star, who is also working for world peace. （北星学園大）	私はこの映画スター<u>を尊敬している</u>が，彼は世界平和のためにも活動している。

129

dó with ～ □□ 369	① 〔通例could を伴って〕〔口語で〕 **～があればありがたい** 　圓 could use ～ →811 　▶ have A to do with B →669 との混同を避けた 　い。
	② 〔be[have] done with ～ で〕 **～をすませた；～と縁を切っ た**
	③ 〔what を使った疑問文・否定文で〕 **～を処理[処置]する**
dò withóut (～) □□ 370	**(～)なしですます** 　圓 go without (～), 　　dispense with ～ →854 　▶ do[go] without の後の目的語がなく，自動詞的 　に使われる場合もある。
[in withìn] síght □□ 371	**見えて，視界に入って** 　圓 in view 　▶ come into sight[view]は「(物が)見えてくる」。
òut of síght □□ 372	**見えなくて，視界から消えて** 　▶ go out of sight[view]は「(物が)見えなくなる」。
at (òne's) éase □□ 373	**くつろいで** 　圓 relaxed 　▶ 他動詞的に「～をリラックスさせる」は put ～ at 　(～'s) ease, make ～ feel at ease[home]な 　ど。
ìll at éase □□ 374	**不安で，落ち着かないで**

① To love my neighbors the way the Bible says — that is something I could <u>do with</u> learning about.

(早大)

①聖書が教えるように隣人を愛すること。それは学べればありがたいことだ。

② As soon as I am <u>done</u> <u>with</u> the dishes, I will do the laundry.

(一橋大)

②私は皿洗いを<u>をすませ</u>たらすぐに洗濯をするつもりだ。

③ When Stephen was in school, his teachers didn't know what to <u>do with</u> him.

(成蹊大)

③スティーブンの学校時代，彼の先生たちは彼のこと<u>を</u>どう<u>扱え</u>ばいいのかわからなかった。

It's too late to go shopping, so let's <u>do without</u> chicken tonight.

(東洋英和女学院大)

買い物に行くには遅すぎるので，今夜はチキン<u>なしですませ</u>よう。

She looked around to satisfy herself that no one was <u>in sight</u>.

(法政大)

彼女は<u>見える所</u>に誰もいないことを確かめるために辺りを見回した。

For your security, I advise you to keep your valuables <u>out of sight</u>.

(追手門学院大)

あなたの安全のために貴重品は<u>見えない</u>所に保管しておくことを勧めます。

I feel <u>at ease</u> with this lady.

(明治大)

私はこの女性といると<u>くつろいで</u>いられる。

When he moved to Texas, he felt <u>ill at ease</u> in the new environment.

(成蹊大)

彼はテキサスに引っ越したとき，新しい環境で<u>不安</u>に感じた。

Section 8　いくつかの意味を持つ熟語①

áct $\begin{bmatrix} \text{on} \\ \text{upòn} \end{bmatrix}$ ~ □□ 375	① ~に取り組む；~に作用する 同 「~に取り組む」take action on ~ ② (命令・信念など)に従って行動する
brèak ín (~) □□ 376	① 押し入る；口を挟む ▶ 他動詞として「~に押し入る」は，break into ~ ➡ 435①。 ② ~を慣らす ▶ break ~ in の語順も可。
brèak óut □□ 377	① (火事・戦争などが)起こる ② (汗・吹き出物などが)出る；急にしだす ▶「(汗などが)出る」では，例文のように人が主語になることもある。 ▶「急に~をしだす」では，break out in[into] ~，break out *doing*。
brèak úp (~) □□ 378	① ばらばらになる[解散する]；~をばらばらにする[解散させる] ② (人が)別れる；(関係などが)終わる；~を終わらせる ▶ ①②ともに他動詞では break ~ up の語順も可。

熟語にも単語と同様に複数の意味を知っておくべきものがある。Section 9 と合わせて 46 個のうち，まずこの Section 8 の 23 個を確実に身につけよう。

① The list of reasons for us not **acting on** climate change is long. （上智大）	①我々が気候変動に取り組まない理由のリストは長い。
② You are grown up now; you must **act on** what you believe in. （同志社女大）	②あなたはもう大人です。自分の信じることに従って行動するべきだ。
① From the footprints outside, it was clear the burglar had **broken in** through the window. （早大）	①外の足跡から，盗賊が窓から押し入ったことは明らかだった。
② It'll take a few days to **break in** these shoes. （関西大）	②この靴を履き慣らすのに数日かかるだろう。
① It was in 1918 when the so-called Spanish flu pandemic **broke out** worldwide. （南山大）	①いわゆるスペイン風邪の流行が世界的に起こったのは1918年だった。
② I **broke out** in a sweat as I kept running to catch the 7:38 express. （信州大）	② 7時38分の急行に乗るために走り続けたので，汗が出た。
① The ice at both poles is **breaking up** earlier every year due to global warming. （同志社大）	①両極の氷は地球温暖化のために毎年より早く崩壊している。
② I've **broken up** with John, but between you and me, I actually feel a bit relieved. （立教大）	②私はジョンと別れたけれど，ここだけの話，実はちょっとほっとしています。

cáll for ～ □□ 379	**① ～を必要とする, ～を求める** 同 require, demand, need ▶「人」以外が主語になることも多い。 ▶〈call for + 人 + to *do*〉は「人に…するよう求める」(= call on[upon] ～ to *do* → 380②)。 **② 主に英 (人)を誘い[迎え]に行く；(物)を取りに行く** ▶ 英では「(天気予報で)～を予報する」の意味でも使われる。
cáll ⎡on⎤ ～ **⎣upòn⎦** □□ 380	**① (人)を訪問する** 参考「(場所)に立ち寄る[寄港する]」は, call at ～。 **② ～に要求する** ▶〈call on + 人など + to *do*[for ～]〉が一般的。 ▶ 教師が生徒を指名して答えなどを求めるときにも使う。
cóme acròss (～) □□ 381	**① ～を偶然見つける, ～に偶然出会う** 同 run across ～ → 449①, 　 run into ～ → 434 ▶「～を横切ってやって来る」という文字どおりの意味もある。 **② (考えなどが)(相手に)伝わる[理解される]** 同 get across ▶ ②のときのアクセントは, còme acróss。

① The situation is extremely serious and <u>calls</u> <u>for</u> immediate action.

(専修大)

①状況は極めて深刻で、迅速な行動<u>を必要としている</u>。

② I should have <u>called</u> <u>for</u> you at eight as I'd promised, but I overslept.

(日本女大)

②私は約束したとおり8時にあなた<u>を迎えに行く</u>べきだったが、寝過ごしてしまった。

① Professor Yoshida, could I <u>call</u> <u>on</u> you sometime next week at your office for some advice?

(中部大)

①吉田教授、アドバイスをいただきたいので、来週のいつか研究室<u>を訪ねて</u>もよろしいですか。

② The report <u>calls</u> <u>on</u> the government to consider setting numerical targets on this.

(宇都宮大)

*numerical [njumérikəl] target(s)「数値目標」

②報告書は、これに対しての数値目標の設定を検討するように政府<u>に要求している</u>。

① Readers often remember where on the page they <u>came</u> <u>across</u> a particular passage.

(慶大)

①読者はしばしば、ページのどこで特定の一節<u>を見つけた</u>のか覚えている。

② Her points <u>came</u> <u>across</u> very well as she spoke, so we really enjoyed her talk.

(お茶の水女大)

②彼女が話をすると彼女の言いたいことがとてもよく<u>伝わり</u>、私たちは本当に彼女の話を楽しんだ。

135

cóme to (〜) □□ 382	① 〜に達する；〜に来る 　圓「〜に達する」amount to 〜 → 35
	② (come to *do* で)…するように 　なる
	③ 意識を回復する, 正気に戻る 　▶ この意味では come to *oneself*[*one's* senses] 　の短縮形で, to に強勢を置く。
gìve óut (〜) □□ 383	① 〜を配る；〜を発する 　圓「〜を配る」distribute； 　「〜を発する」emit, give off 〜 → 477 　▶ give 〜 out の語順も可。
	② (供給物・力などが)尽きる[な 　くなる] 　圓 *be* exhausted, *be* used up
gò bý (〜) □□ 384	① (時などが)たつ；通り過ぎる 　▶ by は副詞。
	② 〜の名で通る[知られる]； 　〜によって行動[判断]する 　▶ by は前置詞。 　▶ ②のときのアクセントは, gó bỳ 〜。

① Your total <u>comes to</u> $347, but you can also pay in euros or yen here.

(北海学園大)

①総額は347ドルに<u>なります</u>が，ここではユーロか円でもお支払いになれます。

② A friend of mine says he's <u>come to</u> realize he doesn't have the talent to become a writer.

(立命館大)

②私の友人は，自分が作家になる才能はないと<u>わかるようになった</u>と言っている。

③ When he <u>came to</u>, he looked up and saw a spreading mushroom-shaped cloud.

(亜細亜大)

③彼が<u>意識を回復した</u>とき，見上げるとキノコの形をした雲が広がっているのが見えた。

① The company <u>gives out</u> special calendars for free if you buy the item today.

(関東学院大)

*for free「無料で」

①今日その商品を買うとその会社が無料で特製カレンダーを<u>くれる</u>。

② After three hours of effort to solve the problem, my patience <u>gave out</u>.

(早大)

②その問題を解こうとする３時間に及ぶ努力の後で，私の忍耐力は<u>尽きた</u>。

① As the day <u>went by</u>, more people came into town wondering what was happening there.

(成蹊大)

①その日が<u>過ぎる</u>につれ，より多くの人々がそこで何が起きているのかと思いながら町にやってきた。

② Her real name was Yoshiko, but she usually <u>went by</u> the nickname, Chiko-chan.

(愛知県大)

②彼女の本当の名前はヨシコだったが，彼女はたいていチコチャンというニックネーム<u>で知られていた</u>。

gò óff □□ 385	① 出かける, 去る；(電灯などが)消える
	② (仕掛けが)作動する；(爆薬が)爆発する；(銃などが)発射される
	同「(〜が)爆発する」explode； 「(〜が)発射される」*be* fired

gò ón (〜) □□ 386	① (状況などが)続く；(時間が)過ぎる
	▶「(〜を)続ける」の意味もあり, 後に名詞が続けば〈go on with + 名詞〉, 動詞が続けば〈go on + *doing*〉になる。 ▶ go on to *do* は「さらに続けて…(別のこと)をする」の意味。
	② 〔通例 *be* going on で〕起こる, 行われる
	③ (旅行など)に出かける
	▶ journey, trip, errand など目的語となる名詞は限定されている。

gò óut □□ 387	① 出かける
	▶「出かける」から発展して, go out (with 〜)「(異性と)付き合う」の意味もある。
	② (灯火などが)消える；気絶する；死ぬ

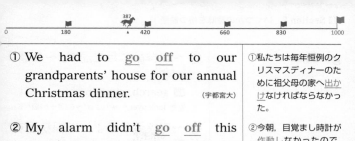

① We had to **go off** to our grandparents' house for our annual Christmas dinner. (宇都宮大)	①私たちは毎年恒例のクリスマスディナーのために祖父母の家へ<u>出かけ</u>なければならなかった。
② My alarm didn't **go off** this morning, so I overslept and was late for school. (神戸学院大)	②今朝，目覚まし時計が<u>作動し</u>なかったので，私は寝過ごして学校に遅刻した。
① Colombia's civil war has been **going on** for many decades. (小樽商大)	①コロンビアの内戦は何十年も<u>続いて</u>いる。
② I knew something was **going on** under the surface but couldn't tell for sure what it was. (東京工大)	②私は水面下で何かが<u>起こって</u>いるのは知っていたが，それが何であるのか正確にはわからなかった。
③ I'm **going on** my first trip abroad next month, and I need some advice. (立教大)	③私は来月初めての海外旅行<u>に出かける</u>予定なので，アドバイスを必要としています。
① After she had switched off the TV, Mary **went out** for a walk. (玉川大)	①メアリーはテレビの電源を切ると，散歩に<u>出かけた</u>。
② The moment a severe earthquake struck our area, all the lights **went out**. (尾道市大)	②強烈な地震が私たちの地域を襲った瞬間，すべての明かりが<u>消えた</u>。

139

gò óver ～
□□ 388

① ～に詳細に目を通す, ～を調べる

圓 search, examine

参考 look over ～ → 193 は「～を(ざっと)調べる」。

② ～を復習する；～を繰り返す

圓「～を復習する」review；「～を繰り返す」repeat

▶「～を越えていく」の文字どおりの意味もある。

gó with ～
□□ 389

① ～と付き合う；～と一緒に行く

▶「～と付き合う」は go out with ～ (cf. go out → 387①) とも言う。

② ～に似合う

hòld óut (～)
□□ 390

① (手など)を差し出す

▶ hold ～ out の語順も可。

② (希望など)を抱かせる；持ちこたえる[耐える]

hòld úp (～)
□□ 391

① ～を持ち上げる；～を支える；持ちこたえる

圓「～を支える」support

② ～を遅らせる

圓 delay

③ ～に強盗に入る

▶ ①②③ともに hold ～ up の語順も可(①は他動詞の場合)。

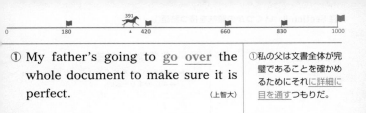
① My father's going to <u>go over</u> the whole document to make sure it is perfect. (上智大)	①私の父は文書全体が完璧であることを確かめるためにそれに<u>詳細に目を通す</u>つもりだ。
② Masato <u>went over</u> what he'd learned the night before the exam. (福井大)	②マサトは試験前夜に学習したこと<u>を復習した</u>。
① I know Yuto has been <u>going with</u> Risa for some time now. (昭和女大)	①私はここしばらくユウトがリサ<u>と付き合って</u>いることを知っている。
② Do you think this shirt <u>goes with</u> my trousers? (龍谷大)	②このシャツは私のズボン<u>に似合う</u>と思いますか。
① "I'm Carla," she said, and <u>held out</u> her hand for a handshake. (宇都宮大)	①「私はカーラです」と彼女は言い、握手のために手を<u>差し出した</u>。
② A deep respect for human rights <u>holds out</u> hope for better treatment of us human beings. (京都府医大)	②人権への深い敬意というのは、我々人間へのよりよい扱いに対する希望<u>を抱かせる</u>ものだ。
① The guard at the parking lot <u>held up</u> his hands high to stop our car. (上智大)	①駐車場の警備員は私たちの車を止めるために高く両手<u>を上げた</u>。
② We were <u>held up</u> by a traffic jam on the way and couldn't make it to the meeting in time. (東洋英和女学院大)	②私たちは途中交通渋滞のために<u>遅れ</u>、その会議に間に合わなかった。
③ The bank was <u>held up</u> last night. (上智大)	③昨夜、その銀行は<u>強盗に入ら</u>れた。

141

líve on (～) ☐☐ 392	**① ～を常食にする** ▶「(動物が)～を常食にする」なら feed on ～ → 433 がより一般的。 **② (～の収入・金額)で生活する** ⬅ live off ～ 参考 live off ～ では「～から吸い取って生きる」といった非難のニュアンスが込められることがある。 **③ 生き続ける** ▶ ①②の on は前置詞だが，③の on は「継続」を表す副詞。 例 read on「読み続ける」, talk on「話し続ける」 ▶ ③のときのアクセントは，live ón。
lóok to ～ ☐☐ 393	**① ～のほうを見る；～に気をつける** ⬅ 「～に気をつける」pay attention to ～ → 100, attend to ～ → 855 **② ～に頼る，～を当てにする** ▶ look to *do* は「…することを期待する」の意味。 ▶ look to A for B[to *do*]「A に B を[…するように]頼る」の形が多い。
lòok úp ～ ☐☐ 394	**① (辞書などで)～を調べる** **② (人)を訪ねる** **③ 〔通例 *be* looking up で〕(景気などが)上向く[好転する]** ▶ ①②ともに look ～ up の語順も可。 ▶ look up「見上げる」の文字どおりの意味も。

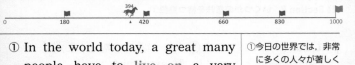
① In the world today, a great many people have to <u>live on</u> a very inadequate diet. (名古屋外大)

①今日の世界では，非常に多くの人々が著しく不適切な食事を常食としなければならない。

② Few couples can afford to <u>live on</u> one person's earnings, especially if they have children. (一橋大)

②ほとんどの夫婦は，特に子供がいるなら，1人分の収入で生活する余裕はない。

③ The name of this Edo era's great artist <u>lives on</u> today in many museums around the world. (センター試験)

③この江戸時代の偉大な画家の名声は，今日も世界中の多くの美術館で生き続けている。

① When I walked out to the road, I <u>looked to</u> the right and then the left before crossing it. (山梨大)

①歩いて道路に出たとき，私は渡る前に右のほうを見てから左を見た。

② In former days, when in doubt, people often <u>looked to</u> magicians for directions. (愛知県大)

②人々は昔，迷ったときには指示をあおぐために魔術師に頼ることがよくあった。

① Sota always tries to <u>look up</u> new words in his dictionary whenever they come up. (関西大)

①ソウタは新しい単語が出てくるといつでも辞書でそれらを調べようとしている。

② Be sure to <u>look</u> us <u>up</u> when you're in town. (青山学院大)

②町に来たときにはぜひ私たちを訪ねてください。

③ According to the statistics, things seem to be finally <u>looking up</u>. (慶大)

③統計によれば，事態はようやく好転しつつあるように思われる。

pùt óut ～

☐☐ 395

① (火・明かりなど)を消す
🔲 extinguish

② ～を出す

▶ ①②ともに put ～ out の語順も可。
▶ 「～を外に出す」という文字どおりの意味もある。

séttle dòwn

☐☐ 396

① 定住する；落ち着く

② (腰を据えて)始める

▶ 「(腰を据えて)～を始める」は settle down to
～、「…し始める」は settle down to *do*。

stànd bý (～)

☐☐ 397

① 傍観する；待機する

▶ by は副詞。

② ～を支持[擁護]する；(約束など)を守る

🔲 「～を支持[擁護]する」support,
stand up for ～,
stand for ～ → 398

▶ 「～のそばに立つ」という文字どおりの意味にも
なる。
▶ by は前置詞。
▶ ②のときのアクセントは、stánd by ～。

144

① It was some time before the firefighters <u>put out</u> the forest fire.

(神戸親和女大)

①消防士たちが森林火災を消すまでにはしばらく時間がかかった。

② Car manufacturers around the world <u>put out</u> new models at least once a year.

(早大)

②世界中の自動車メーカーは少なくとも年に1回，新型車を出す。

① John traveled through Syria before deciding to <u>settle down</u> in a small village in Spain.

(成蹊大)

①ジョンはスペインの小さな村に定住すると決める前にシリアをくまなく旅行した。

② We were just <u>settling down</u> to dinner when there was a call from Eita, my friend.

(法政大)

②友人のエイタから電話がかかってきたとき，私たちはちょうど夕食を始めるところだった。

① Tom just <u>stood by</u> without doing anything to help her pick out a gift.

(早大)

①トムは彼女が贈り物を選ぶ手助けは何もせず，ただ傍観していた。

② My parents said that they would <u>stand by</u> me no matter what decision I made.

(岐阜大)

②私の両親は私がどんな決定をしても私を擁護すると言った。

145

Section 9　いくつかの意味を持つ熟語②

stánd for ～ □□ 398	**① ～を意味する，～の略である** 🔁 represent, mean, denote **② 〔否定文・疑問文で〕～を許容する，～を我慢する** 🔁 stand, bear, tolerate ▶ ①②の意味のほかに「～を支持する」の意味もある。
tàke ín ～ □□ 399	**① ～を取り入れる；～を理解する** 🔁「～を取り入れる」include ； 「～を理解する」understand **② ～をだます** 🔁 deceive ▶ この意味では受動態で使われることが多い。 **③ ～を見物する** ▶「予定に取り入れる」の意味から発展した。 ▶ ①②③ともに take ～ in の語順も可。
tàke ón ～ □□ 400	**① ～を引き受ける；～を雇う** 🔁「～を引き受ける」undertake ； 「～を雇う」employ ▶ take ～ on の語順も可。 ▶「（競技などで）～と対戦する」の意味もある。 **② （様相・色・性質など）を呈する[帯びる]**

複数の意味を持つ熟語の残り23個を扱う。後半には動詞句以外に相当に厄介なものがあり，この辺りが差のつくところ。一息つきながら進もう。

---

① WHO <u>stands for</u> the World Health Organization.

(成城大)

①WHOは世界保健機関<u>を意味する</u>。

② The new English teacher told us that she wouldn't <u>stand for</u> speaking Japanese in class.

(関東学院大)

②新任の英語の先生は，授業中に日本語を話すこと<u>を許容する</u>つもりはないと私たちに言った。

---

① I often hear Americans <u>take in</u> a third of their calories at restaurants.

(早大)

①アメリカ人はレストランでカロリーの3分の1<u>を取る</u>とよく聞く。

② He had a hard time believing her this time because he'd been <u>taken in</u> by her before.

(獨協医大)

②彼は以前彼女に<u>だまさ</u>れたことがあるので，今回彼女のことを信じるのに苦労した。

③ We decided to <u>take in</u> a few more sights while we were there.

(立命館大)

③私たちはそこにいる間，さらにいくつかの名所<u>を見物する</u>ことにした。

---

① At the moment, his coworkers seem to be all too busy to <u>take on</u> extra work.

(上智大)

*coworker(s)「仕事仲間, 同僚」

①現在のところ，彼の同僚たちは全員忙しすぎて追加の仕事<u>を引き受ける</u>ことはできないように思われる。

② Since 1936, the torch has <u>taken on</u> a different form for every Olympic relay.

(明治大)

②1936年以来，トーチはオリンピックの聖火リレーごとに異なる形<u>を呈している</u>。

147

táke to ~ □□ 401	① （習慣的に）~を始める；~に 　ふける ② ~を好きになる 　圓 hit it off with ~ → 827
táke úp ~ □□ 402	① （場所・時間）を取る；~を取 　り上げる ② （仕事・趣味など）を始める ▶ ①②ともに take ~ up の語順も可。
túrn dówn ~ □□ 403	① ~を却下[拒絶]する 　圓 reject, refuse ② （音量・火力など）を小さくす 　る ▶ ①②ともに turn ~ down の語順も可。
túrn ín ~ □□ 404	① ~を提出する 　圓 submit, 　　hand in ~ → 190, 　　give in ~ → 299②, 　　hand over ~ → 309 ② ~を引き渡す；~を返却する ▶ ①②ともに turn ~ in の語順も可。

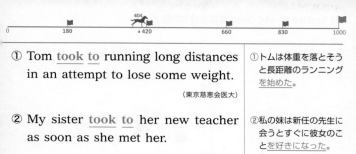

① Tom **took to** running long distances in an attempt to lose some weight.

（東京慈恵会医大）

①トムは体重を落とそうと長距離のランニングを始めた。

② My sister **took to** her new teacher as soon as she met her.

（青山学院大）

②私の妹は新任の先生に会うとすぐに彼女のことを好きになった。

---

① I like bikes as they **take up** little space on the roads and are environmentally friendly.

（北大）

①道路でほとんどスペースを取らず，環境に優しいので，私は自転車が好きだ。

② More and more people are **taking up** yoga in Japan these days.

（名城大）

②最近，日本ではますます多くの人たちがヨガを始めている。

---

① The project team was disappointed to hear that their proposal was **turned down**.

（中部大）

①プロジェクトチームは彼らの提案が却下されたと聞いてがっかりした。

② Mayu **turned** her car radio **down** so she could hear the announcement better.

（福井大）

②マユはアナウンスがよく聞こえるようにカーラジオの音を小さくした。

---

① Please don't forget to **turn in** your report when you come back to the office tomorrow.

（早大）

①明日会社に戻ったら，忘れずに報告書を提出してください。

② If you find a wallet on the ground, you're supposed to **turn** it **in** to the police.

（弘前大）

②もしあなたが地面に財布を見つけたら，警察にそれを届けなければならない。

149

máke for ~ □□ 405	① ～のほうへ進む
	② ～に寄与する[役立つ] 🔄 contribute to ~ → 34
màke óut ~ □□ 406	① 〔通例can を伴い，否定文・疑問文で〕～を理解する 🔄 understand
	② 〔通例can を伴って〕～を見分ける 🔄 discern
	③ （書類・小切手など）を作成する ▶ ①②③ともに make ~ out の語順も可。 ▶ ①②③のほかに自動詞の意味で，How で始まる疑問文で「結果・首尾」を尋ねる決まり文句もある。 　例 How did you **make out** in the interview? 　「面接の結果はどうでしたか」
méet with ~ □□ 407	① ～を受ける，～を経験する 🔄 experience, undergo
	② 主に米 ～と（約束して）会う， ～と会見する 🔄 meet

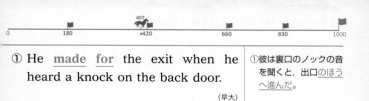

① He **made for** the exit when he heard a knock on the back door. (早大)	①彼は裏口のノックの音を聞くと，出口のほうへ進んだ。
② It is a proven fact that happier employees **make for** improved customer service. (法政大)	②満足度の高い従業員は顧客サービスの向上に寄与するというのは証明された事実だ。
① John spoke English so fast that we couldn't **make out** what he was saying. (名古屋学院大)	①ジョンが英語を速く話したので，私たちは彼の言っていることを理解することができなかった。
② Sam couldn't **make out** her face in the twilight, but he thought she might be smiling. (愛知大)	②たそがれ時にサムは彼女の顔を見分けることができなかったが，彼女はほほえんでいるかもしれないと思った。
③ I **made out** a check for $25 and handed it to the salesperson. (富山大)	③私は25ドルの小切手を書き，それを店員に渡した。
① The proposals **met with** a lot of criticism at the annual meeting of the stockholders. (上智大) *stockholder(s)「株主」	①その提案は年次株主総会で多くの批判を受けた。
② The researcher traveled to farming villages and **met with** groups of local mothers. (富山大)	②その研究者は農村へ行き，地元の母親たちのグループと会った。

151

províde for ~ □□ 408	**①** ～を扶養する ▶ 目的語には「人」がくるのが普通。 **②** ～に備える；(法律が)～を規定する ▶「(将来の災害・攻撃・不足など)に備える」の意味では，provide against ~ もある。
pùt dówn ~ □□ 409	**①** ～を置く ▶「～を下に置く」から，「～を書き留める」(= take down ~ → 464, write down ~)や「(口語で)(人)をけなす」の意味にもなる。 **②** ～を鎮める[抑える] 圓 suppress, quell ▶ ①②ともに put ~ down の語順も可。
rùn óver (~) □□ 410	**①** (車が)～をひく ▶ run ~ over の語順も可。 ▶ ㊤ では，代名詞の場合でも run over it の形が可能。 **②** (～から)あふれる 圓 overflow ▶「～を復習する；～を繰り返す」の意味もある (= go over ~ → 388②)。
sèt óut (~) □□ 411	**①** 出発する 圓 set off → 474 **②** 〔set out to do で〕…し始める 圓 start, begin **③** ～を並べる；～を設計する 圓 lay out ~ → 244

① With her father in the hospital, she's the only worker to <u>provide for</u> her family of four. (佐賀大)

①父親が入院しているので，彼女は4人家族<u>を扶養する</u>ただ1人の働き手だ。

② In our rapidly graying society, we need more people who <u>provide for</u> the care of the elderly. (名古屋外大)

②急速に高齢化する社会において，私たちには老人介護<u>に備える</u>人がもっと必要だ。

① Once I started reading this book, I haven't been able to <u>put</u> it <u>down</u>. (明治大)

①いったんこの本を読み始めたら，私はそれ<u>を置く</u>ことができないでいる。

② The riot was soon <u>put down</u> by the police. (名大)

②暴動は警察によって間もなく<u>鎮め</u>られた。

① Our neighbor's cat was nearly <u>run over</u> by a car yesterday. (神奈川大)

①私たちの隣人の猫は昨日，もう少しで車に<u>ひかれる</u>ところだった。

② I was so absorbed in a book that I didn't realize the bath was almost beginning to <u>run over</u>. (静岡大)

②私は本に夢中になっていたので，風呂が<u>あふれ</u>そうになっていることに気がつかなかった。

① It is essential that you check the weather forecast before you <u>set out</u> for mountain climbing. (南山大)

①登山に<u>出発する</u>前には天気予報を確認することが極めて重要だ。

② It was in the 1860s that Edison <u>set out</u> to invent a new kind of artificial light. (東京工大)

②エジソンが新しい種類の人工光を発明し<u>始めた</u>のは1860年代のことだった。

③ James <u>set out</u> his notebook and textbook, all ready for the lecture to begin. (尾道市大)

③ジェームズはノートと教科書<u>を並べ</u>，講義開始の準備は万端だった。

be dúe to ～

☐☐ 412

① ～のため[結果]である

　参考　この due は形容詞。due to ～ で前置詞句となり，その場合は owing to ～，on account of ～，because of ～ などと同義。

② (*be* due to *do* で)…する予定である

　同　*be* scheduled to *do*

úp to ～

☐☐ 413

① ～まで

　▶ 例えば up to 40 percent は「最高で40%」。

② (主に It is up to ～ で) ～しだいである；～の責任である

③ (*be* up to ～ で)(悪いこと)をしようとしている

at lárge

☐☐ 414

① (名詞の後に置いて)一般の；全体としての

　同　「一般の」in general →149② ；「全体としての」as a whole →123

② 逃走中で，逮捕されないで

　同　on the loose

in efféct

☐☐ 415

① 事実上，実際は

　同　in fact →148, in reality →152, in practice →628

② (法律などが)実施されて

　同　in force

　参考　come [go] into effect は「実施される」，bring [put] ～ into effect は「～を実施する」。

① Many people think this year's potato crop failure <u>was</u> <u>due</u> <u>to</u> unusual weather. (成城大)	①多くの人が今年のジャガイモの不作は異常気象<u>のためであった</u>と考えている。
② According to this ad, a new book by the author <u>is</u> <u>due</u> <u>to</u> come out next month. (香川大)	②この広告によれば，その著者による新しい本が来月出版される<u>予定だ</u>。
① Those little ants can carry <u>up</u> <u>to</u> 5,000 times their body weight. (東北学院大)	①あの小さなアリたちは自分の体重の5000倍<u>まで</u>運ぶことができる。
② It is all <u>up</u> <u>to</u> the parents to decide which schools to choose for their young children. (中央大)	②小さな子供たちのためにどの学校を選ぶかを決めるのはすべて親<u>しだいで</u>ある。
③ I knew the boy was <u>up</u> <u>to</u> something, but I couldn't tell what it might be. (清泉女大)	③その少年が何か<u>をしようとしている</u>ことはわかったが，それが何なのかはわからなかった。
① I can't imagine how this new idea of his will be accepted in society <u>at</u> <u>large</u>. (学習院大)	①私は彼のこの新しい考えがどうやって社会<u>一般</u>に受け入れられるかが想像できない。
② The suspect of the murder case is still <u>at</u> <u>large</u>. (駒澤大)	②殺人事件の容疑者はまだ<u>逃走中</u>だ。
① When we describe what we see, we <u>in effect</u> describe ourselves. (早大)	①私たちが見えるものを描写するときは，<u>事実上</u>自分自身を描写しているのだ。
② This law has been <u>in effect</u> for the past ten years. (北海学園大)	②この法律は過去10年間<u>施行されている</u>。

áll but ～ ☐☐ 416	① ～も同然，ほとんど～ 圓 almost, just about ～ → 776 ▶ 副詞句として働き，形容詞や動詞が続く。 ② ～以外すべて ▶ but は前置詞（＝except）で，名詞や代名詞が続く。
at léngth ☐☐ 417	① 詳細に；長々と ▶ length に great, some などの形容詞が付くことも多い。lie at full length は「長々と寝そべる」。 ② とうとう，ついに 圓 at last, eventually
néxt to ～ ☐☐ 418	① 〔場所・位置〕～の次の[に] ② 〔否定を表す語の前に置いて〕ほとんど～ 圓 almost
on énd ☐☐ 419	① 連続して 圓 in a row → 986, in succession ② 直立して，垂直にして ▶「（横の状態の物を）縦にする」ときの表現。
by wáy of ～ ☐☐ 420	① ～経由で 圓 via, through ② ～として，～のつもりで(の) 圓 as a means of ～

① He was <u>all</u> <u>but</u> broke after shopping at the department store yesterday.   *broke [brouk]「一文無しの」 (国士舘大)

①昨日デパートで買い物をした後，彼は一文無しも同然だった。

② <u>All but</u> Peter were unable to get to class on time because the bus was not running. (慶大)

②ピーター<u>以外の</u>全員はバスが動いていなかったので授業に時間どおりには着けなかった。

---

① We discussed <u>at length</u> the plan for the coming school festival. (日本大)

①私たちは来る学園祭の計画を<u>詳細に</u>話し合った。

② <u>At length</u> the door opened and a young woman came in. (早大)

②<u>とうとう</u>ドアが開き，若い女性が入ってきた。

---

① The coffee shop was located just <u>next to</u> the railroad station. (南山大)

①喫茶店は鉄道駅<u>の</u>すぐ<u>隣</u>に位置していた。

② I've heard of Chad but know <u>next to</u> nothing about it. (学習院大)

②私はチャドという国のことを聞いたことはあるが，その国については<u>ほとんど</u>何も知らない。

---

① During the rainy season, it continues to rain for days <u>on end</u>. (長崎大)

①梅雨の間は，<u>連続して</u>何日も雨が降り続く。

② When cats get angry, the hair on their neck stands <u>on end</u>. (法政大)

②猫が怒ると，首の辺りの毛が<u>逆立つ</u>。

---

① There are pluses and minuses for us being connected <u>by way of</u> the worldwide internet. (岩手大)

①私たちが世界規模のインターネット<u>経由</u>でつながっていることにはプラス面とマイナス面がある。

② <u>By way of</u> apology for the rudeness, the shop owner offered me a dessert on the house. (東海大)

②失礼のおわび<u>として</u>，その店のオーナーは店のおごりで私にデザートを提供してくれた。

157

of importance (202) と類似の慣用表現

〈of＋抽象名詞〉は形容詞の働きをする。抽象名詞にはいろいろな形容詞も付く。以下の例で確認しておこう。

- of interest「興味深い」(＝interesting)
- of great interest「非常に興味深い」(＝greatly interesting)
- of use [ju:s]「役に立つ」(＝useful)
- of no use「役に立たない」(＝not useful)
- of value「価値のある」(＝valuable)
- of immense value「すごく価値のある」(＝immensely valuable)
- a person of great courage「非常に勇気のある人物」
  (＝a greatly courageous person)
- a matter of consequence「〔文語で〕重要な事柄」
  (＝a matter of importance)
- a person of culture「教養人」(＝a cultured person)
- a person of learning「学識のある人」(＝a learned person)
- a writer of promise「前途有望な作家」(＝a promising writer)
- a book of great worth「高価値の書物」(＝a greatly worthy book)

後に不定詞・動名詞のどちらが続くかによって意味が異なる表現

(1)〜(3)では，不定詞は「これからする（予定だった）こと」，動名詞は「もうしてしまったこと」を表すため，時制が述語動詞よりも「前」か「後」かで表現を使い分ける必要がある。(4)〜(6)についても，それぞれの違いに注意しよう。

(1) remember *doing*「…したのを覚えている」→ 229
  remember to *do*「忘れずに…する」→ 230
(2) forget *doing*「…したのを忘れる」
  forget to *do*「…するのを忘れる」
(3) regret *doing*[having *done*]「…したことを後悔する」
  regret to *do*「残念ながら…する」
(4) stop *doing*「…するのをやめる」
  stop to *do*「…するために立ち止まる」(to *do* は副詞句)
(5) need *doing*「…される必要がある」(*doing* は受動態的意味を持つ)
  (＝need to be *done*)
  need to *do*「…する必要がある」
(6) try *doing*「試しに…してみる」(＝give 〜 a try → 781)
  try to *do*「…しようと試みる[努力する]」

Part 3

形で覚える

240

ここでの 240 の熟語も Part 2 と同様に中核と言えるものばかりだ。「形」に注目して，8 グループに分類している。同じ前置詞や副詞を使った熟語は一気に覚えてしまおう。

Section 1　動詞句①〈動詞+前置詞〉

1　動詞 + to

ádd to ～ □□ 421	**～を増やす** ▶ add *A* to *B* は「*A* を *B* に加える」。この場合の add は他動詞。
adápt to ～ □□ 422	**(環境など)に順応する[慣れる]** ▶ adapt *A* to [for] *B*「*A* を *B* に適合[適応]させる」では，adapt は他動詞。 参考 adjust (*A*) to *B*「(*A* を)*B* に合わせて調節する」➡ 485 のほうが「改変」の度合いは小さい。
objéct to ～ □□ 423	**～に反対する** 同 oppose
admít to ～ □□ 424	**～を認める[告白する]** 同 confess ▶ 同じ意味を表すのに，admit を単独で使うことも多い (その場合は他動詞)。 参考 admit *A* to *B* は「*A* を *B* に収容する」の意味。
confórm ⎰ **to** ⎱ **～** ⎱ **with** ⎰ □□ 425	**～と一致する；～に従う[合わせる]** ▶ conform *A* to [with] *B* は「*A* を *B* に合わせる」。この場合の conform は他動詞。
resórt to ～ □□ 426	**(手段など)に訴える[頼る]** ▶ to は前置詞で，後には(動)名詞がくる。 ▶「好ましくない手段に訴える」ニュアンスであることが多い。
kéep to ～ □□ 427	**～に沿って進む；～から離れない；～に従う** 同「～に従う」obey 参考 keep to *oneself* は「(人を避けて)1人でいる」。

形に注目することで，より効率的に覚えられる熟語も多い。Section 1 では〈動詞＋前置詞〉の熟語 29 個を集めて，前置詞別に分類している。

The cold, gray weather <u>added to</u> the dark atmosphere of the house. (北大)	寒くてどんよりした天気がその家の暗い雰囲気<u>を増加させた</u>。
Jim, I really admire you for how easily you've <u>adapted to</u> your new way of life here. (大阪市大)	ジム，私はあなたが簡単にここでの新しい生活様式<u>に順応した</u>ことに本当に感心しています。
Many people today <u>object to</u> trapping methods that cause a lot of pain to wild animals. (慶大)	今日，野生動物にひどい苦痛をもたらす捕獲方法<u>に反対する</u>人は多い。
Wherever you are, it's never fun to <u>admit to</u> having done something embarrassing. (慶大)	どこにいようと，何か恥ずかしいことをしてしまったこと<u>を認める</u>のは決して楽しいことではない。
Today, fewer and fewer families <u>conform to</u> the one-income model we used to have. (一橋大)	今日では，以前私たちが有していた単一収入モデル<u>に一致する</u>家族はますます減りつつある。
In the long drought, some people in the poorer districts <u>resorted to</u> criminal acts. (高崎経大)	長い干ばつで，貧困地区では犯罪行為<u>に訴える</u>人々もいた。
In most of the Western countries, traffic <u>keeps to</u> the right side of the road. (琉球大)	ほとんどの西欧諸国では，車は道路の右側<u>を通行する</u>。

161

gét to ～ □□ 428	① 〔get to + (代)名詞で〕～に到着する 圓 reach, arrive at ～ ② 〔get to *do* で〕…できる；…するようになる
adhére to ～ □□ 429	(主義・規則など)に忠実に従う；～にくっつく 圓 stick to ～ → 304

2　動詞 + on

refléct $\begin{bmatrix} \text{on} \\ \text{upòn} \end{bmatrix}$ **～** □□ 430	～を熟考[反省]する ▶「～の上に反射[反映]する」という文字どおりの意味もある。
decíde $\begin{bmatrix} \text{on} \\ \text{upòn} \end{bmatrix}$ **～** □□ 431	～を(どれにするか)決める, (複数の選択肢から)～に決める 圓 settle on ～
fáll $\begin{bmatrix} \text{on} \\ \text{upòn} \end{bmatrix}$ **～** □□ 432	(責任・仕事などが)～に降りかかる；(休日などが)～に当たる ▶「～の上に落ちる」の文字どおりの意味もある。
féed on ～ □□ 433	～を常食[餌]にする ▶ 通例では動物について使うが, 人間にも使われる。 ▶ feed *A* on *B* は「A に B (餌)を与える」。

3　動詞 + into

rún into ～ □□ 434	～に偶然出会う, ～を偶然見つける；～にぶつかる 圓 「～に偶然出会う, ～を偶然見つける」run [come] across ～ → 449① ・ 381①

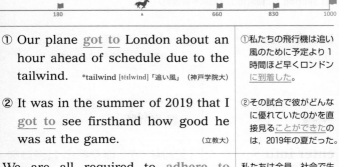

① Our plane **got to** London about an hour ahead of schedule due to the tailwind. *tailwind [téɪlwind]「追い風」（神戸学院大）	①私たちの飛行機は追い風のために予定より1時間ほど早くロンドンに到着した。
② It was in the summer of 2019 that I **got to** see firsthand how good he was at the game. （立教大）	②その試合で彼がどんなに優れていたのかを直接見ることができたのは，2019年の夏だった。
We are all required to **adhere to** certain rules and regulations to live in a society. （東海大）	私たちは全員，社会で生きるために特定の規約に従うことを求められている。

The businessperson stopped to **reflect on** which course would be the best for his firm. （慶大）	その実業家は自分の会社にとってどの方針が最善なのかを立ち止まって熟考した。
Have you **decided on** who to invite yet? （立命館大）	もう誰を招待するかを決めましたか。
As Mary became more skillful, the amount of work that **fell on** her grew accordingly. （甲南大）	メアリーが熟練するにつれ，彼女に降りかかる仕事量はそれに応じて増えた。
The animals that **feed on** plants have teeth with flattened ends. （お茶の水女子大）	植物を餌にする動物は先端が平らな歯を持つ。

| I **ran into** Mary's brother at the bus stop yesterday.   （群馬大） | 私は昨日，バス停でメアリーの兄に偶然出会った。 |

bréak into ~ □□ 435	① ~に侵入する ▶ 自動詞として「侵入する」は, break in → 376①。 ② 急に~をしだす 圓 burst into ~ → 437
énter into ~ □□ 436	(契約など)を取り結ぶ；(議論など)を始める
búrst into ~ □□ 437	急に~をしだす；突然~に入る 圓 break into ~ → 435②

4　動詞＋of

dispóse of ~ □□ 438	~を処分する；~を平らげる 圓 「~を処分する」get rid of ~ → 104 参考 名詞 disposal を用いた句に, at ~'s disposal → 936 がある。
appróve of ~ □□ 439	~に賛成する；~を承認する ▶ approve 単独で他動詞としても使われる。
bóast $\begin{bmatrix} \text{of} \\ \text{abòut} \end{bmatrix}$ ~ □□ 440	~を自慢する, ~を誇らしげに話す 圓 be proud of ~, take pride in ~ → 322, pride oneself on ~ → 323
becóme of ~ □□ 441	〔what, whatever を主語にして〕 ~はどうなるか

5　動詞＋その他の前置詞

derive from ~ □□ 442	~に由来する, ~から出ている ▶ derive A from B は「B から A を得ている[推論する]」。この場合の derive は他動詞。

① It looked like someone had **broken into** our office, so we called the police. （獨協大）

①誰かが私たちの会社に侵入したようだったので，私たちは警察に電話した。

② He **broke into** a sprint when walking along the street. （津田塾大）

②彼は通りを歩いていたとき，急に全速力で走りだした。

The two companies **entered into** a partnership to build autonomous cars. （立教大）

その2社は自動走行車を製造するために協力関係を結んだ。

Unable to control herself, she **burst into** tears at the news. （日本女大）

彼女は自分を抑えることができず，その知らせを聞いて急に泣きだした。

We usually use a shredder to **dispose of** paper records containing personal information. （青山学院大）

私たちは個人情報を含む紙の記録を処分するのに通常シュレッダーを使う。

Jane's father did not **approve of** her going to the party. （県立広島大）

ジェーンの父は，彼女がそのパーティーへ行くことに賛成しなかった。

I'm one of those people who **boast of** having never been sick in many years. （麗澤大）

私は，長年病気にかかっていないことを自慢する人々の1人だ。

I have no idea what's **become of** the old statue which used to be here. （麗澤大）

以前ここにあった古い像がどうなったのか私にはまったくわからない。

The English word "cent" **derives from** the Latin word *centum*. （日本医大）

英語の単語centはラテン語のcentumに由来する。

áim at ～ □□ 443	**～を目指す；～を狙う** ▶「A を B に向ける」は，aim A at B。この場合の aim は他動詞。
interfére with ～ □□ 444	**～の邪魔をする，～を妨げる** ▶「～に干渉[口出し]する」は，interfere in ～。
párt with ～ □□ 445	**(物)を(しぶしぶ)手放す** ▶「(人)と別れる」は，part from ～。
lóng for ～ □□ 446	**～を切望する** 圓 yearn for ～ → 849, wish for ～
sénd for ～ □□ 447	**(人)を呼ぶ, (物)を取り寄せる** ▶「呼んで(人)に来てもらう」の意味。「(人)を呼びに行く」は，go for ～。 ▶ send A for B は「A を使わして B を呼びに[取りに]行かせる」。
gó abòut ～ □□ 448	**～に取り掛かる；～に精を出す** ▶「～を歩き回る」の意味にもなる。 ▶ go about in the park「公園の中を歩き回る」のように，about が副詞のときのアクセントは gò abóut。
rún acròss ～ □□ 449	**① ～を偶然見つける，～に偶然出会う** 圓 run into ～ → 434, come across ～ → 381①, stumble across [on / upon] ～ **② ～を走って横切る**

Education has historically **aimed at** making people conform to society. (早大)	歴史的には教育は人々を社会に順応させること<u>を目標としてきた</u>。
We must be careful not to let our biases **interfere with** our judgment. (東京農工大)	私たちは先入観が自分たちの判断<u>を邪魔し</u>ないように注意すべきだ。
Doris knew she had to **part with** the dog sooner or later. (関西大)	ドリスは遅かれ早かれその犬<u>を手放さ</u>なければならないとわかっていた。
After being away for six months, Maki **longs for** the chance to see her family again. (中央大)	6か月間離れていた後だから,マキは家族と再び会える機会<u>を切望している</u>。
Would you **send for** a security guard who has the keys? (東京慈恵会医大)	かぎを持っている警備員<u>を呼びにやって</u>もらえますか。
After a long battle against the epidemic, people have finally started to **go about** their daily lives. (東海大)	伝染病との長い闘いの後で,人々はようやく日常生活<u>に取り掛かり</u>始めた。
① Helen happened to **run across** some old photos while cleaning her desk drawers. (日本大)	①ヘレンは机の引き出しを掃除しているときに何枚かの古い写真<u>を偶然見つけた</u>。
② Yuka's cat, which had been asleep on a bench, woke up suddenly and **ran across** the yard. (法政大)	②ユカの猫はベンチで寝ていたが,突然目を覚まして庭<u>を走って横切った</u>。

1 動詞 + up

ènd úp ☐☐ 450	〔後に副詞句や *doing* などを伴って〕 **最後には〜になる** 回 wind up → 873 ▶ up の後には *doing* のほかに in 〜, with 〜 などが続く。
ùse úp 〜 ☐☐ 451	**〜を使い果たす** 回 exhaust ▶ use 〜 up の語順も可。 ▶ *be* used up は「（口語で）疲れ果てている」。
sùm úp (〜) ☐☐ 452 **➡深める♪ P.232**	**(〜を)要約する；〜を合計する** 回 「〜を要約する」summarize ▶ 他動詞では sum 〜 up の語順も可。 ▶ to sum up「要約すれば」は独立不定詞。
clèar úp (〜) ☐☐ 453	**(天候が)晴れる；(疑念・不明点 など)を明らかにする** ▶ 他動詞では clear 〜 up の語順も可。
tìe úp (〜) ☐☐ 454	**(人)を拘束する；〜を固く縛る； 提携する** ▶「(人)を拘束する」の意味では，受動態で「(多忙や交通渋滞などで)動けない」を表すことが多い(例文)。
chèer úp (〜) ☐☐ 455	**元気づく；〜を元気づける[応援 する]** ▶ 他動詞では cheer 〜 up の語順も可。
blòw úp (〜) ☐☐ 456	**爆発する；かっとなる；〜を爆破 する** ▶ 他動詞では blow 〜 up の語順も可。

〈動詞＋副詞〉の熟語 35 個を集めて，副詞別に分類している。自動詞的な働き
と他動詞的な働きの 2 種の働きを持つ熟語が多いので注意しよう。

She spent hours looking for a present for her parents, but <u>ended up</u> buying nothing there. （弘前大）	彼女は両親へのプレゼントを探すのに何時間も費やしたが，<u>結局</u>そこでは何も買わな<u>かった</u>。
During our trip around the country, we <u>used up</u> almost all the toothpaste we'd taken with us. （関東学院大）	その国を回る旅行中，私たちは持ってきた歯磨き粉<u>を</u>ほとんどすべて<u>使い果たした</u>。
The professor <u>summed up</u> the lecture in just a few minutes. （東洋英和女学院大）	教授はその講義<u>を</u>わずか数分で<u>まとめた</u>。
It rained hard in the morning, but it looks as if it's going to <u>clear up</u> by the early evening. （学習院大）	午前中は激しい雨が降ったが，夕方までには<u>晴れ</u>そうだ。
I'm <u>tied up</u> at the moment but will be free by five. （東京慈恵会医大）	私は今<u>忙しくて動けない</u>が，5 時までには手が空くだろう。
Try as we would, we could not get her to <u>cheer up</u>. （上智大） *Try as we would = No matter how hard we tried	どんなに頑張っても，私たちは彼女に<u>元気を出さ</u>せることはできなかった。
Fortunately, no one was inside the factory when it <u>blew up</u>. （関東学院大）	幸運なことに，その工場が<u>爆発した</u>ときには中に誰もいなかった。

càll úp (〜) □□ 457	(〜に)電話をかける；(記憶・勇気など)を呼び起こす ▶ 他動詞では call 〜 up の語順も可。
shùt úp (〜) □□ 458	話をやめる；〜を黙らせる ▶ 他動詞では shut 〜 up の語順も可。
stèp úp (〜) □□ 459	① 近づく；(壇上などに)上がる ▶ step up to the plate は，野球用語で「バッターボックスに入る」こと。 ② (量・速度など)を増す；(活動など)を促進する ▶ step 〜 up の語順も可。

2　動詞＋ down

cùt [**dówn** **báck**] **(on)** 〜 □□ 460	〜(の量)を減らす，〜を切り詰める 📄 reduce
slòw dówn (〜) □□ 461	(〜の)速度を落とす；ペースが落ちる 📄 slow up (〜) 📄 speed up (〜)「(〜の)速度を上げる」
brèak dówn (〜) □□ 462	① 〜を分解する；〜を壊す ▶ break 〜 down の語順も可。 ② 故障する；取り乱す；肉体的[精神的]に参る 参考 a nervous breakdown は「神経衰弱；神経症」。この breakdown は名詞。

If I had known your telephone number, I would have <u>called</u> you <u>up</u>. （名城大）	もしあなたの電話番号を知っていたら，あなたに電話をかけただろうに。
Annoyed by the kids talking loudly, someone said, "<u>Shut up</u>!" （駒澤大）	子供たちが大声で話すのにいらいらして，誰かが「黙りなさい！」と言った。
① It was on July 23, 1962, when the baseball legend Jackie Robinson <u>stepped up</u> to a microphone, not home plate. （成城大）	①野球の伝説的人物，ジャッキー・ロビンソンが本塁ではなくマイクに近づいたのは，1962年7月23日のことだった。
② During the epidemic, his factory was asked to <u>step up</u> the production of face masks. （高崎経大）	②伝染病の流行中，彼の工場はマスクの生産を増やすように依頼された。
What doctors recommend is that we eat what we like but just <u>cut down on</u> quantity. （中央大）	医師たちが勧めているのは，好きなものを食べてもいいが，ただ量を減らすことだ。
I had the right of way, but this big luxury car just didn't <u>slow down</u>. （東大） *the right of way「（交通の）先行権」	私に先行権があったが，この大型高級車はとにかく速度を落とさなかった。
① In order for food to be absorbed in the body, it must be <u>broken down</u> into little pieces. （東京理科大）	①食べ物が体に吸収されるためには，細かく分解されなければならない。
② On the way the air conditioner of our car <u>broke down</u>, and we suffered from the heat. （東京海洋大）	②途中で私たちの車のエアコンが故障し，私たちは暑さに苦しんだ。

171

hànd dówn ～ □□ 463	**～を(子孫[後世]に)伝える** 圓 pass down ～, pass on ～ →483 ▶ hand ～ down の語順も可。 ▶「～を(高い所から)降ろす；(判決)を言い渡す」の意味もある。
tàke dówn ～ □□ 464	**～を書き留める；(建物など)を取り壊す** 圓「～を書き留める」put down ～ →409 ①, write down ～； 「～を取り壊す」tear down ～ ▶ take ～ down の語順も可。
bùrn dówn (～) □□ 465	**～を全焼させる；(建物が)全焼する** 圓 burn (～) to the ground； 「～を全焼させる」reduce ～ to ashes ▶ 他動詞では burn ～ down の語順も可。

3　動詞＋out

còme óut □□ 466	**現れる；ばれる；出版される** 圓「現れる；ばれる」come to light →904 ▶「(口語で)同性愛者であることを公表する」の意味もある。
rùn óut □□ 467	**使い果たす；尽きる** ▶「～を使い果たす」は、run out of ～(例文)。「～から走り出る」という文字どおりの意味もある。
spèak $\begin{bmatrix} \text{óut} \\ \text{úp} \end{bmatrix}$ □□ 468	**はっきり[思い切って]話す** ▶「(聞こえるように)大きな声で言う」の意味にもなる。
dròp óut □□ 469	**脱落する，中途退学する** ▶ drop out of school[university / a race]は「学校[大学／競争]を退学[脱落]する」。 参考 dropout は「脱落者，中途退学者」。

I think it is our duty to <u>hand down</u> our good traditions and customs to future generations. (早大)	後世の人々に私たちのよき伝統と風習を<u>伝える</u>ことは私たちの義務だと思う。
According to a study, the more words a person <u>takes down</u>, the better he remembers the content. (成蹊大)	ある研究によれば，人はたくさん言葉を<u>書く</u>ほど，その内容をしっかり覚える。
Many houses were <u>burned down</u> in the fires that broke out after the big earthquake. (日本女大)	大地震の後に起きた火災で多くの家が<u>全焼した</u>。
As I looked around, a tall man suddenly <u>came out</u> from behind the building and ran away. (関西学院大)	私が辺りを見回すと，背の高い男が突然建物の裏手から<u>現れ</u>，逃げていった。
When driving on an expressway, we must see to it that we don't <u>run out</u> of gas. (関西学院大)	私たちは高速道路を運転しているときにガソリンを<u>切らさ</u>ないように注意しなければならない。
When you want to <u>speak out</u> for or against something, what you need most is the courage. (関西学院大)	何かに対して賛成または反対か<u>はっきり言い</u>たいときに最も必要なものは勇気だ。
Running out of money is the most common reason people <u>drop out</u> of anything. (中央大)	資金が尽きるということが，人々が何事からも<u>脱落する</u>最も一般的な理由だ。

sòrt óut ~ □□ 470	~を整理する；~を処理する 圓「~を処理する」iron out ~ ➡473
wèar óut (~) □□ 471	~をすり減らす[疲れ果てさせる]；すり減る ▶ 他動詞では wear ~ out の語順も可。
ròll óut (~) □□ 472	(新製品)を製造[発売]する；~を転がして出す；転がり出る ▶ 他動詞では roll ~ out の語順も可。
ìron óut ~ □□ 473	(問題など)を解決[調整]する 圓 sort out ~ ➡470 ▶ iron ~ out の語順も可。
4　動詞 + off	
sèt óff (~) □□ 474	出発する；~を引き起こす 圓「出発する」set out ➡411① ▶ 他動詞では set ~ off の語順も可。
shòw óff (~) □□ 475	(~を)見せびらかす ▶ 他動詞では show ~ off の語順も可。
kèep óff ~ □□ 476	~を近づけない；~に近づかない；~を慎む ▶「~を近づけない」では keep ~ off の語順も可。
gìve óff ~ □□ 477	(光・音・においなど)を発する 圓 give out ~ ➡383①, produce, emit ▶ give ~ off の語順も可。
brèak óff (~) □□ 478	(~を)急にやめる；~を切り離す ▶ 他動詞では break ~ off の語順も可。

The room was a mess, so I had to <u>sort</u> it <u>out</u> quickly. （駒澤大）	部屋が散らかっていたので, 私は急いでそれ<u>を片づけ</u>なければならなかった。
I was so completely <u>worn</u> <u>out</u> that I couldn't keep on working. （明治大）	私は完全に<u>疲れ果てていた</u>ので, 仕事を続けられなかった。
It was in 1999 when Sony <u>rolled</u> <u>out</u> the first-generation AIBO. （横浜国大）	ソニーが第1世代のAIBO<u>を発売した</u>のは1999年のことだった。
It took them some time to <u>iron</u> <u>out</u> their differences of opinion. （早大）	彼らが意見の違い<u>を調整する</u>のにはしばらく時間がかかった。
I <u>set</u> <u>off</u> for the destination on my bike along a rough dirt road. （埼玉大）	私は荒れた未舗装の道路を自転車で目的地に向けて<u>出発した</u>。
He felt ashamed because he didn't have anything to <u>show</u> <u>off</u> to anyone. （法政大）	彼は人に<u>見せる</u>ものが何もないので, 恥ずかしかった。
Dieting commonly means eating low-fat and low-calorie food to <u>keep</u> <u>off</u> weight. （早大）	ダイエットとは一般に, 体重<u>を増やさない</u>ために低脂肪, 低カロリーの物を食べることを意味する。
The new construction glowed in the dark, <u>giving</u> <u>off</u> a soft green light. （群馬大）	その新しい建造物は柔らかな緑色の光<u>を発しながら</u>, 暗闇の中で輝いていた。
The clerk had to <u>break</u> <u>off</u> the conversation with me in order to wait on a customer. （上智大）	その店員は顧客の応対をするために私との会話<u>を急にやめ</u>なければならなかった。

175

5　動詞＋その他の副詞

tàke óver (～) □□ 479	**(～を)引き継ぐ；～を支配する** ▶ 他動詞では take ～ over の語順も可。
pùt ín ～ □□ 480	**① (物・言葉など)を差し入れる[加える]；(設備など)を取り付ける** 国「～を取り付ける」install **② (労力・時間・金など)を注ぎ込む[投入する]** 国 devote, invest ▶ ①②ともに put ～ in の語順も可。
dròp ín □□ 481	**〔口語で〕ちょっと立ち寄る** 国 drop by ▶「人」を訪ねて立ち寄る場合は drop in on ～,「場所」に立ち寄る場合は drop in at ～ とする。
cùt ín □□ 482	**(人・車が)割り込む** ▶「～に割り込む」は, cut in on ～ や cut into ～。
pàss ón ～ □□ 483	**(物・情報など)を次に回す[伝える]** 国 hand down ～ →463 ▶ pass ～ on の語順も可。 ▶ 遠まわしに「死ぬ」(= pass away →194) の意味もある (その場合は自動詞)。
gìve awáy ～ □□ 484	**(秘密など)を漏らす；～をただでやる；～を配る** ▶ give ～ away の語順も可。

When Roy quit the company, the manager asked Lisa to <u>take over</u> his job. (獨協大)	ロイが会社を辞めたとき，部長はリサに彼の仕事<u>を引き継ぐ</u>ように頼んだ。
① I'd like to <u>put in</u> a few sentences here to explain what I mean by this. (岡山大)	①私はこれで何を言おうとしているかを説明するために，ここに少し文<u>を付け加え</u>たい。
② The hard work the team <u>put in</u> led to their victory in the competition. (早大)	②チームが<u>注ぎ込んだ</u>多大な努力が競技会での勝利につながった。
Now that you know where I live, I hope you'll <u>drop in</u> when you're in the neighborhood. (関東学院大)	私がどこに住んでいるのかおわかりでしょうから，近所にお越しの際は<u>立ち寄って</u>くださいね。
The other day a very kind man let me <u>cut in</u> in front of him in a convenience store. (獨協医大)	先日，コンビニでとても親切な男性が私を彼の前に<u>割り込ま</u>せてくれた。
The wisdom of the past should be <u>passed on</u> from generation to generation. (千葉大)	過去の叡智は世代から世代へと<u>伝えら</u>れるべきだ。
I haven't read the new novel yet, so I want to avoid a review that <u>gives away</u> its ending. (慶大)	私はその新しい小説をまだ読んでいないので，結末<u>をばらす</u>書評は避けたい。

177

1　動詞 ＋ *A* ＋ to ＋ *B*

adjúst (*A*) **to** *B* □□ 485	**(A を)B に合わせて調節する** 圓 adapt *A* to [for] *B*, 　accommodate *A* to *B*
compáre *A* $\left[\begin{array}{c}\text{with}\\\text{to}\end{array}\right]$ *B* □□ 486	**A を B と比較する；A を B にたとえる** 参考 (as) compared with [to] 〜「〜と比べ ると」= in comparison with [to] 〜
expóse *A* **to** *B* □□ 487	**A を B にさらす** ▶ *A* is exposed to *B*「A が B(危険など)にさらさ れる」の受動態でもよく使う(例文)。
léave *A* (**ùp**) **to** *B* □□ 488	**A を B に任せる；A を B に残す** ▶ 受動態で使うことも多い。
attách *A* **to** *B* □□ 489	**A を B に取り付ける[付与する]** ▶ be attached to 〜 には「〜に愛着を持っている」 の意味もある。
attríbute *A* **to** *B* □□ 490	**A を B のせい[結果]と考える** 圓 ascribe *A* to *B* →925
ówe *A* **to** *B* □□ 491	**A(恩・義務など)を B に負ってい る；A(金)を B に借りている** ▶ owe *B A* の語順にできる場合もある。
confíne *A* **to** *B* □□ 492	**A を B に限定する；A を B に閉 じ込める** 圓「A を B に限定する」limit *A* to *B*

形に注目すると覚えやすい動詞句のうち，〈動詞＋A＋前置詞＋B〉の 32 個を攻略しよう。494 は付随する「深める！」も参照していただきたい。

Once in the room, I stood still for a second, letting my eyes <u>adjust</u> <u>to</u> the change of light. (法政大)	私は部屋に入ると，少しの間じっと立って，目を明るさの変化に順応させた。
<u>Comparing</u> this year's result <u>with</u> last year's, the boss appreciated everybody's efforts. (広島大)	上司は今年の結果を昨年のものと比較して，全員の努力を評価した。
Whether we like it or not, we are <u>exposed</u> <u>to</u> large amounts of information every day. (椙山女学園大)	好むと好まざるとにかかわらず，私たちは毎日大量の情報にさらされている。
She is lazy and <u>leaves</u> hard work <u>to</u> others. (明治学院大)	彼女は怠け者で，きつい仕事を他人に任せる。
I <u>attached</u> a postage stamp <u>to</u> the envelope and mailed it. (大阪経大)	私は切手を封筒に貼って投函した。
Many of Satoshi's friends <u>attributed</u> his success <u>to</u> his hard work and flexible thinking. (愛知県大)	サトシの友人の多くは，彼の成功を勤勉さと柔軟な思考の結果と考えた。
This research <u>owes</u> much <u>to</u> the thoughtful comments from my colleagues at work. (慶大)	この研究は多くを職場の同僚からの思慮深い意見に負っている。
The professor <u>confined</u> his lecture <u>to</u> how the problem had been handled so far. (阪大)	教授は講義をその問題がこれまでどのように扱われてきたかという点に絞った。

líken *A* to *B* ☐☐ 493	**A を B にたとえる** 圎 compare *A* to [with] *B* → 486

2　動詞＋*A*＋from＋*B*

kéep *A* from *B* ☐☐ 494	**A に B をさせない, A を B から守る** 圎 prevent *A* from *B* → 111 ▶ この from は「抑制・防止」を意味し, 495・496・497 も同じ用法。 ●深める❢ P.228
discóurage *A* from *B* ☐☐ 495	**A(人)に B を思いとどまらせる**
forbíd *A* from *B* ☐☐ 496	**A(人)に B を禁止する** 圎 prohibit *A* from *B* → 497, ban *A* from *B* ▶ *B* は *doing*。*B* が名詞の場合は, forbid *A B*。 ▶ forbid ～ to *do* は「(人)に…させない」。 ▶「禁止」では最も一般的な表現。
prohíbit *A* from *B* ☐☐ 497	**A(人)に B を禁止する** 圎 forbid *A* from *B* → 496 ▶ *B* は *doing*。「(人)が…するのを妨げる」の意味も。 ▶ 法律・規則で公的に「禁止する」ときに主に使う。
órder *A* from *B* ☐☐ 498	**B に A を注文する** ▶ 前置詞が to ではなく from である点に特に注目しよう。

3　動詞＋*A*＋for＋*B*

súbstitute *A* for *B* ☐☐ 499	**B の代わりに A を使う** ▶ まれに substitute *B* with *A* の形もある。 ▶ substitute for ～ は「～の代わりをする」。

Plutarch had a gloomy image of old age, **likening** it **to** autumn. （兵庫医大） *Plutarch「プルタルコス（ローマ時代のギリシア人哲学者・著述家）」	プルタルコスは老齢に陰鬱なイメージを持っており，それを秋にたとえた。
When she appeared at the door, I found it hard to **keep** my voice **from** rising in a happy shout. （山口大）	彼女が戸口に現れたとき，私は自分の声がうれしい叫びで高くなるのを抑えるのが難しかった。
On that stormy morning, the manager at the hut **discouraged** us **from** setting off for a climb. （愛知県大）	その嵐の朝，山小屋の管理人は私たちに登山に出発することを思いとどまらせた。
Many parents **forbid** their children **from** using their smartphones for a certain number of hours a day. （上智大）	1日のうち一定の時間，子供たちにスマートフォンを使うことを禁止する親は多い。
The new rules at the museum **prohibited** visitors **from** smoking in the building. （法政大）	その博物館の新たな規則は来館者に建物内での喫煙を禁止した。
After reading a comment on the book, I decided to **order** it **from** an online bookstore. （東北学院大）	その本に関する批評を読んだ後，私はオンライン書店にそれを注文することに決めた。
We can **substitute** a group of easier words **for** one difficult word whenever necessary. （関西大）	私たちは必要なときはいつでも難しい1語の代わりにより易しい言葉のかたまりを使うことができる。

exchánge A for B ☐☐ 500	**A を B と交換する** ▶ 物と物ではなく「A を B（人）と交換する」なら，〈exchange A（複数名詞）＋with＋B〉となる。
bláme A for B ☐☐ 501	**B のことで A を非難する；B を A のせいにする** ▶ blame B on A とすることもできる。 ▶ この for は「理由・原因」を表し，502 も同じ用法。
púnish A for B ☐☐ 502	**B のことで A を罰する**
forgíve A for B ☐☐ 503	**B のことで A を許す**

4 動詞＋A＋of＋B

depríve A of B ☐☐ 504	**A から B を奪う** ▶ この of は「分離・除去」を表し，505・506 も同じ用法。
rób A of B ☐☐ 505	**（暴力・脅迫などで）A から B を奪う**
cúre A of B ☐☐ 506	**A の B を治す；A（人）の B（悪癖など）を取り除く** ▶ 受動態もよく使われる（例文）。
accúse A of B ☐☐ 507	**B のことで A を非難[告訴]する**
suspéct A of B ☐☐ 508	**B について A を疑う** ▶ suspect A as B は「B として A に疑いをかける」。

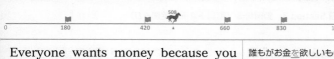
Everyone wants money because you can <u>exchange</u> money <u>for</u> whatever you want or need. （埼玉大）	誰もがお金を欲しいものや必要なもの何とでも交換することができるので，お金を欲しがっている。
The mass media <u>blamed</u> the politician <u>for</u> not listening to the voices of the people. （同志社女大）	マスメディアは，国民の声に耳を傾けないことでその政治家を非難した。
Nancy <u>punished</u> herself <u>for</u> having been too strict with her students the previous day. （千葉大）	ナンシーは，前日生徒たちに厳しくしすぎたことで自分を責めた。
I hope you will <u>forgive</u> me <u>for</u> having kept you waiting for such a long time. （県立広島大）	あなたをこんなに長い時間待たせたことについて私を許していただけるとよいのですが。
The incident <u>deprived</u> the couple <u>of</u> their happy home life. （同志社女大）	事故はその夫婦から幸せな家庭生活を奪った。
Worry and stress <u>rob</u> us <u>of</u> our youthful energy and vitality. （尾道市大）	心配とストレスは私たちから若々しいエネルギーと活力を奪う。
I'm completely <u>cured of</u> the bad cold I was suffering from for some time. （横浜市大）	しばらく苦しんでいたひどい風邪が完全に治った。
The girl <u>accused</u> her old friend <u>of</u> spreading rumors about her. （立教大）	その少女は，自分に関するうわさを広めたことで旧友を非難した。
We <u>suspected</u> the boy <u>of</u> having hidden his classmate's book on purpose. （上智大）	私たちはわざと級友の本を隠したことについてその少年を疑った。

assúre *A* of *B*	**A(人)に B(物・事)を請け合う [保証する]**
☐☐ 509	▶ assure *A* that ... と書き換え可能なこともある。

5　動詞＋*A*＋その他の前置詞＋*B*

transfórm *A* [into / to] *B*	**A を B に変える[変質させる]**
☐☐ 510	🔲 turn *A* into *B* →110, change *A* into *B*
	▶ いずれのニュアンスでも into を使うことが多い。

tálk *A* ìnto *B*	**A(人)を説得して B をさせる**
☐☐ 511	🔲 persuade ～ to *do*
	▶「A(人)を説得して B をやめさせる」は、talk *A* out of *B*。

presént *A* with *B*	**A に B を贈る[与える]**
☐☐ 512	▶ 特に 🇬🇧 では、with を省略することもある。
	▶ present *B* to *A* の形もある。

diagnóse *A* as *B*	**A を B と診断する**
☐☐ 513	▶ 一般的には *A* に「病状」、*B* に「病名」がくる。*A* が「人」の場合もあり、その際は diagnose *A* as [with] *B* となる。
	▶ 受動態で使われることも多い。

stríke *A* as *B*	**A(人)に B の印象を与える**
☐☐ 514	🔲 impress *A* as *B*
	▶ 無生物主語構文で多く用いられる。
	▶ *B* には名詞・形容詞・分詞が入る。

congrátulate *A* [on / for] *B*	**B のことで A を祝う**
☐☐ 515	▶ for を使うのは 🇺🇸。

náme *A* àfter *B*	**A を B にちなんで名づける**
☐☐ 516	▶ 🇺🇸 では name *A* for *B* とも言う。

This system <u>assures</u> all citizens <u>of</u> the same medical treatments. (東京医大)	この制度はすべての国民に同じ医療を保証している。
I don't think it a good idea to try to <u>transform</u> Mars <u>into</u> a habitable planet. (神戸大)	私は火星を住むのに適した惑星に変えようとすることはよい考えだとは思わない。
We tried hard to <u>talk</u> Saki <u>into</u> joining our sports team, but it was in vain. (宇都宮大)	私たちは精一杯サキを説得して私たちの運動部に入部させようとしたが，だめだった。
The old students of the retiring teacher <u>presented</u> her <u>with</u> a gold watch. (実践女大)	退職する教師の昔の生徒たちは彼女に金時計を贈った。
The doctor <u>diagnosed</u> my condition <u>as</u> the common cold. (同志社女大)	その医師は私の体調を普通の風邪と診断した。
The sunrise from the top of Mt. Fuji <u>struck</u> me <u>as</u> the most breathtaking scene I'd ever seen. (中央大)	富士山頂から見た日の出は私にそれまでに見た中で最もすばらしい光景だという印象を与えた。
We gave a gift to Mary to <u>congratulate</u> her <u>on</u> her promotion. (南山大)	私たちは昇進のことでメアリーを祝うために贈り物をした。
The newly completed portion of the street was <u>named</u> <u>after</u> a well-known poet from the city. (法政大)	新しく完成した通りの一部は，その町出身の有名な詩人にちなんで名づけられた。

Section 4 ·動詞句④〈動詞＋名詞（＋前置詞）〉

1　動詞 + 名詞

màke ⎰ **an éffort** ⎱ **éfforts**

□□ 517

努力する

同 take pains → 895

▶ effort には every, great, special などいろいろな形容詞が付けられる。

---

màke wáy

□□ 518

道をあける

▶「～に道をあける」は，make way for ～。

例 make way for an ambulance
「救急車に道をあける」

---

lìve ⎰ **a ～ life** ⎱ **lèad**

□□ 519

～の生活をする

▶ "～" にはいろいろな形容詞が入る。

---

màke ⎰ **a** ⎱ **lìving** **èarn** ⎰ **one's** ⎱

□□ 520

生計を立てる

▶ 後には，現在分詞 doing のほかに as a writer などの句も続く。

---

tàke *one's* pláce

□□ 521

① 〔主語と one's が一致〕いつもの席に着く；特定の地位を占める

② 〔主語と one's が不一致〕～に取って代わる

▶ take the place of ～ の形にもなる。

---

tàke túrns

□□ 522

交代でする

▶ take turns の後には，*doing*（一般的），at [in] *doing*, to do のいずれも続けることが可能。
▶ turns は必ず複数形。 ●深める♪ P.228

〈動詞 + 名詞〉を中心とした熟語 32 個。522・527 などのように句の中に含まれる名詞が必ず複数形のものや，544 とその類似表現にも注目したい。

The most important thing is not to succeed but to <u>make</u> <u>an</u> <u>effort</u>. 〈東京経済大〉	最も大切なことは，成功することではなく<u>努力する</u>ことだ。
His family was forced to leave their home to <u>make</u> <u>way</u> for the construction of a new road. 〈成蹊大〉	彼の家族は新しい道路の建設にあたって<u>道をあける</u>ために強制的に家屋を立ち退かされた。
We'll <u>live</u> <u>a</u> full and happy <u>life</u> if we can pursue things which we think are important. 〈尾道市大〉	自分たちが大切だと考えることを追求できれば，私たちは充実した幸せな<u>生活を送る</u>だろう。
A long time ago, my uncle <u>made</u> <u>a</u> <u>living</u> selling marine products in the surrounding area. 〈明治大〉	私のおじは昔，周辺地域で海産物を売って<u>生計を立てていた</u>。
① Welcomed by warm applause, she appeared on the stage and <u>took</u> <u>her</u> <u>place</u> at the piano. 〈上智大〉	①彼女は温かい拍手に迎えられてステージに現れ，ピアノの<u>いすに座った</u>。
② Takao, a taxi driver, isn't worried about self-driving cars <u>taking</u> <u>his</u> <u>place</u> anytime soon. 〈慶大〉	②タクシー運転手であるタカオは，自動運転の車が近いうちに彼に<u>取って代わる</u>ことについては心配していない。
My mother and I <u>took</u> <u>turns</u> looking after my father when he was in hospital. 〈玉川大〉	母と私は，父が入院中，父の世話を<u>交代でした</u>。

tàke 〔 a chánce / chánces 〕 □□ 523	思い切ってやってみる；賭ける 圓 take a risk [risks] → 526 ▶「〜に賭ける」は，take a chance on 〜。
tàke shápe □□ 524	(はっきりした)形をとる 参考 具体化したものが「定着する，根付く」は，take root [hold]。
tàke 〔 hàve 〕 a séat □□ 525	着席する 圓 be seated, seat oneself ▶ sit down より堅い表現。 参考 動詞としての seat は他動詞であるから，自動詞的に使うには 圓 のように受動態にするか再帰代名詞 oneself が必要。
tàke 〔 a rísk / rísks 〕 □□ 526	(あえて)危険を冒す；賭ける 圓 take a chance [chances] → 523 ▶「…する危険を冒す」は，take the risk of doing。 ▶ run a risk [risks] は「(結果として)危険を冒すことになる[恐れがある]」。
shàke hánds □□ 527	握手する ▶ hands は必ず複数形。→深める！ P.228 ▶「〜と握手する」は，shake hands with 〜。
chànge hánds □□ 528	持ち主が変わる ▶ hands は必ず複数形。→深める！ P.228
hàve a sáy (in 〜) □□ 529 →深める！ P.280	(〜に)発言権[発言力]を持つ ▶ say は名詞で，冠詞 a のほかに one's などが付く。 参考 have the (final) say (in[on] 〜)は「(〜に)(最終的な)決定権を持つ」。
hàve 〔 gèt 〕 one's (òwn) wáy □□ 530	思い通りにする 圓 have it [things / everything] one's (own) way

I'll **take a chance** and take the entrance exam to the university next year. (学習院大)	私は思い切って来年その大学の入学試験を受けてみるつもりだ。
A new plan for the research has begun to **take shape** in my mind. (中央大)	その研究の新しい計画が頭の中で形になり始めた。
Trent has just arrived to class late and hurriedly **taken a seat** next to Tanya. (中部大)	トレントはたった今授業に遅れて到着し，急いでターニャの隣に着席したところだ。
If you want to be successful in business, you must be willing to **take a few risks**. (愛知県大)	ビジネスで成功したければ，あなたは進んで多少の危険を冒さなければならない。
I wonder how many countries there are in the world where people **shake hands** in greeting. (東京電機大)	人々があいさつをする際に握手する国は世界にどのくらいあるのだろう。
The hotel which had been closed for some time is said to have **changed hands**. (北九州市大)	しばらく閉まっていたそのホテルは持ち主が変わったと言われている。
More stockholders want to **have a say in** the running of their companies these days. (北九州市大)	最近では会社の運営について発言権を持ちたいと思う株主が増えている。
She tends to get cross when she can't **have her own way**. (福岡教育大)	彼女は思い通りにすることができないときは不機嫌になりがちだ。

189

keep／hold one's témper □□ 531	冷静さを保つ 同 control [contain / restrain] oneself 反 lose one's temper「冷静さを失う」

2　動詞 ＋ 名詞 ＋ 前置詞

tàke advántage of ～ □□ 532	～を利用する；～につけ込む 同「～を利用する」make use of ～ ➡ 534, avail oneself of ～, capitalize on ～ ▶ 後者のように悪い意味もある点に注意。

tàke contról of ～ □□ 533	～を制御[管理・支配]する 反 lose control of ～「～を制御[管理・支配]できなくなる」 ▶ take の代わりに gain, get, have なども使う。 参考 under control は「制御[抑制]されて」, out of control は「制御しきれなくなって」。

màke úse of ～ □□ 534	～を利用する 同 take advantage of ～ ➡ 532, avail oneself of ～, capitalize on ～ ▶ use [juːs] は名詞。use の前には good, the best, little, no などの形容詞が入ることも多い。

màke fún of ～ □□ 535	～をからかう 同 ridicule, make sport of ～ ▶ 受動態の場合でも of を落とさない（例文）。

màke fríends with ～ □□ 536	～と親しくなる ▶ friends は必ず複数形。●深める✓ P.228

màke múch of ～ □□ 537	～を重要視する；〔否定文で〕～を理解する ▶「～を重要視する」から発展して,「～をちやほやする」の意味にもなる。

It is not always easy to keep one's temper.

(愛知学院大)

冷静さを保つのは必ずしも簡単とは限らない。

During your stay here, you can take advantage of a library, if you want to.

(福岡大)

ここに滞在中は，希望するなら図書館を利用してもいいですよ。

The city gradually began to take control of the situation after the damage by the flood.

(成蹊大)

市は次第に洪水の被害後の状況を制御し始めた。

Today more employers are letting workers make use of flextime and telework.

(法政大)

*flextime [flékstàim] 「フレックスタイム制，自由勤務時間制 (flexible time より)」

今日，ますます多くの企業主は従業員がフレックスタイム制とテレワークを活用することを許可している。

Do you know why Tom was made fun of at school?

(白百合女大)

トムがどうして学校でからかわれたのか知っていますか。

My niece, who is a first grader, wants to make friends with everyone in her class.

(名城大)

私のめいは小学1年生だが，クラス全員と仲良くなりたがっている。

I think the news media are making too much of the results of the latest health study.

(関西学院大)

報道機関は最新の健康に関する調査結果を重要視しすぎていると思う。

hàve dífficulty (in) *doing* □□ 538	**…するのが困難である, 苦労しながら…する** 回 have a hard time (in) *doing*, have trouble (in) *doing* ▶ 通例 in は付けない。後に名詞が続けば in は with になる。 ▶ difficulty には great, no などいろいろな形容詞も付く。
hàve áccess to ~ □□ 539	**~を利用できる；~に近づける** ▶ 文脈に応じて「~が手に入る；~と面会できる」など, いろいろな意味になる。 ▶ have のほかに get, gain なども使う。 ▶ have easy access to ~ のように access には形容詞も付く。
hàve an ⌈ínfluence / efféct⌋ on ~ □□ 540	**~に影響を与える** ▶ influence[effect]にはいろいろな形容詞が付く。 ▶ have の代わりに exercise, exert などの動詞もよく使われる。
hàve a líking for ~ □□ 541	**~を好む** ▶ take a liking to ~ は「~が好きになる」(= take to ~ → 401②)。
gìve ríse to ~ □□ 542	**~を引き起こす[生む]**
gìve bírth to ~ □□ 543	**~を産む；~の原因になる**

I <u>had</u> <u>difficulty</u> focusing on studying because I wanted to watch my favorite movie on TV. （青山学院大）	私はテレビで好きな映画を見たかったので、勉強に集中する<u>のが困難だった</u>。
According to statistics, some 2.1 billion people worldwide don't <u>have</u> <u>access to</u> safe water at home. （電気通信大）	統計によれば、世界中で21億人ほどが家庭で安全な水<u>を利用できない</u>。
The stories we read as children can <u>have</u> <u>a</u> strong <u>influence</u> <u>on</u> how we think and behave. （聖心女大）	私たちが子供のときに読む物語は、私たちの考え方や行動の仕方に強い<u>影響を与える</u>可能性がある。
I told the curator that I <u>had</u> <u>a</u> great <u>liking</u> <u>for</u> paintings done in the *ukiyo-e* style. （清泉女大） *curator [kjuəréitər]「(美術館などの)学芸員, 館長」	私は学芸員に、自分は浮世絵の画法で描かれた絵画<u>を非常に好んでいる</u>と言った。
It is feared the worsening air quality will <u>give</u> <u>rise</u> <u>to</u> many fundamental health problems. （日本女大）	大気の質の悪化は多くの根本的な健康問題<u>を引き起こす</u>恐れがある。
Statistics show that Japanese women <u>give</u> <u>birth</u> <u>to</u> fewer than two children in their lifetime. （法政大）	統計は日本人女性が生涯で2人未満の子供を<u>産む</u>ことを示している。

find *one's* **wáy** 　　　　　　　**to ～** □□ 544 **➡深める!**	**〜へたどり着く，〜まで道を探し ながら進む** ▶ find *one's* way だけでも使う。
kèep an éye on ～ □□ 545	**〜に気をつけている，〜から目を 離さない** 📖 take care of ～ ➡ 101, 　　look after ～ ➡ 294 ▶ eye には close, careful などいろいろな形容詞 が付くことも多い。
fàll víctim to ～ □□ 546	**〜の犠牲[餌食]になる** 📖 become a victim of ～
càtch síght of ～ □□ 547	**〜を見つける[見かける]** ▶ catch のほかに get, have も使われる。
pùt ⎧**émphasis**⎫ ⎧**on** ⎫ **～** 　　⎩**stréss**　⎭ ⎩**upòn**⎭ □□ 548	**〜を強調[重視]する** 📖 place[lay] stress on[upon] 　　～

深める!　find *one's* **way to ～**（544）と類似の表現

〈特定の他動詞＋*one's* way（＋副詞句）〉は，「…しながら進む」の意味を表す英語的
な表現である。いくつかの例を挙げておく。

・ elbow *one's* way「押し分けて進む」
・ feel[fumble] *one's* way「手探りで進む」

I didn't have any trouble **finding my way to** the hotel. （東京理科大）	私はホテル<u>へたどり着く</u>のにまったく苦労しなかった。
We have to **keep an eye on** obesity because it can lead to a range of health problems. （小樽商大） *obesity [oʊbíːsəti]「肥満」	さまざまな健康問題を引き起こす可能性があるので，私たちは肥満<u>に気をつけ</u>なければならない。
During the epidemic, poorer children of the world **fell victim to** the disease very easily. （日本医大）	伝染病の流行中に世界のより貧しい子供たちがいともたやすくその病気<u>の犠牲</u>になった。
I recognized Mary as soon as I **caught sight of** her at the airport. （岐阜大）	私は空港でメアリー<u>を見かける</u>とすぐに彼女だとわかった。
Prof. Smith **put emphasis on** speaking practice in his English lessons last year. （共立女大）	スミス教授は昨年の彼の英語の授業ではスピーキング練習<u>を重視した</u>。

- force *one's* way「強引に進む」
- inch *one's* way「少しずつ進む」
- pick *one's* way「（水たまりなどのある中で）道を選びながら進む」
- snake *one's* way「くねりながら進む」
- push *one's* way「押しのけて進む」
- work *one's* way through college「働きながら大学を出る」

Section 5　動詞句⑤ 〈be動詞＋形容詞＋前置詞〉

1　be動詞 ＋ 形容詞 ＋ to

_be_ reláted to ～ □□ 549	**～と関係がある；～と姻戚関係がある** 🔁 _be_ connected to [with] ～ ▶ 前置詞が with ではなく to である点に注意。
_be_ símilar to ～ □□ 550	**～に似ている** 🔁 _be_ analogous [ənǽləgəs] to [with] ～ 🔁 _be_ different from ～ → 21, 　 _be_ dissimilar to [from] ～「～と似ていない」
_be_ súbject to ～ □□ 551	**～を受けやすい；～に服従している** ▶ 文脈に応じていろいろな訳し分けが必要な厄介な熟語。 参考 _be_ subjected to ～ は「～ (不快な経験など) を受ける，～にさらされる」の意味。この subjected は動詞 subject [səbdʒékt] の過去分詞で発音が異なる。
_be_ supérior to ～ □□ 552	**～より優れている** ▶「～より」は，than ～ ではなく to ～。 ➡深める！
_be_ sénsitive to ～ □□ 553	**～に敏感である** 🔁 _be_ insensitive to ～「～に鈍感である」 ▶「神経質だ，気にしすぎだ」の意味では，_be_ sensitive about ～ も使う。

深める！　_be_ superior to ～(552) と類似の表現

superior のようなラテン語由来と言われる形容詞では，than の代わりに to が使われる。同様の例は次のとおり。

・ _be_ inferior to ～「～より劣っている」

〈be動詞＋形容詞＋前置詞〉の熟語 36 個を集めた。形容詞のアクセントにも注目しよう。551 の subject は品詞が違えば発音・アクセントも異なる。

We can't deny the fact that our facial expressions <u>are</u> closely <u>related to</u> emotions. （鳥取大）	私たちの顔の表情は感情<u>と</u>密接な<u>関係がある</u>という事実を否定できない。
The human body <u>is similar to</u> most plants in that it is designed to be active during the day. （立教大） *in that ...「…の点で」→ 760	ヒトの体は，日中活発であるように設計されているという点で，ほとんどの植物<u>に似ている</u>。
If you are under the impression that only the students of four-year schools <u>are subject to</u> debt, think again. （関西外大）	もしあなたが 4 年制学校の学生だけが負債を<u>負いやすいと</u>思い込んでいるなら，考え直しなさい。
Mr. Kato <u>is superior to</u> anyone in the company in his English ability. （専修大）	加藤さんは英語の能力においては会社の誰<u>よりも優れている</u>。
It is very important for all of us to <u>be</u> more <u>sensitive to</u> the feelings of others. （早大）	他人の気持ちにもっと<u>敏感である</u>ことは私たち皆にとってとても重要だ。

· *be* senior to ～「～より先輩[上位]である」
  * 「～の 2 歳年上」のように「年齢」を比較する場合には，*be* two years ～'s senior や *be* older than ～ by two years が普通。
· *be* prior to ～「～より前である」→ 206
· *be* anterior to ～「～より前方[以前]である」
· *be* posterior to ～「～より後方[以後]である」

_be_ accústomed to ~ □□ 554	**~に慣れている** 圓 _be_ used to ~ → 673 ▶ to の後には(動)名詞や _do_ が続けられるが，(動)名詞を使うのが一般的。 ▶「~に慣れる」の意味では，_be_ の代わりに get, become, grow などを使う。 参考 _be_ used to ~ のほうが _be_ accustomed to ~ より口語的。
_be_ cóntrary to ~ □□ 555	**~に反している** ▶ 文頭で〈Contrary to ~, S＋V〉の形で副詞的に使うこともある(例文)。
_be_ indífferent $\begin{bmatrix} \text{to} \\ \text{towàrd(s)} \end{bmatrix}$ ~ □□ 556	**~に無関心[無頓着]である**
_be_ préferable to ~ □□ 557	**~より好ましい[優れている]** ▶ preferable 自体が比較の意味を持つため, more preferable とはしない。
_be_ dédicated to ~ □□ 558	**(仕事・目的など)に打ち込んでいる** 圓 _be_ committed to ~ → 833, 　 _be_ involved in ~ → 562
_be_ pecúliar to ~ □□ 559	**~に特有である** 圓 _be_ unique to ~, 　 _be_ native to ~, 　 _be_ particular to ~, 　 _be_ specific to ~
_be_ próne to ~ □□ 560	**~になりやすい** 圓 _be_ liable to ~ → 835 ▶ 好ましくない状況に用いられる。 ▶ _be_ prone to _do_ は「…しがちである」。

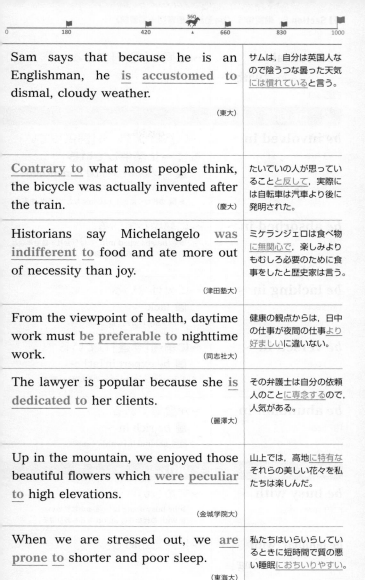

Sam says that because he is an Englishman, he **is accustomed to** dismal, cloudy weather.

(東大)

サムは，自分は英国人なので陰うつな曇った天気には慣れていると言う。

Contrary to what most people think, the bicycle was actually invented after the train.

(慶大)

たいていの人が思っていることと反して，実際には自転車は汽車より後に発明された。

Historians say Michelangelo **was indifferent to** food and ate more out of necessity than joy.

(津田塾大)

ミケランジェロは食べ物に無関心で，楽しみよりもむしろ必要のために食事をしたと歴史家は言う。

From the viewpoint of health, daytime work must **be preferable to** nighttime work.

(同志社大)

健康の観点からは，日中の仕事が夜間の仕事より好ましいに違いない。

The lawyer is popular because she **is dedicated to** her clients.

(麗澤大)

その弁護士は自分の依頼人のことに専念するので，人気がある。

Up in the mountain, we enjoyed those beautiful flowers which **were peculiar to** high elevations.

(金城学院大)

山上では，高地に特有なそれらの美しい花々を私たちは楽しんだ。

When we are stressed out, we **are prone to** shorter and poor sleep.

(東海大)

私たちはいらいらしているときに短時間で質の悪い睡眠におちいりやすい。

199

be idéntical $\begin{bmatrix} \text{to} \\ \text{with} \end{bmatrix}$ ~ □□ 561	～と同じ[同一]である

2 be動詞 ＋ 形容詞 ＋ in

be invólved in ~ □□ 562	～に携わっている[関係している]；～に熱中している 回「～に関係している」*be* concerned with[in] ~ → 246 ▶ *be* の代わりに get, become などで「動作」を表す。
be absórbed in ~ □□ 563	～に熱中している 参考 *be* absorbed into ~ は「(会社・自治体などが)～に吸収[合併]される」。
be lácking in ~ □□ 564	～に欠けている 回 lack ▶ lacking は分詞ではなく形容詞。
be vérsed in ~ □□ 565	～に精通[熟達]している 回 *be* expert in[at] ~ ▶ *be* well versed in ~ の形が多い(例文)。
be abúndant in ~ □□ 566	～が豊富である 回 *be* rich in ~ 参考 abound in[with] ~ → 58

3 be動詞 ＋ 形容詞 ＋ with

be búsy with ~ □□ 567	～で忙しい ▶ *be* busy *doing* は「…するのに忙しい」。 ▶ with の代わりに at, on などもあり得る。
be pópular $\begin{bmatrix} \text{with} \\ \text{amòng} \end{bmatrix}$ ~ □□ 568	～に人気がある

This proposal **is** almost **identical to** the one our group made a couple of months ago. (関西学院大)

この提案は数か月前に私たちのグループがしたものとほとんど同じものだ。

My father has long **been involved in** a campaign to prevent power harassment. (椙山女学園大)

私の父は長いことパワハラ防止の運動に携わっている。

The student **was** so **absorbed in** a book that he didn't seem to hear me. (日本大)

その生徒は本に熱中していたので，私の言うことが聞こえないようだった。

He says he **is** still **lacking in** confidence in speaking English. (上智大)

彼はいまだに英語を話すのには自信がないと言う。

Prof. Smith, who is from the USA, **is** well **versed in** Japanese literature, especially novels. (早大)

アメリカ出身のスミス教授は，日本文学，特に小説に精通している。

Seaweeds, frequently used in Japanese cooking, **are abundant in** vitamins and minerals. (筑波大)

日本料理で頻繁に使われる海藻にはビタミンとミネラルが豊富である。

My father had always **been** too **busy with** his work until this year. (関西大)

私の父は今年まではずっと仕事で忙しすぎた。

While waiting, I visited a nearby wine bar that **was popular with** English residents of Paris. (同志社女大)

待っている間，私はパリ在住のイギリス人に人気がある近くのワインバーを訪れた。

be equipped with ～ ☐☐ 569	**～を備えている** ▶「教育・才能」などの抽象的なものを「備えている」場合にも使える。(＝ *be* blessed with ～, *be* gifted with ～「～に恵まれている」)
be [content / conténted] with ～ ☐☐ 570	**～に満足している** ▶ *be* satisfied with ～「～に(完全に)満足している」→ 26 と異なり、こちらは「(自分を意識的に納得させて)満足している」の意味。
be confrónted [with / by] ～ ☐☐ 571	**(困難・問題など)に直面している** 圖 *be* faced with ～
be acquáinted with ～ ☐☐ 572	**～に精通している；～と知り合いである** ▶「～と知り合いになる」の意味では、*be* の代わりに get, become などを使う。

4　be動詞＋形容詞＋of

be characterístic of ～ ☐☐ 573	**～に特有である；いかにも～らしい** 圖 *be* typical of ～
be wórthy of ～ ☐☐ 574	**～に値する[ふさわしい]** ▶ *be* worthy to *do* もときに使われる。 例 *be* **worthy to** be remembered「記憶に値する」
be ígnorant of ～ ☐☐ 575	**～を知らない**
be cónfident [of / abòut] ～ ☐☐ 576	**～を確信している** 圖 *be* sure of [about] ～ → 18, *be* convinced of ～ → 579 ▶ *be* confident that ... と節も続く。

All of our rooms <u>are equipped with</u> an air conditioner, a small refrigerator, and free Wi-Fi. （東京電機大）	私どもの部屋はすべて，エアコンと小さな冷蔵庫，無料Wi-Fiを<u>備えています</u>。
They loved each other and <u>were content with</u> what little they had. （畿央大）	彼らは互いに愛し合っており，少ないながらもあるもので<u>満足していた</u>。
In an economic recession after the disaster, his company <u>was confronted with</u> new challenges. （京都府医大）	災害後の経済不況で，彼の会社は新たな難題に<u>直面していた</u>。
Count on him; he <u>is acquainted with</u> all the local customs. （早大）	彼を頼りにしなさい。彼は地元のあらゆる慣習に<u>精通している</u>から。
Sliding doors <u>are characteristic of</u> the traditional Japanese architecture. （熊本県大）	引き戸は伝統的な日本建築に<u>特有のものである</u>。
Yuta got first prize in the contest, but later wondered if he <u>was worthy of</u> the prize. （関東学院大）	ユウタはコンテストで1位になったが，後になって自分はその賞に<u>ふさわしい</u>だろうかと思った。
He <u>was</u> completely <u>ignorant of</u> her good intention until the last moment. （同志社大）	彼は最後の瞬間までまったく彼女の善意を<u>知らなかった</u>。
My grandfather says he's fully <u>confident of</u> my success in the exam next year. （同志社女大）	祖父は来年の試験での私の合格を心から<u>確信している</u>と言う。

be considérate $\begin{bmatrix} \text{of} \\ \text{to} \end{bmatrix}$ ~ □□ 577	～に対して思いやりのある ▶ It is considerate of ~ to *do*. は「…するとは～は思いやりがある」。
be guílty of ~ □□ 578	～について有罪である, ～を犯している 反 *be* innocent of ~「～について無罪[潔白]である」
be convínced of ~ □□ 579	～を確信している 同 *be* sure of[about] ~ →18, *be* confident of[about] ~ →576 ▶ *be* convinced that ... と節も続く。
be tólerant of ~ □□ 580	～に対して寛大である 反 *be* intolerant of ~「～に不寛容である」 ▶ ときに *be* tolerant to[toward] ~ も使われる。
be wáry of ~ □□ 581	～に用心深い 同 *be* careful of ~, *be* cautious about[of] ~

5 be動詞＋形容詞＋その他の前置詞

be súitable $\begin{bmatrix} \text{for} \\ \text{to} \end{bmatrix}$ ~ □□ 582	～に適している；(目的など)に合っている 同 *be* fit for ~ ▶ *be* suitable to *do* もある。
be gráteful (to *A*) for *B* □□ 583	*B* のことで(*A* に)感謝している 同 *be* appreciative of *B*, *be* (greatly) indebted (to *A*) for *B*
be partícular $\begin{bmatrix} \text{abòut} \\ \text{òver} \end{bmatrix}$ ~ □□ 584	～についてやかましい[気難しい] ▶ 疑問詞節の前では about や over は省略もあり得る。 ▶ *be* particular to ~「～に特有な」と区別する。

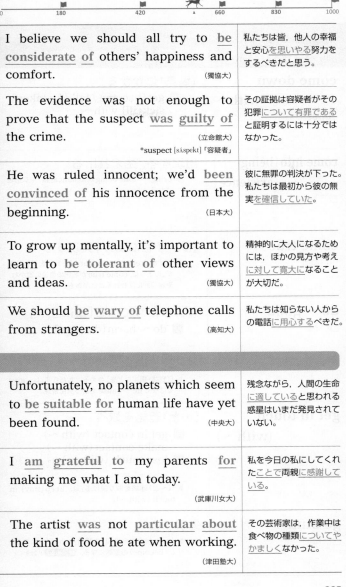

I believe we should all try to **be considerate of** others' happiness and comfort. （獨協大）	私たちは皆，他人の幸福と安心を思いやる努力をするべきだと思う。
The evidence was not enough to prove that the suspect **was guilty of** the crime. （立命館大） *suspect [sʌ́spekt]「容疑者」	その証拠は容疑者がその犯罪について有罪であると証明するには十分ではなかった。
He was ruled innocent; we'd **been convinced of** his innocence from the beginning. （日本大）	彼に無罪の判決が下った。私たちは最初から彼の無実を確信していた。
To grow up mentally, it's important to learn to **be tolerant of** other views and ideas. （獨協大）	精神的に大人になるためには，ほかの見方や考えに対して寛大になることが大切だ。
We should **be wary of** telephone calls from strangers. （高知大）	私たちは知らない人からの電話に用心するべきだ。
Unfortunately, no planets which seem to **be suitable for** human life have yet been found. （中央大）	残念ながら，人間の生命に適していると思われる惑星はいまだ発見されていない。
I **am grateful to** my parents **for** making me what I am today. （武庫川女大）	私を今日の私にしてくれたことで両親に感謝している。
The artist **was** not **particular about** the kind of food he ate when working. （津田塾大）	その芸術家は，作業中は食べ物の種類についてやかましくなかった。

205

còme dówn with ～ ☐☐ 585	**(病気)にかかる** 同 get[become / fall / be taken] sick[ill] with ～
còme into [béing / exístence] ☐☐ 586	**出現する, 生まれ出る** ▶ bring ～ into being[existence] は「～を出現させる」。
còme trúe ☐☐ 587	**(夢・予言などが)実現する** ▶ It's a dream come true. 「それは実現した夢だ」のように, come true が名詞の直後に置かれ, 形容詞的に使われることがある。
dò ～ góod ☐☐ 588	**(人)のためになる[役に立つ]** 反 do ～ harm[damage] 「(人)に害を与える」 ▶ (S)VOO の文構造。good は名詞で, 形容詞も付く。 ▶ 「(利益・損害などを)与える, もたらす」は, give ではなく do や cause を使う点に留意。
gèt in tóuch (with ～) ☐☐ 589	**(～と)連絡を取る** 同 get in contact (with ～), make contact (with ～) 反 lose touch (with ～) 「(～との)連絡がなくなる」 ▶ 「(～と)連絡を取り続ける」は, keep[stay] in touch (with ～)。
gò blínd ☐☐ 590	**失明する** ▶ 〈go + 特定の形容詞〉の場合, go は「～になる」(= become)の意味になる。 ➡深める❗ P.228

ここで集めたのは，形に注目すると覚えやすい雑多な形の動詞句 13 個。互いの連係性がなく攻略しにくいが，頑張ろう。587・590 は (S)VC の文構造。

To make matters worse, his wife <u>came down</u> <u>with</u> a bad cold at about the same time. (芝浦工大)	さらに悪いことに，彼の妻がほぼ同じ時期にひどい風邪<u>にかかった</u>。
Modern photography as we know it <u>came</u> <u>into</u> <u>being</u> around the year 1865. (日本大)	私たちが知っている現代の写真技術は1865年ごろ<u>出現した</u>。
I know he's made tremendous efforts to make his dream <u>come true</u>. (東洋英和女学院大)	私は彼が夢を<u>実現させる</u>ためにものすごい努力をしてきたことを知っている。
Getting regular exercise like taking a walk every day will definitely <u>do</u> you a lot of <u>good</u>. (中央大)	毎日散歩をするといった定期的な運動をすることは，必ず大いにあなた<u>のためになる</u>だろう。
Please tell him to <u>get in touch with</u> me as soon as possible. (神戸大)	できる限り早く私に<u>連絡する</u>ように彼に伝えてください。
Helen Keller <u>went blind</u> and deaf from an unknown illness when she was 19 months old. (名城大)	ヘレン・ケラーは生後19か月のときに未知の病気で<u>失明し</u>，聴覚も失った。

hàve *A* in cómmon (with *B*) ☐☐ 591	(B と)共通に A を持っている
[kèep] [bèar] ~ in mínd ☐☐ 592	~を心にとどめておく[忘れない] ▶ "~" が節で長い場合には, keep [bear] (it) in mind ... の語順にもなる。
lòok báck [on] [upòn] ~ [to] ☐☐ 593	~を回顧[回想]する ▶「振り向いて（具体的な物）を見る」の意味では, look back at ~ にもなる。
máke it ☐☐ 594	成功する, うまくやる；間に合う；出席する ▶ 文脈に応じていろいろな意味になる。
pùt ~ into [práctice] [operátion] ☐☐ 595	~を実行[実施]する ▶ "~" が長い場合には, put into practice [operation] ~ の語順にもなる。
sìgn úp for ~ ☐☐ 596	(受講など)の届け出をする；~に加わる ▶「署名して」や「名簿に名前を加えて」の意味を含む。
tàke ~ by surpríse ☐☐ 597	~を驚かす；~の不意を打つ ▶ *be* taken by surprise の受動態もよく使われる。

The two women are good friends though they <u>have</u> very little <u>in common with</u> each other. (日本女大)	その2人の女性は互いに<u>共通している点</u>はほとんどないが，親友だ。
We should <u>keep</u> this <u>in mind</u>: alcohol should be kept out of the hands of the young. (慶大)	私たちはこれ<u>を心にとどめておく</u>べきだ。酒が若者の手に届かないようにしておくべきだということを。
We can't <u>look back on</u> our childhood without feeling how happy we were in those days. (近畿大)	子供時代<u>を回想する</u>ときは必ず，当時いかに幸せだったかを思わずにはいられない。
Although I'd never skied before, I <u>made it</u> all the way down the mountain. (慶大)	私はそれまでスキーをしたことはなかったが，山をずっと下まで降りるのに<u>成功した</u>。
The manager suggested that they <u>put</u> the new project <u>into practice</u> right away. (獨協大)	部長は，彼らがすぐにその新しいプロジェクト<u>を実行する</u>ことを提案した。
More people are beginning to <u>sign up for</u> universities' online programs these days. (東京経大)	最近では，より多くの人々が大学のオンライン講座<u>に登録し</u>始めている。
The news that a boy had successfully swum across the bay <u>took</u> us all <u>by surprise</u>. (中央大)	少年がその湾を見事に泳いで渡ったというニュースは私たち全員<u>を驚かせた</u>。

Section 7　前置詞句〈前置詞で始まる熟語〉

1　in で始まる熟語

in térms of ～ □□ 598	**～の観点から；～に換算して** ▶ 文脈に応じて、「～の立場から；～の言葉で；～によって」などと訳し分ける。
in cóntrast $\begin{bmatrix} \text{to} \\ \text{with} \end{bmatrix}$ **～** □□ 599	**～と著しく違って；～と対照をなして** ▶ by contrast to [with] ～ とも言う。
in dánger of ～ □□ 600	**～の危険があって** 🔟 in peril of ～
in néed of ～ □□ 601	**～を必要として** 参考 could do with ～ は「(口語で)～を必要としている，～があればありがたい」➡ 369①。
in respónse to ～ □□ 602	**～に応じて[答えて]** 🔟 in answer to ～
in fávor of ～ □□ 603	**～に賛成して；～のほうを選んで** 参考 in ～'s favor は「～(人)に有利に」。
in (the) fáce of ～ □□ 604	**～に直面して；～にもかかわらず** 🔟 「～にもかかわらず」despite, notwithstanding

ここでは 27 個の前置詞句を集めた。599・600・601・612 など，句の末尾の前置詞以降を省略すれば，形容詞句・副詞句として用いられるものもある。

In terms of population, our prefecture is the fourth largest in the country.

（福島大）

人口の観点では，私たちの県は全国で 4 番目の多さだ。

Today one in five adults over 25 has never been married, **in contrast to** roughly one in ten in 1950.

（一橋大）

1950年のほぼ10人に 1 人と違って，今日では25歳以上の成人の 5 人に 1 人が結婚の経験がない。

With the level of the oceans rising, this island is **in danger of** disappearing under the water.

（京都産業大）

海水位の上昇に伴い，この島は水面下に消えるという危険にさらされている。

With more foreigners living in Japan, more children are **in need of** language support.

（鹿児島大）

日本に住む外国人が増えているので，より多くの子供たちが言語の支援を必要としている。

In response to your request, we're sending these packages at our expense.

（青山学院大）

あなたのご要望に応じて，私どもの負担でこれらの小包をお送りします。

The latest research has found that most people are **in favor of** using more solar energy.

（愛知学院大）

最新の調査で，ほとんどの人が太陽エネルギーをもっと利用することに賛成しているとわかった。

The government had to change its original plan **in the face of** strong criticism from the public.

（福岡大）

政府は国民の激しい批判に直面して当初の計画を変更しなければならなかった。

211

in chárge of ～ □□ 605	**～を預かって[管理して]** ▶「～を預かる[管理する]」は, take charge of ～。
in relátion to ～ □□ 606	**～と比べて；～に関連して** 圓 relative to ～； 「～に関連して」as to ～ → 360, with [in] regard to ～ → 624, as regards ～, with reference [respect] to ～ 参考 圓 はやや大げさな表現。「～に関連して」は about, concerning などでも代用できる。
in pláce of ～ □□ 607	**～の代わりに** 圓 instead of ～ ▶ in ～'s place にもなるが, これは「～の代わりに」 のほかに「(人)の立場になって」の意味にもなる。
in the présence of ～ □□ 608	**～のいるところ[面前]で** ▶ in ～'s presence の形になることも多い。
in hónor of ～ □□ 609	**～に敬意を表して；～のために** ▶ in ～'s honor となることもある。
in (the) líght of ～ □□ 610	**～から見て；～を考慮して** 圓 「～を考慮して」in view of ～, in consideration of ～ ▶ 奥 では無冠詞。 ▶ in this light は「この観点から」の意味。
in hármony with ～ □□ 611	**～と調和[一致]して** 反 out of harmony with ～ 「～と調 和[一致]しないで」

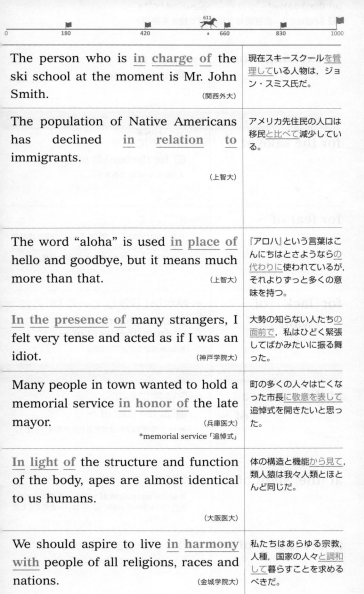

The person who is <u>in charge of</u> the ski school at the moment is Mr. John Smith. (関西外大)	現在スキースクール<u>を管理している</u>人物は，ジョン・スミス氏だ。
The population of Native Americans has declined <u>in relation to</u> immigrants. (上智大)	アメリカ先住民の人口は移民<u>と比べて</u>減少している。
The word "aloha" is used <u>in place of</u> hello and goodbye, but it means much more than that. (上智大)	『アロハ』という言葉はこんにちはとさようなら<u>の代わりに</u>使われているが，それよりずっと多くの意味を持つ。
<u>In the presence of</u> many strangers, I felt very tense and acted as if I was an idiot. (神戸学院大)	大勢の知らない人たち<u>の面前で</u>，私はひどく緊張してばかみたいに振る舞った。
Many people in town wanted to hold a memorial service <u>in honor of</u> the late mayor. (兵庫医大) *memorial service「追悼式」	町の多くの人々は亡くなった市長<u>に敬意を表して</u>追悼式を開きたいと思った。
<u>In light of</u> the structure and function of the body, apes are almost identical to us humans. (大阪医大)	体の構造と機能<u>から見て</u>，類人猿は我々人類とほとんど同じだ。
We should aspire to live <u>in harmony with</u> people of all religions, races and nations. (金城学院大)	私たちはあらゆる宗教，人種，国家の人々<u>と調和して</u>暮らすことを求めるべきだ。

213

in exchánge for ～ ☐☐ 612	**～と交換に** 同 in return for ～

2　for で始まる熟語

for the sáke of ～ ☐☐ 613	**～のために** 同 for the benefit of ～ ▶ for ～'s sake の形も多い。
for féar of ～ ☐☐ 614	**～を恐れて** ▶ for fear (that) ... の形もある。この場合that節の中では will, would のほか, should, might も使われるが, 後の2語を使えば「文語調」になる。
for ⌈láck⌋ of ～ 　　⌊wánt⌋ ☐☐ 615	**～がない[不足している]ために** 同 through lack of ～, 　 from (the) want of ～ ▶ lack のほうがより一般的。

3　at で始まる熟語

at the expénse 　　　　**of ～** ☐☐ 616	**～を犠牲にして** 同 at the cost of ～ ▶「～の費用で」という文字どおりの意味でも使う。
at (the) síght of ～ ☐☐ 617	**～を見て** ▶ at the mere sight of ～ なら「～を見ただけで」。 参考 in [within] sight of ～ は「～の見えるところで」。
at the mércy of ～ ☐☐ 618	**～のなすがままになって** ▶ at ～'s mercy の形もある。

As a kid, I earned a small amount of money <u>in exchange for</u> walking a neighbor's dog. （上智大）	子供のとき，私は隣人の犬を散歩させること<u>と引き換えに</u>わずかな額のお金を稼いだ。

Many people insist coal-fired power plants be closed <u>for the sake of</u> the environment. （明治大） *coal-fired power plant(s)「石炭を燃料とする火力発電所」	環境<u>のために</u>石炭火力の発電所を閉鎖すべきだと主張する人は多い。

In the English conversation class, most of the students kept silent <u>for fear of</u> making mistakes. （高知大）	英会話の授業では，ほとんどの生徒が間違えること<u>を恐れて</u>黙っていた。

Many millions of people worldwide tend to get sick <u>for lack of</u> access to clean drinking water. （東京経大）	世界中で何百万もの人々がきれいな飲み水の入手方法<u>がないために</u>病気になる傾向がある。

The craftsman said that he couldn't increase quantity <u>at the expense of</u> quality. （慶大）	その職人は，質<u>を犠牲にして</u>量を増やすことはできないと言った。

My younger sister screamed loudly <u>at the sight of</u> a big cockroach in her room. （青山学院大）	私の妹は自分の部屋で大きなゴキブリ<u>を見て</u>，大きく悲鳴を上げた。

We seem to be <u>at the mercy of</u> the worsening effect of climate change. （立命館大）	私たちは気候変動の影響悪化<u>に翻弄されている</u>ように思える。

215

4　その他の前置詞で始まる熟語

as oppósed to ～ □□ 619	**～ではなく；～とは対照的に**
by méans of ～ □□ 620	**～を用いて, ～によって** 圓 with the help of ～, by [in] virtue of ～ ➡ 621 ▶ やや堅い句であるが，かなりの頻度で使われる。
(by／in) **vírtue of ～** □□ 621	**～のおかげで, ～によって** 圓 because of ～, by means of ～ ➡ 620 ▶ これもかなり堅い句。
(on／in) **behálf of ～** □□ 622	**～を代表して；～のために** ▶ on [in] ～'s behalf の形もある。
on (a／the) **chárge of ～** □□ 623	**～の容疑[罪]で** ▶ in charge of ～ ➡ 605 と区別しよう。
(with／in) **regárd to ～** □□ 624	**～に関して(は)** 圓 as to ～ ➡ 360, in relation to ～ ➡ 606, concerning, about

The speaker talked about the importance of reading **as opposed to** playing video games. (千葉大)	講演者はテレビゲームをすること<u>ではなく</u>読書の重要性について話した。
Today's lecture was on the possibility of getting rid of mosquitoes **by means of** genetic engineering. (日本大) *genetic engineering「遺伝子工学[組み換え]」	今日の講義は遺伝子工学<u>を用いて</u>蚊を駆除する可能性についてであった。
It was utterly **by virtue of** his daily efforts that he'd successfully passed the exam. (東京理科大)	彼が首尾よくその試験に合格したのは、まったく毎日の努力<u>のおかげ</u>であった。
On behalf of everyone on the team, I would like to express our thanks to you, Kate. (東京経大)	チーム全員<u>を代表して</u>，ケイト，あなたにお礼を申し上げたいと思います。
Johann Fichte was fired from the University of Jena in 1799 **on a charge of** atheism. (上智大) *Johann Fichte「ヨハン・フィヒテ(1762-1814，ドイツの哲学者)」， atheism [éiθiizm]「無神論」	ヨハン・フィヒテは1799年に無神論の<u>罪で</u>イエナ大学を解雇された。
The first change I would like to inform you of is **with regard to** the uniforms of our team. (愛知県大)	皆に伝えたい最初の変更点は，私たちのチームのユニフォーム<u>に関して</u>です。

217

Section 8　形容詞句・副詞句〈前置詞で始まる熟語〉

1　in で始まる熟語

in párt □□ 625	一部には；幾分(かは) 同 partly ▶ 例文の in part は，because of 以下の句全体を修飾している。
in túrn □□ 626	順々に；(立ち代わって)次に(は) ▶「順々に」の意味では in turns の形もある。 ▶「A が B に〜，そして次には B が C に〜」といった文脈でよく使われる。
in pláce □□ 627	あるべき場所に，きちんと整って；用意ができて 反 out of place「場違いで[の]，不適切で」 ▶ in place of 〜 → 607 と混同しない。
in práctice □□ 628	実際には 同 in fact → 148②, in reality → 152, in effect → 415① ▶ ほかに「(医者・弁護士などが)開業して」の意味も。
in demánd □□ 629	需要があって，必要とされて 参考 on demand は「請求[要求]がありしだい」。 参考 supply and demand は「需要と供給」。demand and supply とも言うが，前者が普通で日本語表現と順序が逆。
in the ⎡ **méantime** 　　　　⎣ **méanwhile** □□ 630	その間(に)；一方で，話は変わって ▶「その間に」の意味で，meantime [meanwhile] 1語を副詞としても使う。
in àll líkelihood □□ 631	十中八九，おおかた 同 most likely, nine times out of ten, in all probability

形に注目して覚えやすさを追求してきた Part 3 の最後は，形容詞句・副詞句の 36 個。ここまで来た諸君の実力には心棒が入ってきたことを疑わない。

This new research of ours is special **in part** because of the large amount of data collected. （関西大）	私たちのこの新しい研究は，1つには収集された大量のデータという点で特別だ。
The large family had just one table, so they had to eat **in turn**. （日本大）	その大家族にはテーブルが1つしかなく，順番に食事をしなければならなかった。
Sidney patted his breast pocket to make sure his wallet was **in place**. （早大）	シドニーは財布があるべき場所にあることを確認するために胸ポケットを軽くたたいた。
In philosophical terms, it may be so, but **in practice**, it isn't that simple. （慶大）	哲学の観点からはそうかもしれないが，実際にはそれほど単純ではない。
The singer became so popular that soon she was **in** great **demand** at all the TV networks. （群馬大）	その歌手は非常に人気が出たので，すぐにすべてのテレビ放送網から引っぱりだこになった。
Just relax for a while; **in the meantime**, I'll do the cooking. （慶大）	しばらくゆっくりしていてください。その間に，私は料理をしますから。
We think rapid expansion of our business will **in all likelihood** reduce short-term profits. （東京理科大）	私たちのビジネスの急速な拡張は，十中八九短期的な利益を減らすだろうと私たちは考えている。

219

2　at で始まる熟語

at wórk □□ 632	① 職場で；仕事中で[の]
	② 作用して；運転[作動]中で [の]
at rísk □□ 633	危険な状態で 園 in danger, at stake → 937, in jeopardy 参考 at one's own risk [peril]「〜の責任で」は、 「事故の際も当方は責任を負わない」の意味で 警告の掲示などに使われる。 例 You swim here **at your own risk** **[peril]**.「ここでの遊泳は自己責任で」
at a lóss □□ 634	途方に暮れて, 困って；損をして 園「途方に暮れて, 困って」at one's wit's end ▶ 疑問詞節が続く場合には前置詞は省略可能であ るから、例文の as to はなくてもよい。
at first síght □□ 635	一見したところでは；ひと目 [の] 園 at first glance, （文語で）at first blush
at héart □□ 636	心の底では, 本当は 園 （口語で）deep down
at íntervals □□ 637	時折；あちこちに ▶「一定の間隔で」は、at regular intervals。

① I'm surprised to see Yuri at this party; she's so shy she barely even speaks at work. (慶大)

①私はこのパーティーでユリに会って驚いている。彼女はとても内気で，職場でほとんどしゃべらないほどだから。

② I'm sure the same mechanism is also at work in this situation. (東京外大)

②私はこの状況でも同じメカニズムが作用していると確信している。

We shouldn't forget that polluted air is putting the health of the whole nation at risk. (小樽商大)

私たちは汚染された大気が全国民の健康を危険な状態にさらしていることを忘れるべきではない。

Virginia was at a loss as to what to cook for Leonard and his friends that night. (青山学院大)

バージニアはその晩，レナードと彼の友人たちに何を料理すべきかについて途方に暮れていた。

At first sight I took a tall boy with a broad smile to be Tom, but I was completely wrong. (学習院大)

一見したところ，にこにこしている背の高い少年がトムだと思ったが，全然違っていた。

Ken is not necessarily very popular among his classmates, but I know he's a very nice guy at heart. (近畿大)

ケンはクラスメートに必ずしもすごく人気があるというわけではないが，根はとてもいいやつだと私は知っている。

She broke off her conversation at intervals and smiled at me. (山口大)

彼女は時折会話をやめ，私にほほえみかけた。

221

3　on で始まる熟語

on (｛the｝｛an｝) áverage □□ 638	平均して ▶ above[below] (the) average は「平均以上[以下]の[で]」。
on a ～ básis □□ 639	～の基準[原則]で ▶ "～" にはいろいろな形容詞が入る。 例 on a regular **basis**「定期的に」, on a first-come, first-served **basis**「先着順で」
on a ～ scále □□ 640	～な規模で[の] ▶ on a small [medium / large] scale は「小[中／大]規模で[の]」。
on displáy □□ 641	陳列中で[の], 展示して 同 on exhibit, on exhibition, on show ▶ 意味が発展して「(感情・性質などを)はっきり見せて」の意味でも使う。 例 That put his character **on** stark **display**.「それは彼の性格を鮮明に示した」
on the íncrease □□ 642	増加中で 同 on the rise 反 on the decrease [wane]「減少中で」
on (*one's*) guárd □□ 643	警戒して 反 off (*one's*) guard「油断して」

4　to で始まる熟語

to ～ ｛extént｝｛degrée｝ □□ 644	～の程度に ▶ "～" には a certain, some, a great, a large, a slight などのいろいろな形容詞(句)が入る。 ▶ to the extent [degree] that ... は「…という程度に」。

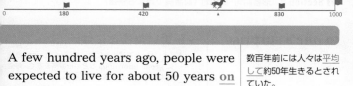
A few hundred years ago, people were expected to live for about 50 years **on average**. (兵庫県大)	数百年前には人々は<u>平均して</u>約50年生きるとされていた。
We are emotional beings and experience a wide range of feelings **on a** daily **basis**. (岩手大)	私たちは情緒的な生き物で，<u>日常的</u>に幅広い感情を経験する。
Constant deforestation may have a serious impact on climate conditions **on a** global **scale**. (獨協大) *deforestation [di:fɔ̀(:)rɪstéɪʃən]「森林破壊」	絶え間ない森林破壊は地球<u>規模</u>で気象状況に深刻な影響を与えるかもしれない。
In the store I entered, the prices of the goods **on display** were all clearly shown. (西南学院大)	私の入った店では，<u>陳列中</u>の商品の価格はすべて明示されていた。
We don't know why various kinds of allergies are **on the increase** these days. (関西学院大)	なぜ近ごろはさまざまなアレルギーが<u>増加中</u>であるのか，私たちにはわからない。
Criminal activities using the internet are widespread, so it is best to be **on our guard**. (東京工大)	インターネットを使った犯罪活動が広まっているので，<u>警戒して</u>おくのに越したことはない。
Erika says she agrees to the plan we're discussing only **to** a certain **extent**. (慶大)	エリカは私たちが議論している計画にはある<u>程度まで</u>しか同意しないと言っている。

223

to *one's* surprise □□ 645	**〜が驚いたことには** ▶「大いに」と強調するには，名詞(surprise)の前に great, enormous などの形容詞を置く，句全体の前に much を置くなどする。
to the póint □□ 646	**要を得た，適切な** 反 beside the point「的はずれの；重要ではない」, off [wide of] the mark「的をはずれて；間違って」 ▶ to は「到着点」を表す。 ▶ to the point of 〜[that ...]「〜[…である]という点まで」と混同しないこと。
to màke [màtters / things] wórse □□ 647	**さらに悪いことに** 同 worse still [yet] → 696, what is worse ▶ 独立不定詞の例。 ●深める♪ P.232
to *one's* advántage □□ 648	**(人)に都合がよい[よく]，(人)に有利な[に]** 同 in *one's* favor

5 　その他の前置詞で始まる熟語

from 〜 [ón / ónward(s)] □□ 649	**〜から以後は** ▶ on [onward(s)] は「継続」を表す副詞。 参考 from 〜 up [upward(s)]「〜から上は」, from 〜 down [downward(s)]「〜から下は」など，同形のものは多い。
from 〜 pòint of view □□ 650	**〜の視点から(は)** ▶ "〜" には〈a + 形容詞〉のほか，所有格が入る。 ▶ from 〜 viewpoint の形もある。
for [súre / cértain] □□ 651	**確かに** 同 (副詞句の場合) surely, certainly ▶ That's for sure [certain]. は「それは確かだ」の意味の決まった表現。この場合の for sure [certain] は形容詞句。

To my surprise, when I reached the top, three people were already there chatting. （広島経大）	私が<u>驚いたことに</u>，私が頂上に着いたときには，3人の人がすでにそこでおしゃべりをしていた。
What she said about the problem was very much **to the point**. （関西外大）	彼女がその問題について述べたことは，実に<u>要を得て</u>いた。
To make matters worse, my father lost his house key somewhere last night. （群馬大）	<u>さらに悪いことに</u>，父は昨晩どこかで家のかぎをなくしてしまった。
It's clearly **to your advantage** to be versed in the latest information technology. （弘前大）	最新の情報技術に精通していることは，明らかに<u>あなたにとって都合がよい</u>。
From April 1 **on**, we students are supposed to wear our new school uniform. （横浜国大）	4月1日<u>以降は</u>，私たち生徒は新しい制服を着ることになっている。
Humans and apes are fairly close cousins, **from** an evolutionary **point of view**. （福岡女大） *evolutionary [èvəlúːʃənèri]「進化論的な」	進化論的な<u>視点からは</u>，人類と類人猿はかなり近いとこ同士だ。
Did he say **for sure** that he was coming to the party? （神奈川大）	彼は<u>確かに</u>パーティーに来ると言ったのですか。

225

ùnder wáy □□ 652	（計画などが）進行中で ▶ underway と1語につづることも増えている。
ùnder constrúction □□ 653	建築[工事]中で 参考 under repair は「修繕中で」。
of láte □□ 654	最近，近ごろ 同 lately, recently
of *one's* òwn $\left[\begin{array}{l}\textbf{accórd}\\ \textbf{frèe will}\end{array}\right]$ □□ 655	自分の意志で，自発的に 同 of *one's* own volition, voluntarily
withòut fáil □□ 656	必ず，間違いなく ▶ 命令形では「高圧的に」響きかねないので，多用は慎む。代わりに be sure to *do*, don't forget to *do* などを使う。
behìnd the tímes □□ 657	時代遅れの[で] 同 out of date ▶ behind time「（定刻の）時間に遅れて」と区別。
beyònd descríption □□ 658	言葉では表現できないほどの[に] 参考 beyond recognition「見分けがつかないほど」, beyond (a) doubt[question]「疑いもなく」
out of bréath □□ 659	息切れして 同 short of breath
out of cháracter □□ 660	（その人の）性格に合わない[調和しない]；役に不向きな 反 in character「（その人の）性格に合った[調和した]；役にはまった」

0 180 420 ▲ 830 1000	

Construction of the building has been <u>under way</u> for some time now. (東京理科大)

その建物の建設は今すでにかなりの間<u>進行中</u>だ。

When Sam visited the small fishing village, a wind farm was <u>under construction</u> nearby. (関西学院大)

サムが小さな漁村を訪れたとき、近くで風力発電所が<u>建設中</u>だった。

I haven't seen or heard anything from Charlie <u>of late</u>. (電気通信大)

<u>最近</u>私はチャーリーに会っていないし、彼からは何の連絡もない。

The boy came to school <u>of his own accord</u> after having stayed away for half a year. (青山学院大)

その少年は半年間欠席した後、<u>自分の意志で</u>登校した。

On Friday evenings, there is a ceremony which is held every week <u>without fail</u>. (神奈川大)

金曜日の夜に、毎週<u>必ず</u>開かれる儀式がある。

My father writes letters by hand, so we often jokingly say he's a bit <u>behind the times</u>. (高崎経大)

私の父は手書きで手紙を書くので、私たちはしばしば冗談めかしてちょっと<u>時代遅れ</u>だねと言う。

The sunrise we saw from the beach was beautiful <u>beyond description</u>. (畿央大)

その海岸から見た日の出は<u>言葉にならないほど</u>美しかった。

After running hard for thirty minutes, Emily was <u>out of breath</u>, so she sat down to rest. (学習院大)

エミリーは30分間一生懸命走って<u>息切れ</u>したので、腰を下ろして休んだ。

I think it's quite <u>out of character</u> for her to give up anything in the middle of making an effort. (青山学院大)

頑張っている途中で何かをあきらめるなんて、まったく彼女<u>らしくない</u>と思う。

深める!

「抑制・防止」を表す from を用いた表現

- ban *A* **from** *B*「A が B(するの)を禁止する」
- bar *A* **from** *B*「A が B(するの)を禁止する」
- block *A* **from** *B*「A に B をさせない」
- deter *A* **from** *B*「A に B を思いとどまらせる」
- discourage *A* **from** *B*「A に B を思いとどまらせる」→ 495
- forbid *A* **from** *B*「A に B を禁止する」→ 496
- hinder *A* **from** *B*「A を妨げて B をさせない」
- prevent *A* **from** *B*「A が B するのを妨げる, A を B から防ぐ」→ 111
- prohibit *A* **from** *B*「A に B を禁止する」→ 497
- save *A* **from** *B*「A を B から救う」
- shield *A* **from** *B*「A を B から保護する」
- stop *A* **from** *B*「A を止めて B をさせない」

句の中に含まれる名詞が必ず複数形になる表現

522・527・528・536・888・895・903・912・913・963以外にも, 頻出する主なものを挙げておこう。

(1) 物理的に複数でなければならない例
- change **trains**[**planes**]「電車[飛行機]を乗り換える」
- change[exchange] **seats** (with ~)「(~と)席を交換する」
- part **ways** (with ~)「(~と)別れる」
- take **sides** (with ~)「(~の)側につく」

(2) 物理的にでなく意味上で複数形にする例
- put on **airs**「気取る」

「~になる」の意味の go を用いた表現

「好ましくない変化」を表すことが多かったが, そうでない例も増えている。

(1) 「好ましくない変化」の例
- **go** astray「道に迷う」
- **go** bankrupt「破産する」
- **go** blind「失明する」→ 590
- **go** crazy「〔口語で〕気が狂う;熱狂する」
- **go** sour「酸っぱくなる;うまくいかなくなる」
- **go** wrong「うまくいかなくなる;故障する」

(2) 「好ましくない変化」ではない例
- **go** carbon-neutral「(企業などが)カーボンニュートラルになる」
- **go** green「(企業などが)環境にやさしくなる」
- **go** mainstream「(新思想などが)主流になる」

Part 4

文法・構文で覚える

170

この Part は純然たる熟語というより, いわゆる〈文法〉・〈構文〉と呼ばれているものを中心に, 〈会話表現〉も集めている。覚えやすさを考慮しているのでしっかりものにしよう。

Section 1　文法①

1　関係詞・疑問詞

nò mátter $\left[\begin{array}{l}\text{hòw /}\\\text{whàt / whèn, etc.}\end{array}\right]$ **…** □□ 661	どんなに[何が・いつなど]…でも 回 however [whatever / whenever, etc.] ▶ no matter の後には疑問詞を続けるが, 名詞を続ける用法もある。 例 **no matter** the size「大きさにかかわらず」
whàt we cáll ～ □□ 662	いわゆる～ 回 what is called ～ ▶ 主語・時制は文脈に応じて変化する。例 **what** they used to call ～「彼らが昔言っていた～」
whàt ～ ís □□ 663	現在の～ ▶「～」は「人・物・人柄・本来の姿」など文脈に応じた意味を表す。is は "～" の数・時制に合わせて変化する。例 **what** he used to be「以前の彼」

2　助動詞

～ wìll dó □□ 664	～は役に立つ[用が足りる] ▶ Both will do. は「両方ともよい」, Neither will do. は「両方ともだめ」。
mày wéll *dó* □□ 665	おそらく…するだろう；…するのはもっともだ ▶ well には very が付くことも多い。may を might や could に変えれば控えめな表現になる。
mìght (jùst) as wéll *dó* □□ 666	…するのも同じだ；(気は進まないが)…してもよい；(どうせなら)…するほうがいい ▶ might (just) as well *do* A as B の形になると「B するのは A するようなものだ, B するくらいなら A するほうがましだ」の意味。

ここでは文法で整理すると覚えやすい熟語を25個集めた。Section 2と合わせて55個，読解でも作文でも役に立つものばかりなので，集中して覚えよう。

<u>No</u> <u>matter</u> <u>how</u> busy John is, he never fails to call his grandparents at least once a week.

（金沢工大）

ジョンは<u>どんなに</u>忙しく<u>ても</u>，少なくとも1週間に1度は祖父母に必ず電話する。

Welsh is <u>what</u> <u>we</u> <u>call</u> a minority language.

（高崎経大）

*Welsh [welʃ]「ウェールズ語」

ウェールズ語は<u>いわゆる</u>少数言語だ。

So many things have happened to him over the years that he is no longer <u>what</u> he <u>used</u> <u>to</u> <u>be</u>.

（法政大）

非常に多くのことが長年にわたって彼に起きてきたので，彼はもはや<u>以前の</u>彼ではない。

I want something to read while I wait in the hospital; anything <u>will</u> <u>do</u> if it's interesting.

（佛教大）

病院で待つ間，何か読む物が欲しい。おもしろければ何でも<u>いい</u>。

I thought he said he was coming, but I <u>may</u> <u>well</u> not have heard him right.

（神戸市外大）

彼は来ると言ったと思ったが，<u>おそらく</u>私が正しく聞いていなかった<u>のだろう</u>。

It seems she has completely made up her mind; you <u>might</u> <u>just</u> <u>as</u> <u>well</u> talk to a brick wall.

（上智大）

彼女は完全に決心がついているように見える。レンガの壁に話しかける<u>ようなものだ</u>。

231

cánnot ～ tóo (...) □□ 667	いくら～してもしすぎることはない 同 cannot ～ (...) enough

3　不定詞

the lást ～ to *do* □□ 668	最も…しそうでない～ ▶ to *do* の代わりに who 節や that 節なども続けられる。 ▶ 文字どおり「…する最後の～」の意味の場合もある。
hàve *A* to dó 　　　　with *B* □□ 669	**B** と **A** の関係がある ▶ *A* は意味に応じて something, nothing, anything, a lot, much, little などを使う。ただし，much は肯定文ではあまり使われない。 ▶ have to do with ～ も同意で広く使われる。
to tèll (you) the 　　　　trúth □□ 670　　●深める!	実を言えば 同 truth to tell
nèedless to sáy □□ 671　　●深める!	言うまでもなく 同 It goes without saying that .... ➡ 726

4　動名詞

féel like *dóing* □□ 672	…したい気がする 同 *be* inclined to *do* ➡ 331 ▶ *doing* の代わりに (代) 名詞も続く。 例 feel like a movie「映画を見たい気がする」

深める!　独立不定詞の表現

文中の主語・述語動詞・時制などに関係なく使われる独立不定詞の例を挙げる。
・ needless to say「言うまでもなく」➡671
・ to be sure「確かに」　　　　　　　・ so to speak[say]「いわば」➡350
・ to begin[start] with「まず第一に；最初は」
・ to make matters[things] worse「さらに悪いことに」➡647

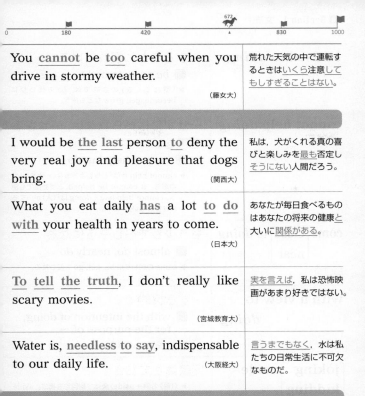

You **cannot** be **too** careful when you drive in stormy weather. (藤女大)	荒れた天気の中で運転するときは<u>いくら注意してもしすぎることはない</u>。
I would be **the last** person **to** deny the very real joy and pleasure that dogs bring. (関西大)	私は，犬がくれる真の喜びと楽しみを<u>最も</u>否定<u>しそうにない</u>人間だろう。
What you eat daily **has** a lot **to do with** your health in years to come. (日本大)	あなたが毎日食べるものはあなたの将来の健康<u>と</u>大いに<u>関係がある</u>。
To tell the truth, I don't really like scary movies. (宮城教育大)	<u>実を言えば</u>，私は恐怖映画があまり好きではない。
Water is, **needless to say**, indispensable to our daily life. (大阪経大)	<u>言うまでもなく</u>，水は私たちの日常生活に不可欠なものだ。
People wear what they **feel like** wearing even at work these days. (大妻女大)	近ごろでは職場でさえ人々は着<u>てみたい</u>ものを着る。

- ・ to say nothing of ～「～は言うまでもなく」→ 362
- ・ to tell (you) the truth「実を言えば」→ 670
- ・ to be frank (with you)「率直に言えば」
- ・ to be honest (with you)「正直なところ」
- ・ to sum up「要約すれば」→ 452
- ・ to say the least (of it)「控えめに言っても」
- ・ to do ～ justice[to do justice to ～]「～を公平に見れば」

233

be* úsed to *dóing □□ 673	…することに慣れている 　回 *be* accustomed to ～ →554 　▶「慣れてくる」の意味では，*be* の代わりに become, get, grow なども使う。
cánnot hélp *dóing* □□ 674	…せずにはいられない，…せざるを得ない 　回 cannot help but *do* 　▶ cannot help it は「どうしようもない，仕方ない」の意味。It cannot be helped. と受動態でも使う。cannot help *one's doing* は「(人)が…するのは仕方ない」の意味。
còme [clóse / néar] to *dóing* □□ 675	もう少しで…しそうになる 　回 almost *do*, nearly *do* 　▶ come の代わりに *be*, get, go も使われる。
with a víew to *dóing* □□ 676	…する目的で 　回 with the intention of *doing*, for the purpose of ～ 　▶ やや格式ばった表現。
[jòking / kìdding] asíde □□ 677	冗談はさておき 　▶〈(動) 名詞 + aside〉全体で副詞句を構成。aside は副詞。 　参考〈(動) 名詞 + notwithstanding〉「〜にもかかわらず」は，前置詞が (動) 名詞の後にくる例。

5　分詞

cátch ～ *dóing* □□ 678	(人)が…しているところを見つける[捕らえる] 　▶ *doing* の代わりに in the act of *doing*, at ～, in ～ なども使える。
[spéaking / tálking] of ～ □□ 679	〜と言えば 　▶ 話題に上っている事柄に関して，別の側面を持ち出すときの表現の1つ。

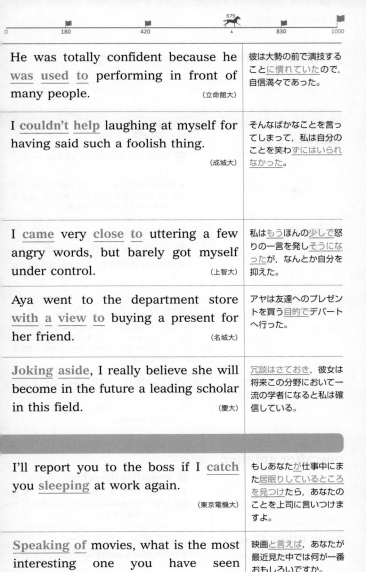

He was totally confident because he <u>was</u> <u>used</u> <u>to</u> performing in front of many people. （立命館大）	彼は大勢の前で演技することに慣れていたので、自信満々であった。
I <u>couldn't help</u> laughing at myself for having said such a foolish thing. （成城大）	そんなばかなことを言ってしまって、私は自分のことを笑わ<u>ずにはいられなかった</u>。
I <u>came</u> very <u>close</u> <u>to</u> uttering a few angry words, but barely got myself under control. （上智大）	私は<u>もう</u>ほんの<u>少しで</u>怒りの一言を発し<u>そうになった</u>が、なんとか自分を抑えた。
Aya went to the department store <u>with</u> <u>a</u> <u>view</u> <u>to</u> buying a present for her friend. （名城大）	アヤは友達へのプレゼントを買う<u>目的で</u>デパートへ行った。
<u>Joking</u> <u>aside</u>, I really believe she will become in the future a leading scholar in this field. （慶大）	<u>冗談はさておき</u>、彼女は将来この分野において一流の学者になると私は確信している。
I'll report you to the boss if I <u>catch</u> you <u>sleeping</u> at work again. （東京電機大）	もしあなた<u>が</u>仕事中にまた居眠り<u>しているところを見つけ</u>たら、あなたのことを上司に言いつけますよ。
<u>Speaking</u> <u>of</u> movies, what is the most interesting one you have seen recently? （南山大）	映画<u>と言えば</u>、あなたが最近見た中では何が一番おもしろいですか。

235

júdging ⸢ **from** ⸣ ~ ⸤ **by** ⸥	～から判断すると
☐☐ 680	

6　代名詞

thàt is (to sáy)	すなわち, つまり
☐☐ 681	国 namely, in other words ➡ 150, i.e.
	▶ that is だけのときのアクセントは thàt ís。
	参考 i.e. ([ài íː] または [ðǽtíz] と発音) は, that is の意味のラテン語 id est の略。

in itsélf	それ自体では, 本来は
☐☐ 682	国 in and of itself, as such ➡ 974
	▶ 指すものが複数の場合には in themselves となる。

to *onesélf*	① 自分だけ(が使うの)に
☐☐ 683	▶ 強調のために all to *oneself* とも言う(例文)。
	▶ (all) by *oneself*「1人きりで;独力で」, for *oneself*「自分で;自分のために」とのニュアンスの違いに注意。
	② 自分自身に, 心の中に[で]
	▶ keep ~ to *oneself* は「～を独り占めする;～を他人に知らせない」。

óne àfter anóther	次々に
☐☐ 684	国 one after the other
	▶ 3つ以上のものについて使う。
	参考 one after the other には「(2つのもので)交互に」の意味もある。

nòne óther than ~	ほかならぬ～, まさに～
☐☐ 685	▶ "～"を強調する表現の1つ。

Judging from the short speech he has just made, I think he is a very intelligent person. (立命館大)	彼が今した短いスピーチから判断すると，彼はとても知的な人物だと思う。

Wind is the air shifting from one place to another; that is, wind is moving air. (群馬大)	風とはある場所から別の場所へ移動する空気のことだ。すなわち，風とは動いている空気だ。

Time has no value in itself; the value lies in how we make use of it. (東京外大)	時間はそれ自体では何の価値もない。私たちが時間をどのように活用するかということに価値がある。

① On weekends nobody else is up before ten, so Ken has the living room all to himself. (上智大)	①週末は10時前にはほかの誰も起きていないので，ケンは自分だけで居間を使うことができる。
② With the deadline just a few days away, I said to myself, "How are you going to make it?" (北里大) *deadline「(原稿などの)締め切り」	②締め切りがわずか数日後に迫っていて，「どうやって終わらせるつもり？」と私は自分自身に言い聞かせた。

The advance of technology seems to create in us new kinds of desires one after another. (早大)	科学技術の進歩は，私たちの中に新たな欲望を次々に生み出しているように思われる。

The person we met in the elevator proved to be none other than the famous actor. (中央大)	私たちがエレベーターで会った人物はほかならぬその有名な俳優だとわかった。

Section 2 文法②

7 比較

[would / had] ráther *do* (than ~) □□ 686	**(~するよりも)むしろ…したい** ▶ had よりも would を使うのが普通。 ▶ rather の後に節を続けることもできる。その場合，節の中は仮定法過去(過去時制では仮定法過去完了)を使う。 例 **I'd rather** you didn't go alone. 「(できれば)君1人では行ってもらいたくない」
as [mány / múch] as ~ □□ 687	**~もの数[量]の；~と同数[量]の** ▶ 数 (many) や量 (much) が多い驚きを表す。 ▶「~もの数[量]の」の意味では，many, much のほかに little, thick などいろいろな形容詞[副詞]を使い，〈as + 形容詞[副詞] + as ~〉で「驚き」を表せる。"~"には「数詞」がくるのが普通。 例 **as hot as** 300℃「セ氏300度もの高温で」
as góod as ~ □□ 688	**~も同然，ほとんど~** 同 almost ▶ 副詞句なので，形容詞・副詞・動詞を修飾する。 ▶「~と同じくらいよい[上手だ]」の意味でも使う。
as ~ as ány □□ 689	**誰[どれ]にも劣らず~** ▶ 最上級のニュアンスではない。 ▶ "~"には形容詞・副詞がくる。 ▶〈as ~ as any + 名詞〉「どの…にも劣らず~」ともできる。この場合の any は形容詞。
àll the + 比較級 □□ 690	**ますます~，それだけいっそう~** 同〔口語で〕that much + 比較級 → 691 ▶ for ... や because ... などで「理由」が続き，それを受けて「…のためにいっそう~」となる。
thàt much + 比較級 □□ 691	**〔口語で〕それだけいっそう~** 同 all the + 比較級 → 690 ▶ that は much を修飾し，「それだけ」の意味の副詞。

0   180   420   660 ▲   830   1000

文法で整理した熟語のうち，残りの 30 個。比較級でありながら最上級の意味になる 695 や，複数の意味を持つ 705・710 などには特に注意したい。

Twenty years on, John says he <u>would rather</u> eat Japanese food <u>than</u> any other kind. (青山学院大)	あれから20年たって，ジョンはほかのどんなもの<u>よりもむしろ</u>日本食を食べ<u>たい</u>と言っている。
There were <u>as many as</u> 100 people at the lecture yesterday. (東京経大)	昨日の講義には100人<u>もの数の</u>人がいた。
Chris, the eldest of their three children, is <u>as good as</u> grown up now. (学習院大)	彼らの３人の子供たちのうちで一番年長のクリスは，今では大人<u>も同然</u>だ。
This book is <u>as</u> interesting <u>as any</u> I have read. (摂南大)	この本は私が読んだことのある<u>どれにも劣らず</u>興味深い。
Yui got <u>all the more nervous</u> because she had to speak in English. (玉川大)	ユイは英語で話さなければならなかったので<u>ますます緊張</u>した。
His unclear explanation made it <u>that much harder</u> for us to understand his intention. (宇都宮大)	彼のあいまいな説明は，私たちが彼の意図を理解するのを<u>いっそう難しく</u>した。

239

[much] less ~ [still] ☐☐ 692	〔否定文中で〕まして～はない 同 let alone ～ → 235 ▶ 肯定文中で「まして～は（いっそう）そうだ」は，much[still] more ～ と言うが，こちらはあまり使われない。
what is more ☐☐ 693	さらに，おまけに 同 besides, in addition → 145
know better (than to do) ☐☐ 694	（…しないだけの）分別がある，（…するほど）ばかではない
Couldn't be better. ☐☐ 695 ➡深める!	最高です。，これ以上よい状態はあり得ない。 ▶ 主語（天候を表す It や1人称の I など）が省略された形。could は仮定法。
worse [still] [yet] ☐☐ 696	いっそう悪いことに 同 to make matters [things] worse → 647, what is worse 反 better still [yet] 「さらによいことに」
to the best of one's knowledge ☐☐ 697	（人）の知る限り（では） 同 as far as one knows, to the best of one's belief ▶ to the best of one's recollection [ability] は「（人）の記憶する[能力の及ぶ]限り（では）」。

深める!　Couldn't be better.(695)と類似の表現

〈（仮定法＋）否定＋比較級〉で「これ以上の～は望めない」といった「最上級」の意味を表すほかの例。動詞は be動詞に限らない。

Most of my friends cannot read Spanish, <u>much less</u> speak it with fluency. （福岡大）	私の友人のほとんどはスペイン語を読めない。<u>まましてや</u>流ちょうに話すこ<u>となんてできない</u>。
I am fortunate to have found a career that I love, and <u>what is more</u>, I am well paid for it. （実践女大）	私は大好きな仕事を見つけられて幸運だ。そして<u>さらに</u>, それでよい給料をもらっている。
My brother should have <u>known better than to</u> drive without his license on him. （関西学院大）	私の兄は免許を携帯せずに運転<u>しないだけの分別を持つ</u>べきだった。
"Hi, Tom, how're you?" "Oh, hi, Kenta! <u>Couldn't be better</u>, thanks. And you?" （早大）	「やあ, トム, 調子はどう？」「やあ, ケンタ！<u>最高だよ</u>, ありがとう。君は？」
That day, I overslept, and <u>worse still</u>, the bus was behind schedule. （奈良女大）	その日, 私は寝過ごして, <u>さらに悪いことに</u>, バスが遅れていた。
<u>To the best of my knowledge</u>, he's been working for his mother's company for years. （群馬大）	<u>私の知る限り</u>, 彼は何年も母親の会社に勤めている。

- (I) Couldn't[Can't] agree with you more.
  「まったくあなたと同意見です（これ以上同意できないほどだ）」
- I couldn't ask for better weather.
  「まったく申し分ないお天気ですね」

241

nòt ~ (in) the léast □□ 698	**まったく～ない** 　回 not ~ at all → 130①, 　　 not ~ in the slightest 　▶ not (in) the least ~ の形もある。
to the ⎡**fúll**⎤ 　　　　⎣**fúllest**⎦ □□ 699	**心ゆくまで, 十分に** 　▶「苦楽」の両方について使える。
by fár □□ 700	**はるかに, ずっと** 　▶ 比較級・最上級を強める。最上級では by far the 　 best も the best by far も両方あるが, 比較級で 　 は far better が better by far よりも一般的(by 　 far better は×)。

8　接続詞

províded (that) ... □□ 701	**もし…ならば** 　回 if, assuming (that) ... 　▶ providing (that) ... とも言う。
⎡**èvery**⎤ **tíme ...** ⎣**èach**⎦ □□ 702	**…するたびに** 　回 whenever 　▶ 単に副詞として「毎回」の意味でも使う。
the ⎡**móment**⎤ **...** 　　 ⎣**mínute**⎦ □□ 703	**…するとすぐに** 　回 as soon as ... → 179 　▶ 後に that (関係副詞) が付くこともある。
whèn it cómes 　　　　　 **to ~** □□ 704	**～のこととなると；～をする段に なると**

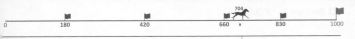

She was <u>not</u> offended <u>in the least</u> at his somewhat harsh remark. （青山学院大）	彼女は彼の少しきつい言葉にも<u>まったく</u>気分を害することは<u>なかっ</u>た。
Though my grandmother is in her mid-90s, she still wants to live her life <u>to the fullest</u>. （日本医大）	私の祖母は90代半ばだが，今も人生を<u>心ゆくまで</u>生きたいと思っている。
That new building in front of the station is <u>by far</u> the tallest in the city. （名古屋学院大）	駅の正面にあるその新しい建物は，市内では<u>飛び抜けて</u>高い。
Jim's uncle will give him financial support to go to university, <u>provided that</u> he promises to study hard. （早大）	ジムのおじは，<u>もし</u>ジムが一生懸命勉強すると約束する<u>ならば</u>，大学進学の学資援助をしてくれるだろう。
We are able to discover something new <u>every time</u> we visit a museum. （東京経大）	私たちは博物館を訪れる<u>たびに</u>何かしら新しい発見をすることができる。
The beautiful scenery came into view <u>the moment</u> we turned the corner. （中央大）	私たちが角を曲がる<u>とすぐに</u>美しい景色が見えてきた。
<u>When it comes to</u> job satisfaction, most people say their salary doesn't necessarily take top priority. （関西学院大）	仕事の満足度<u>のこととなると</u>，給料は必ずしも最優先ではないとほとんどの人が言う。

as it ís ☐☐ 705	① 〔通例, 仮定法的な表現の直後で〕 **実際のところは** ▶「後に続く状況が事実だ」というニュアンス。 ② (事物が) **あるがままの[に]** ▶ 主語と時制により, it と is は自在に変化する。 例 as it was, as they are[were]
as so **fàr as ~ _be_ concérned** ☐☐ 706	**～に関する限り** 同 as for ～ →359, for _one's_ (own) part →351, on _one's_ part →352
as fóllows ☐☐ 707	**次のとおり** ▶ 後に : (コロン) を付けるのが普通。
as is óften the cáse (with ~) ☐☐ 708	**(～に関して) よくあることだが** ▶ often, as is the case (with ~) という語順になることもある。
as ~ gó ☐☐ 709	**一般の～と比べると, ～としては** ▶ "～" には複数名詞が入る。不可算名詞の場合は単数形。 例 as the world goes「世間並みに言えば」
if ónly ... ☐☐ 710	① **…でありさえすれば** 同 only if ... 参考 if only because ... は「…だけが理由だとしても」の意味。 ② 〔現在・未来の願望を表して〕**…でさえあればなあ** 同 I wish ... ▶ if only の節だけで独立して用いることが多い。節の中は仮定法の動詞を用いる。

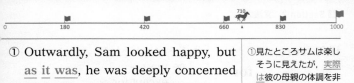
① Outwardly, Sam looked happy, but <u>as it was</u>, he was deeply concerned about his mother's condition.

(東京理科大)

①見たところサムは楽しそうに見えたが，<u>実際は</u>彼の母親の体調を非常に心配していた。

② The police told the family to leave the room <u>as it was</u> for the investigation.

(龍谷大)

②警察はその家族に，捜査のために部屋を<u>そのままにしておく</u>ように言った。

<u>As far as</u> I <u>am concerned</u>, two cups of coffee a day are more than enough.

(関西学院大)

<u>私に関する限り</u>，1日にコーヒー2杯は十分すぎるほどだ。

The ingredients for this recipe are <u>as follows</u>: water, lemon juice, and sugar.

(同志社女大)

このレシピの材料は<u>次のとおり</u>です。水，レモン汁と砂糖です。

<u>As is often the case with</u> Davis, he overslept by half an hour and was late for class today.

(専修大)

デイビス<u>にはよくあることだが</u>，彼は今日30分寝過ごし，授業に遅れた。

<u>As</u> company bosses <u>go</u>, I think Mr. Yoshida is much younger than most.

(北海学園大)

<u>一般の会社の社長と比べると</u>，吉田氏はほとんどの人よりかなり若いと私は思う。

① Lily said that she would prefer a larger home <u>if only</u> her family could afford it.

(青山学院大)

①リリーは家族に金銭的余裕があり<u>さえすれば</u>，より大きい家のほうがいいと言った。

② <u>If only</u> I could make them understand my viewpoint.

(学習院大)

②彼らに私の視点を理解させることができる<u>さえすればいいのに</u>。

if it were nót for ~	**もし~がなければ**
☐☐ 711	目 but for ~ →962, except for ~, without
	▶「もし~がなかったならば」と過去について仮定する場合は，if it had not been for ~。
	▶ やや文語調の形として，それぞれ were it not for ~, had it not been for ~ もある。

9 その他の文法

(in) the wáy ...	**…から判断すると；…のように；…のやり方で**
☐☐ 712	
	▶ way の直後に関係副詞 that や in which（関係代名詞）を入れてもかまわないが，通例省かれる。the way how という形はない。

~ to déath	**死ぬまで~；ひどく~**
☐☐ 713	
	▶〈前置詞＋無冠詞の名詞〉の形の慣用句。
	▶ starve to death「餓死する」，freeze to death「凍死する」，burn to death「焼死する」は本当に死ぬことを意味するが，be bored to death は「死ぬほど退屈している」の意味。

with éase	**容易に**
☐☐ 714	目 easily, without difficulty
	▶〈with ＋抽象名詞〉で副詞の働きをする。●深める！

believe it or nót	**まさかと思うような話だが**
☐☐ 715	
	▶ ~ or not で「~であろうとなかろうと」。 ●深める！ P.280

深める！ 〈with ＋抽象名詞〉の典型例

〈with ＋抽象名詞〉＝「副詞」の具体例を挙げておく。

・ with accuracy「正確に」（＝ accurately）

If it were not for music, our lives would be dull and boring.

（獨協大）

もし音楽がなければ，私たちの生活は退屈でつまらないだろう。

Dogs are remarkably similar to human infants in the way they pay attention to us adults.

（藤女大）

犬は，私たち大人に注目するという点からすると人間の幼児に著しく似ている。

He donated some money in hopes of reducing the number of people who starve to death.

（秋田県大）

餓死する人の数が減ることを願って，彼はいくらかのお金を寄付した。

Now that he has lived in Paris for six months, Kei speaks French with greater ease.

（青山学院大）

ケイはパリに住んで6か月になるので，フランス語をずっと容易に話す。

Believe it or not, obesity also occurs even among those living in poverty.

（小樽商大）

まさかと思うような話だが，肥満は貧しい生活をしている人々の間でさえも起きる。

- ・ with diligence「勤勉に」（= diligently）
- ・ with ease「容易に」→714（= easily）
- ・ with enthusiasm「熱狂的に」（= enthusiastically）
- ・ with gusto [gÃstou]「楽しそうに，元気よく」（= cheerfully, energetically）
- ・ with zest [zest]「熱心に」（= enthusiastically, zestfully）

247

1 典型的構文

nòt all that ~ ☐☐ 716	**それほど～ではない** 同 not so[very] ～ ▶ 口語的表現。all を省いてもほぼ同意。 ▶ "～"には形容詞・副詞が入る。
the＋比較級 ～, 　　　 **the＋比較級 ...** ☐☐ 717	**～であればあるほど，いっそう…**
(Just) Às ～, só .... ☐☐ 718	**(ちょうど)～であるように，…だ。** ▶ 文語調。just があれば文語調は薄まる。so は省略されることも多い。
(It is) Nò wónder 　　　 **(that) ....** ☐☐ 719	**…なのは当然だ。**
It háppens that .... ☐☐ 720	**たまたま…だ。，折よく[運悪く]** **…だ。** ▶ As it happens, ... や ... by chance[accident] ➡ 273 の文，また happen to do ➡ 746 を使った文に書き換えることができる。
(The) Chánces 　　　 **àre (that) ....** ☐☐ 721	**ひょっとしたら[たぶん]…だろ** **う。** 同 The odds are (that) .... ▶ that を省略して are の後にコンマを付けることも。
There is nó *dòing*. ☐☐ 722	**…することはできない。** 同 It is impossible to *do*., We cannot *do*. ▶ 「…してはいけない」の意味になることもある。

構文（＝文の構造）で整理すると覚えやすい熟語を Section 4 と合わせて 60 個集めた。Section 3 は，絶対不可欠な「典型的構文」の 24 個。

The movie was boring and some of us were <u>not</u> <u>all</u> <u>that</u> interested in following the story. (学習院大)

その映画は退屈で，私たちの中には話の筋を追うのに<u>それほど</u>興味が<u>ない</u>者もいた。

Generally speaking, <u>the longer</u> you practice, <u>the better</u> you'll get at anything. (近畿大)

一般的に，何でも<u>長く</u>練習すれば<u>するほど</u>，<u>いっそう上手に</u>なる。

<u>Just as</u> some people are born artists, <u>so</u> some are born athletes. (早大)

* 〈be born + 名詞〉＝〈be born to be + 名詞〉

生まれながらの芸術家がいる<u>ように</u>，生まれながらのスポーツマンもいる。

You watched a movie until four? <u>No wonder</u> you look so tired and sleepy. (明治大)

4 時まで映画を見ていたの？ 疲れて眠そうな顔をしている<u>のは当然だ</u>ね。

Yesterday <u>it happened that</u> an old friend of mine and I were riding in the same train car. (和歌山大)

昨日，<u>たまたま</u>旧友と私は列車の同じ車両に乗っていた。

If he's from that city, <u>chances are</u> he may know about the temple which appears in that story. (法政大)

彼がその町の出身なら，<u>ひょっとしたら</u>その物語に登場する寺について知っているかもしれない。

<u>There is no</u> denying that e-books have become an important part of people's reading habits. (成蹊大)

電子書籍が人々の読書習慣の重要な一部となってきていることは否定<u>できない</u>。

---

nót sò mùch Á **as B́** □□ 723	**A というより B** 同 not so much A but B, B rather than A ▶ not A so much as B の語順も可。
hárdly ~ ［**whèn** **befòre**］**...** □□ 724	**~するかしないうちに…** 同 ... as soon as ~ → 179, no sooner ~ than ... → 730 ▶ hardly のほかに scarcely, barely も使われる。 ▶ hardly [scarcely / barely] が文頭に出れば，その後の語順は必ず倒置形（例文）。
néver do **withòut ~** □□ 725	**…すれば必ず~する** ▶ 二重否定で，肯定の意味を強調する。 ▶ never の代わりに not や cannot なども用いられる。
It gòes without **sáying that ....** □□ 726	**…なのは言うまでもない。** 同 needless to say → 671 ▶ It は形式主語。
(It is) Trúe ~, **bùt ....** □□ 727	**〔譲歩構文〕確かに~だが，…だ。** ▶ (It is) True ~ の代わりに Indeed ~ となることもある。
It is not lóng **befòre ....** □□ 728	**…するのに長くはかからない。，** **間もなく…する。** ▶ is は時制によって変化する（例文）。
It is (hìgh) tíme **(that) ....** □□ 729	**（とっくに）…してよいころだ。** ▶ that 節の中は仮定法過去（単数 be動詞では was が普通）を使うのが一般的。It is about time (that) .... は「そろそろ…してよいころだ」の意味。
no sóoner ~ **than ...** □□ 730	**~するやいなや…する** 同 ... as soon as ~ → 179 ▶ no sooner が文頭に出れば，その後の語順は倒置形になる（例文）。

He is <u>not</u> <u>so</u> <u>much</u> a scholar <u>as</u> a journalist. (広島経大)	彼は学者<u>というより</u>ジャーナリストだ。
<u>Hardly</u> had we reached the cottage <u>when</u> it began to rain. (慶大)	私たちが山小屋に到着す<u>るかしないうちに</u>雨が降り始めた。
I <u>never</u> see you <u>without</u> thinking of my mother. (清泉女大)	私はあなたに会う<u>と必ず</u>母のことを思い浮かべます。
<u>It</u> <u>goes</u> <u>without</u> <u>saying</u> <u>that</u> nothing is more important than our health. (青山学院大)	健康ほど重要なものはない<u>ということは言うまでもない</u>。
<u>It</u> <u>is</u> <u>true</u> his grandmother is in her mid-90s, <u>but</u> she is still going very strong. (松山大)	<u>確かに</u>彼の祖母は90代半ば<u>だが</u>，今なお非常に元気だ。
At the time, we all hoped <u>it wouldn't be long before</u> the epidemic came to an end. (上智大)	当時，私たちは皆，伝染病の流行が終わる<u>のに長くはかからないだろう</u>と期待していた。
<u>It</u> <u>is</u> <u>high</u> <u>time</u> <u>that</u> I bought a pair of new shoes. (関西学院大)	私は<u>もういい加減に</u>新しい靴を買って<u>もよいころだ</u>。
<u>No</u> <u>sooner</u> had I come home <u>than</u> my mother gave me a call. (津田塾大)	帰宅する<u>とすぐに</u>母親が私に電話してきた。

It is nò ùse *dóing.* □□ 731	…しても無駄である。 回 There is no use (in) *doing.*
It is nót until 〜 　　　　　that .... □□ 732	〜になって初めて…する。 ▶ not until 〜 を強調する強調構文の1つ。not until 〜 が文頭に出れば，後は倒置形になる。
Á is to *B̀* what *Ć* 　　　　is to *D́.* □□ 733	A の B に対する関係は C の D に対する関係に等しい。 ▶ what の代わりに as を使うことも可能。
nót sò múch as *do* □□ 734	…さえしない 回 do not even *do* ▶ 同じ内容が without so much as *doing* で表されることもあり，その場合の *doing* は動名詞。
Nóthing is mòre 　　　　*Á* than *B̀.* □□ 735	〔最上級〕B ほど A なものはない。 回 There is nothing more A than B., Nothing is so [as] A as B.
the fórmer 〜, 　　　the látter ... □□ 736	前者は〜, 後者は…
Á is óne thìng; 　　*B̀* is anóther □□ 737	A と B とは別のものである ▶ 2つの事柄がまったく異なることを明言するときによく使われる構文。
Áll *one* has to dò 　　　is (to) dó. □□ 738	(人は)ただ…すればよい。 ▶ only have to *do* [國 have only to *do*] を使った文に書き換えることができる。
Suffìce (it) to sáy 　　　that .... □□ 739	…と言えば十分である。 ▶ 古びた表現であるが，ときに今も使われる (Suffice [səfáis] は仮定法現在)。現代的語順では，It suffices to say that .....。

It is no use regretting what you didn't do. (麗澤大)	やらなかったことを後悔しても無駄だ。
It was not until mid-April that the snow disappeared completely from the ground. (麗澤大)	4月半ばになって初めて地面から雪が完全に消えた。
Friendship is to people what sunshine is to flowers. (中部大)	友情の人に対する関係は日光の花に対する関係に等しい。
John left us in such a great hurry that he didn't so much as say goodbye to us. (一橋大)	ジョンは大急ぎで去ったので，私たちにさよならを言うことさえしなかった。
My grandfather often said that nothing is more precious than peace. (愛知学院大)	平和ほど大切なものはないと祖父はよく言った。
The group made two proposals in two years: the former was on air pollution, the latter on global warming. (福岡大)	そのグループは2年間に2つの提言をした。前者は大気汚染，後者は地球温暖化に関することだ。
To know is one thing, and to teach is another. (札幌大)	知っていることと教えることは別のものだ。
To operate this machine, all you have to do is press this button. (松山大)	この機械を操作するには，ただこのボタンを押しさえすればよい。
Suffice it to say that she didn't do her duty as she was supposed to have done. (東京都大)	彼女は果たすべきだった義務を果たさなかったと言えば十分であろう。

253

2 be動詞・動詞・助動詞を用いた構文

be* to *dó □□ 740	① 〔予定・運命〕…することになっている ② 〔義務〕…すべきである ③ 〔意図・目的〕…するつもりである；〔可能〕…できる ▶「…するつもりである」は，if 節中で用いられる。
be* fórced to *dó □□ 741	やむなく…する 🔲 *be* compelled to *do*, *be* obliged to *do* ▶ obliged＜compelled＜forced の順で強制の意味が強くなる。
be* suppósed to *dó □□ 742	…することになっている；（世間で）…と考えられている ▶ 約束・慣習・法律などが前提で「…することになっている」の意味で使うことが多い。
***be* to bláme** 　　　　**(for ～)** □□ 743	（～に対して）責めを負うべきである[責任がある]
***be* entítled to ～** □□ 744	～の資格がある 🔲 *be* authorized to *do*, have a [the] right to *do* ▶ *be* entitled to *do* は「…する資格がある」。

構文で整理した熟語のうち，残りの 36 個。772・775 などやや古風なものもあるが，768・769 などは近年頻出。解説もしっかり読んで理解を深めよう。

① The invention made by Samuel Morse in the 1830s <u>was to</u> be called the telegraph later. (中部大)

①1830年代にサミュエル・モールスによりなされた発明は，後に電信と呼ばれる<u>ことになった</u>。

② In a democratic society, all the citizens <u>are to</u> respect the rights of other people. (福岡女大)

②民主主義社会では，すべての国民は他人の権利を尊重する<u>べきだ</u>。

③ If this research <u>is to</u> be trustworthy, there should be at least 200 participants. (同志社女大)

③この研究を信頼できるものにする<u>つもり</u>なら，少なくとも200人の参加者がいるべきだ。

Facing strong opposition from the public, the government <u>was forced to</u> rethink the bill. (立命館大)

国民からの激しい反対に直面して，政府は<u>やむなく</u>その法案を見直し<u>た</u>。

I<u>'m supposed to</u> submit my application before the end of the week. (日本医大)

私は今週末までに願書を提出する<u>ことになっている</u>。

It is humans' activities that <u>are to blame for</u> this climate change we're seeing. (山形大)

私たちが目の当たりにしているこの気候変動<u>に対して責めを負うべき</u>なのは，人類の活動である。

Everyone <u>is entitled to</u> their opinion, but to respect others' opinions is also essential. (中央大)

誰にでも自分の意見を持つ<u>資格がある</u>が，ほかの人の意見を尊重することも極めて重要だ。

255

ténd to *dó* ☐☐ 745	…する傾向がある，…しがちである ⑩ *be apt to do* → 330, 　*be inclined to do* → 331
háppen to *dó* ☐☐ 746	偶然…する ▶ *do* (〜) *by chance* → 273 や It happens that .... → 720 の文に書き換えることができる。
mánage to *dó* ☐☐ 747	なんとか…する[やり遂げる]
can affórd to *dó* ☐☐ 748	（経済的・時間的に）…する余裕が ある ▶ 否定文・疑問文の中で使われることが多い。cannot afford to do は「…する（経済的または精神的）余 裕はない」の意味。
bóther to *dó* ☐☐ 749	わざわざ…する ▶ 否定文・疑問文の中で使うのが普通。 ▶ bother *doing* もあるが，あまり使われない。 参考 Don't bother. は，「それには及びません」と申 し出などを断るときの表現。
còme to ⎰an énd⎱ 　　　　⎱a clóse⎰ ☐☐ 750	終わる ▶ 他動詞的に「〜を終わらせる」は，bring 〜 to an end[a close]。end[close] には sad, abrupt 「突然の」など種々の形容詞も付く。
gó so fàr as to *dó* ☐☐ 751	…しさえする ▶ go so far as *doing* に加えて，go as far as to *do*[*doing*] の形もある。
hàve nò (òther) **chóice but to *dó*** ☐☐ 752	…するよりほかに仕方がない ⑩ There is nothing (else) for it 　but to *do* ▶ choice の代わりに alternative も使われる。

People who do not sleep sufficiently <u>tend to</u> have a bigger appetite and eat more. （学習院女大）	十分に睡眠をとらない人は，食欲がより旺盛でより多く食べる<u>傾向がある</u>。
It was just pure luck that we <u>happened to</u> be there and witness the historic incident. （富山大）	私たちが<u>偶然</u>そこにいて歴史的事件を目撃<u>した</u>のはまったくの幸運だった。
After a few hours of hard work, the boy finally <u>managed to</u> solve the math problem. （関西大）	その少年は数時間一生懸命取り組んだ後，ついに<u>なんとか</u>その数学の問題を解い<u>た</u>。
No society <u>can afford to</u> ignore air pollution or climate change. （北里大）	大気汚染や気候変動を無視する<u>余裕のある</u>社会はない。
Busy with her work, the lady at the desk didn't even <u>bother to</u> look up. （静岡大）	机に向かっている女性は，仕事が忙しくて<u>わざわざ</u>顔を上げることもしなかった。
It seems the long hot summer we've had this year is finally <u>coming to an end</u>. （立教大）	今年の長く暑い夏がようやく<u>終わり</u>つつあるようだ。
Some colleges have <u>gone so far as to</u> make studying abroad mandatory for graduation. *mandatory「必須の，義務的な」（関西外大）	卒業に当たって海外留学を必須に<u>さえしている</u>大学もある。
Due to an approaching typhoon, we <u>had no choice but to</u> postpone our day at the beach. （南山大）	接近する台風のために，私たちは海辺で過ごすのを延期する<u>よりほかに仕方がなかった</u>。

spénd ～ (in) *dóing*　☐☐ 753	…して(時間・期間)を過ごす ▶ "～" には「時間・期間」を表す語句がくる。 ▶ in は省略されるのが普通。「〜に時間を費やす」のニュアンスでは, on も使われる。
màke a póint of *dóing*　☐☐ 754	必ず…するよう努力する, …することを重視する 📖 make it a point to *do*
remáin to be séen　☐☐ 755	(結果などは)未定である ▶ remain to be *done* が一般形。「…されずに残っている」が元の意味。例 A lot **remains to be done**.「やるべきことがたくさん残っている」
brìng *onesélf* **to dó**　☐☐ 756	…する気持ちになる ▶ 否定文・疑問文の中で使うのが普通。
tàke the tróuble **to dó**　☐☐ 757	わざわざ[労を惜しまず]…する 📖 go to a lot of trouble to *do*, go out of *one's* way to *do*, *be* kind enough to *do*
lèave nóthing to **be desíred**　☐☐ 758	申し分ない ▶ やや格式ばった表現だが, 入試に頻出している。 ▶ nothing は意味に応じて little, a lot などになる。a lot や much では「不満な点が多い」の意味になり, much は肯定文では古風。

3　文の接続に関わる構文

[in òrder] to dó **sò as**　☐☐ 759	…するために ▶ 肯定文では to *do* のみでもよいが, 「…しないために」の意味では in order や so as を省略せずに in order [so as] not to *do* の形で用いる。
in that …　☐☐ 760	…の点で, …のゆえに 📖 because, since

Tim proposed that we <u>spend</u> time <u>watching</u> the game on TV together. (明治大)	私たちが一緒にテレビでその試合<u>を見て過ごすこと</u>をティムは提案した。
She <u>makes a point of</u> doing light exercise before she goes to bed. (獨協医大)	彼女は寝る前に<u>必ず</u>軽い運動を<u>するよう努力している。</u>
It <u>remains to be seen</u> whether our efforts to stop climate change are really sufficient. (武庫川女大)	気候変動を阻止するための我々の努力が本当に十分かどうかは<u>まだわからない。</u>
I can't <u>bring myself to</u> throw away a perfectly good glove although I'll never find the other one. (関西学院大)	もう一方の手袋は決して見つからないだろうが,完璧にすばらしい片方の手袋を捨てる<u>気になれない。</u>
A young gentleman kindly <u>took the trouble to</u> take us to the nearest railroad station. (成蹊大)	若い男の方が親切にも私たちを最寄りの鉄道駅まで<u>わざわざ</u>連れて行って<u>くれた。</u>
His performance <u>left nothing to be desired</u>. (実践女大)	彼の演技は<u>申し分なかった。</u>
<u>In order to</u> reduce pollution, everyone should use public transportation as much as possible. (南山大)	汚染を減らす<u>ためには</u>,全員ができる限り公共交通機関を使うべきだ。
Water polo resembles handball and soccer but is different <u>in that</u> it is played in a pool. (東海大)	水球はハンドボールとサッカーに似ているが,プールで行われる<u>という点で</u>異なっている。

[as] lóng as ... **[so]** □ □ 761	〔条件・時間的限度〕…である限り 同 insofar as ... ▶ "..." に期間を表す語句がくる（for）as long as ～ は、「～もの長い間」と「驚き」を表す意味になる（as many[much] as ～ → 687）。また、「～と同じ長さの」という文字どおりの意味にもなる。
sée (to it) thàt ... □ □ 762	…するように取り計らう[気をつける] ▶ that 節の中は、未来に関する話題でも現在形を用いるのが普通。
sò that ～ can do □ □ 763	～が…できるように ▶ that はよく省略される。that 節内の助動詞は will も多く使われ、may は今はあまり使われない。 ▶ 否定では cannot, will not となるが、lest ～ (should) do → 772 も使われる。
by the tíme ... □ □ 764	…までに（は） ▶ by the time 全体が接続詞的に働く。未来のことに言及するときには続く節の動詞は現在形を用いる。
～, só (that) ... □ □ 765	～だ、その結果…だ ▶ 「結果」を表し、that は省略されることも多い。その際は so の後の主語も省略されることがある。
nów that ... □ □ 766	…である以上、今はもう…なので ▶ 口語では that が省略されることもある。
in cáse ... □ □ 767	① 主に米 もし…ならば 同 if ② 主に英 …するといけないから、…に備えて ▶ in case of ～ は「～の場合には」の意味。just in case（独立句）は「万一に備えて」の意味。

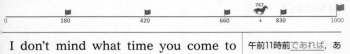
I don't mind what time you come to the office <u>as long as</u> it is before 11 a.m. （中央大）	午前11時前<u>であれば</u>，あなたは何時に会社に来てもかまいません。
Since this is very complicated, I myself will <u>see to it that</u> there is no mistake. （立教大）	これは非常に複雑なので，私自身が間違いがない<u>ように気をつけます</u>。
The students asked their teacher to speak more slowly <u>so that</u> they <u>could</u> understand her. （成蹊大）	生徒たちは，彼ら<u>が</u>先生の言うことを理解<u>できるように</u>，もっとゆっくり話してくれるよう先生に頼んだ。
<u>By the time</u> we arrived at the party, there was nothing left to eat or drink. （青山学院大）	私たちがパーティーに到着する<u>までには</u>，食べ物や飲み物はなくなっていた。
Her students have always practiced writing English, <u>so that</u> now they are all good English writers. （奈良教育大）	彼女の生徒たちは常に英語を書く練習をしてきた。<u>その結果</u>，今では全員が英語を上手に書ける。
<u>Now that</u> the decision has been made, we will be obliged to accept it. （東京海洋大）	決定が下された<u>以上</u>，私たちはそれを受け入れざるを得ないだろう。
① <u>In case</u> you have any questions, contact me anytime. （尾道市大）	①<u>もし</u>何か質問がある<u>なら</u>，いつでも私に連絡しなさい。
② Father told us to take a map with us <u>in case</u> we got lost. （関西外大）	②父は私たちに，迷う<u>といけないから</u>地図を持って行くように言った。

261

gíven (that) ... □□ 768	…を考慮すれば；…なので ▶ 語句が続く場合には〈given＋語（句）〉となり，そのときの given は前置詞的。
éven as ... □□ 769	まさに…するときに ▶ even as ... の節は，主節の動作との同時進行を表す。
if ány □□ 770	もしあるとしても；もしあれば ▶ 〈few[little], if any〉は，「あるとしてもごく少数[少量]しかない」のニュアンス。
on (the) condition 　　　　(that) ... □□ 771	…という条件で，…ならば ▶ that 節の中の動詞は，直説法・仮定法現在のどちらでもよい。
lést ～ (should) *do* □□ 772	～が…しないように，～が…するといけないから 圙 so that ～ not *do*, 　for fear (that) ...
whàt with *Á* 　　　　and *B̀* □□ 773	A やら B やらで ▶ 通例文頭に置かれ，「よくない事態」に使われる。 ▶ what with A and what with B の形もある（what は副詞）。
..., and ～ at thát □□ 774	…だ，その上～でもある ▶ 文末に置かれる。
[inasmúch] as ... [in as múch] □□ 775	…だから 圙 because, since ▶ 古風な表現であるが，法律の文章などには頻出する。inasmuch as とつづることが圧倒的に多い。

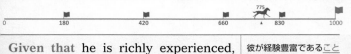

<u>Given</u> <u>that</u> he is richly experienced, we think he's suitable for the new post. <div style="text-align:right">(慶大)</div>	彼が経験豊富である<u>ことを考慮すれば</u>，私たちは彼が新しいポストに適任だと思う。
<u>Even</u> <u>as</u> I write this, thinking of her, I can still feel her soft, warm hand in mine. <div style="text-align:right">(専修大)</div>	<u>まさに</u>彼女のことを思ってこれを書いている<u>とき</u><u>も</u>，私は自分の手の中の彼女の柔らくて温かい手を今でも感じられる。
I'm sure few, <u>if</u> <u>any</u>, team members doubted the truthfulness of the captain's explanation. <div style="text-align:right">(青山学院大)</div>	キャプテンの説明の誠実さを疑ったチームのメンバーは，<u>もしいても</u>ごく少数だと確信している。
He was allowed to participate in the meeting <u>on</u> <u>the</u> <u>condition</u> <u>that</u> he remain silent. <div style="text-align:right">(東京経大)</div>	彼は黙っている<u>という条件で</u>会議への参加を許可された。
The couple talked in low voices <u>lest</u> the people around them overhear. <div style="text-align:right">(慶大)</div>	そのカップルは周りの人に聞かれ<u>ないように</u>小声で話した。
<u>What</u> <u>with</u> overwork <u>and</u> exhaustion, nearly half the members fell ill. <div style="text-align:right">(青山学院大)</div>	過労<u>やら</u>疲労<u>やらで</u>，ほぼ半数のメンバーが病気になった。
His sister is a professional translator, <u>and</u> an excellent one <u>at</u> <u>that</u>. <div style="text-align:right">(山梨大)</div>	彼の姉はプロの翻訳家で，<u>それも</u>優秀な翻訳家だ。
Giving people gifts is a pleasure for me, <u>inasmuch</u> <u>as</u> it also makes me happy to see people smile. <div style="text-align:right">(獨協医大)</div>	人がにっこりするのを見ると私もうれしくなる<u>ので</u>，人に贈り物をすることは私にとって喜びだ。

1　慣れておきたい口語表現

jùst abóut □□ 776	ほぼ；かろうじて 同 「ほぼ」almost, nearly, 　more or less → 133②
gò ahéad □□ 777	先に行く；(ためらわず)進む ▶ go ahead with ~ は「~を(どんどん)続ける [進める]」。
chèck óut ~ □□ 778	① 〔口語で〕(魅力的なので)~を見 てみる；~を調査[点検]する ② (図書館などから)~を借り出す ▶ ①②ともに check ~ out の語順も可。 ▶ ほかに「(ホテルなどを)チェックアウトする」(of ~)などの意味で自動詞の用法もある。
hòld ón □□ 779	① 持ちこたえる, 頑張る ▶ hold on to ~ で「(希望など)を持ち続ける」の意 味にもなる。 ② 待つ；電話を切らずにいる ③ しっかりつかむ ▶「~をしっかりつかむ」は, hold on to ~ (例文)。 ①②③ 同 hang on
hàng úp (~) □□ 780	(電話)(を)切る；(衣服など)を掛 ける；~を中断する ▶ 他動詞では hang ~ up の語順も可。

会話文に多く見られる重要表現をSection 6と合わせて55個集めた。Section 5では31個，どのような場面で使われるのかも意識しながら覚えたい。

Today we can buy <u>just</u> <u>about</u> any sort of food from anywhere on the globe, in any season.　　　　（愛媛大）	今日私たちは<u>ほぼ</u>どんな種類の食べ物でも，地球のどこからでも，どの季節にも買うことができる。
The manager told us to <u>go</u> <u>ahead</u> and make a reservation at the restaurant.　　　　（武蔵大）	部長は私たちに，<u>先に行って</u>レストランの予約をするように言った。
① When you visit London, be sure to <u>check</u> <u>out</u> the Tower of London and Big Ben.　　　　（弘前大）	①ロンドンを訪れる際には，ぜひロンドン塔とビッグ・ベン<u>を見てみ</u>なさい。
② Sara is thinking of going to the library to <u>check</u> <u>out</u> a few books.　　　　（広島大）	②サラは数冊の本<u>を借り出す</u>ために図書館に行こうかと考えている。
① With the epidemic raging at the time, many small businesses were barely <u>holding</u> <u>on</u>.　　　　（埼玉大）	①当時伝染病が猛威をふるっており，多くの中小企業はかろうじて<u>持ちこたえ</u>ていた。
② I'm going to take another picture, so just <u>hold</u> <u>on</u> a while longer.　　　　（神戸大）	②もう1枚写真を撮りますから，もう少しの間<u>お待ち</u>ください。
③ At the top of the ladder, I felt scared because there was nothing to <u>hold</u> <u>on</u> to.　　　　（尾道市大）	③はしごのてっぺんで何も<u>つかむ</u>ものがなかったので，私は怖かった。
No sooner had I <u>hung</u> <u>up</u> the phone than there came another call.　　　　（福岡大）	私が電話<u>を切る</u>とすぐに，別の電話がかかってきた。

give ～ a trý □□ 781 　 ●深める✓ P.280	～を試してみる ▶ 意味は動詞 try と同じだが，口語ではこのように〈(give, have, take などの)基本動詞(＋a)＋(名詞・動詞同形の)名詞〉で表すことが多い。
give ～ a hánd □□ 782 　 ●深める✓ P.280	～に手を貸す 回 lend ～ a hand
càll báck (～) □□ 783	(～に)折り返し電話する，(～に)電話をかけ直す；～を呼び戻す ▶ 他動詞では call ～ back の語順も可。
from scrátch □□ 784	最初から 回 from the (very) beginning ▶ start from scratch の形が多い。
sèe ～ óff □□ 785	(人)を見送る ▶ 反対に「(人)を出迎える」は meet。see ～ home なら「(人)を家まで送る」。
hòld one's bréath □□ 786	息を止める；(期待して)息をひそめて待つ
[at / behìnd] the whéel □□ 787	(車・船などを)運転して ▶ 意味が発展して「(～を)支配して」(of ～)の意味もある。
hàving sáid thàt □□ 788	そうは言ったものの 回 that said
on the dót □□ 789	〔口語で〕時間ちょうどに，きっかりに 回 sharp

My sister had taught me how to cook the dish, so I <u>gave</u> it <u>a</u> <u>try</u> for myself this morning. (関西学院大)	姉が私にその料理の仕方を教えてくれていたので，今朝自分でそれ<u>を試してみた</u>。
I want to move this to the corner. Will you <u>give</u> me <u>a hand</u>, please? (明治大)	これを隅に移動させたい。私<u>に手を貸して</u>くれますか。
When I called her, Saki said, "I'll <u>call back</u> in an hour or so." (神戸大)	私がサキに電話したとき，彼女は「1時間くらいしたら<u>折り返し電話する</u>わ」と言った。
With the beach closed for the season, we're planning our summer schedule <u>from</u> <u>scratch</u>. (日本大)	今シーズンは海辺が閉鎖されているので，私たちは夏の予定を<u>ゼロから立てている</u>。
We have just been to the airport to <u>see</u> my daughter <u>off</u> to Chicago. (学習院大)	私たちはシカゴへ向かう娘<u>を見送る</u>ために空港へ行ってきたところだ。
Kosuke can <u>hold</u> <u>his</u> <u>breath</u> much longer than any other boy. (立教大)	コウスケはほかのどの男子よりもずっと長く息を<u>止める</u>ことができる。
Ken was beginning to feel tired after having been <u>behind</u> <u>the</u> <u>wheel</u> for almost two hours. (金沢医大)	ケンは2時間近く<u>運転し</u>てきて，疲労を感じ始めていた。
He's a bit behind the times. <u>Having</u> <u>said</u> <u>that</u>, I know he's always reading newspapers. (北大)	彼は少し時代遅れだ。<u>とは言ったものの</u>，彼が常に新聞を読んでいることを私は知っている。
She'd promised me that she'd visit me around two, and she really did so at two <u>on</u> <u>the</u> <u>dot</u>. (明治大)	彼女は2時ごろに私を訪問すると約束し，実際に2時<u>ちょうど</u>に訪ねてきた。

àsk ～ a fávor □□ 790	**（人）にお願いをする［頼む］** ▶ ask a favor of ～ とも言う。
dríve at ～ □□ 791	**〔what を目的語に〕～のつもりである** ▶ What are you driving at? のように進行形が普通。 ▶「真意・意図」などを尋ねるときの決まり表現。
lòse (*one's*) fáce □□ 792	**面目を失う** 反 save (*one's*) face「面目を保つ」 ▶ いずれも *one's* は付けないのが普通。
befòre *one* knóws it □□ 793	**あっという間に** 同 〔口語で〕before *one* can [could] say knife [Jack Robinson]
stìck ⎡aróund⎤ ⎣abóut⎦ □□ 794	**〔口語で〕（帰らずに）そこらで待つ** 同 hang around [about] → 880 ▶「あと10分ででき上がるので少し待ってください」などといった状況でよく使われる。
càll it a dáy □□ 795	**その日の仕事を終える** 同 〔口語で〕call it quits ▶ 発展して「退職する」の意味もある。 ▶ 夜間の仕事の場合は，call it a night も使う。
hàve (a) gòod commánd of ～ □□ 796	**（外国語など）を自由に使いこなす力がある** ▶「（自分の感情）を上手にコントロールできる」の意味もある。
kèep *one's* fíngers cròssed □□ 797	**（幸運［成功］を）祈る** 同 have *one's* fingers crossed, cross *one's* fingers ▶ 中指を人差し指の上に重ねるしぐさ。

Could I <u>ask</u> you <u>a favor</u>? Please post this letter for me. （神戸親和女大）	あなた<u>にお願いがある</u>のですが。この手紙を投函してください。
What in the world are you <u>driving at</u>? I can't at all understand what you're saying. （駒澤大）	一体どういう<u>つもり</u>ですか。あなたの言っていることはまったく理解できません。
He thought he <u>lost face</u> by asking a silly question in public. （東京外大）	彼は人前でばかな質問をして<u>面目を失った</u>と思った。
I slipped on the road, and <u>before I knew it</u>, I found myself lying face down on the ground. （東京理科大）	私は道路で滑って，<u>あっという間に</u>地面にうつぶせになっていた。
Adam and I really wanted to see what was in that bedroom, so we <u>stuck around</u>. （東海大）	アダムと私はその寝室に何があるのか本当に確かめたかったので，<u>その辺で待った</u>。
It's a little past five, so let's <u>call it a day</u>. （山梨大）	5時を少し過ぎましたので，<u>今日の仕事を終え</u>ましょう。
There is no doubt that anyone who <u>has a good command of</u> English has a bright future. （大阪教育大）	英語<u>を自由に使いこなす力がある</u>人は誰にも明るい未来があることは間違いない。
I'm <u>keeping my fingers crossed</u> that next Saturday is a perfect day for a picnic. （専修大）	次の土曜日がピクニックにうってつけの日になることを<u>祈って</u>います。

pày a vísit (to 〜)	(〜を)訪問する
☐☐ 798	▶「人」を訪ねる場合，pay 〜 a visit の形も多い。

sèrve 〜 ríght	〜にとって当然の報いである
☐☐ 799	▶ 悪行の報いに対し，「因果応報だ」の意味の言葉。

gò to the pólls	投票に行く
☐☐ 800	▶ the polls [poulz] は「投票(所)」の意味。単数形の poll は「世論調査；投票数」。

tàke óffice	(公職に)就任する
☐☐ 801	圓 assume office 反 leave[resign] office「公職を辞する」

tùrn a blìnd éye to 〜	〜を見て見ぬふりをする
☐☐ 802	圓 look the other way on 〜 ▶「〜にまったく耳を貸さない」は，turn a deaf ear to 〜。

lást but nòt léast	最後になったが
☐☐ 803	▶「最後になったが重要度が最少というわけではない」が文字どおりの意味。順番が最後になった人を紹介するときなどに社交辞令的にも使われる句。

knòw 〜 by síght	〜の顔を(見て)知っている
☐☐ 804	▶ この by は「関連」を表す。by の後は無冠詞。

pùll 〜's lég	〔口語で〕〜をからかう[かつぐ]
☐☐ 805	▶「いじめる」などの悪意はない。 ▶ 進行形で使うことが多い。

the bòttom líne	〔口語で〕要点；(決算書の最下行の)数字；最終結果
☐☐ 806	

In 2016, the U.S. President **paid a visit to** Hiroshima for the first time in history. (学習院大)	2016年，アメリカ合衆国大統領が歴史上初めて広島を訪問した。
He had an accident? He'd been speeding all the time, so it **serves** him **right**. (甲南大)	彼が事故に遭ったの？彼はいつもスピード違反をしていたから，彼には当然の報いだ。
The Japanese **go to the polls** to vote for the members of the Upper House every three years. (青山学院大)	日本人は3年ごとに参議院議員を選ぶための投票に行く。
It's been almost two years since she **took office** as governor of this prefecture. (岡山大)	彼女がこの県の知事に就任してから2年になろうとしている。
His parents were widely criticized for **turning a blind eye to** his antisocial behavior. (中央大)	彼の両親は彼の反社会的行為を見て見ぬふりをして多くの人に非難された。
Last but not least, salt has many other uses such as melting ice on roads in snowy regions. (センター試験)	最後になったが，雪の多い地方では路上の氷を溶かすなど，塩にはほかのたくさんの用途がある。
The woman I am to meet today does not **know** me **by sight**. (成城大)	今日会う予定の女性は私の顔も知らない。
Rob has a great sense of humor and loves **pulling** my **leg**. (駒澤大)	ロブにはすばらしいユーモアの感覚があって，私をからかうのが大好きだ。
The bottom line is that all of us have to be there without fail by ten tomorrow morning. (大分大)	要点は，私たち全員が明日の朝10時までに必ずそこにいなければならないということだ。

Section 6 会話表現②

2 頻出の会話表現

[hàve] a lóok (at 〜) [tàke] □□ 807 →深める！ P.280	（〜を）見る ▶ look の前には good, close などいろいろな形容詞を入れることができる。
Whát ... like? □□ 808	…はどんなものか。 ▶ 様子を尋ねる表現。動詞には be, look, sound, taste, feel などがよく使われる。
Whát ... fòr? □□ 809	どうして…か。，何の目的で…か。 ▶ 単に What for? と言われることも多い。
hàve nó idéa □□ 810	見当がつかない ▶ Do you have any idea? は「あなたには見当がつきますか」。
could úse 〜 □□ 811	〔口語で〕〜があればありがたい， 〜が欲しい 📘 〔口語で〕could do with 〜 → 369① ▶「〜を使うことができた」という文字どおりの意味でも使う。
Hòw cóme (...)? □□ 812	どうして（…か）。 📘 Why (...)? ▶ 驚きを表すことが多い。後ろに節が続く場合は，〈How come S + V?〉の語順となる。
tàke *one's* tíme □□ 813	（時間をかけて）ゆっくりやる，自分のペースでやる ▶ take *one's* time *doing*［to *do*］は「…するのに時間をかける」（例文）。 ▶ take time「時間がかかる」と区別しよう。

会話文に多く見られる重要表現のうち，残りの 24 個。少し余分の努力をすることになるが，「深める！」で類似表現についても身に付けてほしい。

The baby has now started to <u>take a</u> good <u>look at</u> anything presented to him before taking it. <div align="right">(阪大)</div>	その赤ちゃんは今では，自分に差し出されたものは何でも，それを手に取る前にじっくり<u>見る</u>ようになってきた。
I want you to just imagine <u>what</u> it would feel <u>like</u> to live in extreme poverty as he did. <div align="right">(上智大)</div>	彼がそうしてきた極貧の中で暮らすこと<u>がどんなものか</u>，あなたにちょっと想像してもらいたい。
<u>What</u> do you go on a diet <u>for</u>, if you end up losing your health? <div align="right">(昭和女大)</div>	結局健康を害することになるのなら，<u>どうして</u>ダイエットをするのですか。
I <u>have no idea</u> what to buy Mary for her birthday. <div align="right">(学習院大)</div>	メアリーの誕生日に彼女に何を買ってあげるべきか<u>見当がつかない</u>。
I've been trying in vain to repair this for hours. I <u>could use</u> some help from someone. <div align="right">(神戸親和女大)</div>	私は何時間もこれを修理しようとしているが，だめだ。誰かの手助け<u>があればありがたい</u>。
<u>How come</u> you didn't show up for the morning practice yesterday? <div align="right">(関東学院大)</div>	<u>どうして</u>昨日，朝の練習に出なかったのですか。
<u>Take your time</u> walking down these steps: they're very slippery after the rain. <div align="right">(青山学院大)</div>	<u>ゆっくり</u>この階段を降りてください。雨の後でとても滑りやすいですから。

tàke it éasy ☐☐ 814	のんびり構える 　圓 take things easy 　▶ Take it easy. 「気をつけて」という意味の別れの 　あいさつとしても使う。
Mỳ pléasure. ☐☐ 815	〔お礼の言葉に対して〕どういたしまして。 　圓 You're (very [most]) 　　welcome. 　▶ The pleasure is (all) mine. や It's my [a] 　pleasure. などはさらに丁寧な応答。 　参考 With pleasure. は「快諾」を表す「喜んで，か 　しこまりました」の意味。
màke *onesèlf* 　　**understóod** ☐☐ 816	自分の言うことを相手にわからせる 　▶ 主に外国語などの「言葉」について使うが，「考え」 　についても使える。 　参考 「考え」のときは，make *oneself* clear (to 　〜) もある。
sée múch of 〜 ☐☐ 817	〜によく会う 　圓 see a lot [great deal] of 〜 　▶ much は 意 味 に 応 じ て more, something, 　little, nothing などに変化する。 　例 see nothing of him 「彼に全然会わない」 　▶ much は主に否定文で使い，肯定文では a lot, a 　great deal などを使うほうが普通（例文）。
thìnk agáin ☐☐ 818	考え直す，考えを変える 　圓 think twice, have second 　　thought(s) (about 〜) (cf. on 　　second thought → 990), rethink
hélp *onesèlf* **to** 〜 ☐☐ 819	〜を自由に取る 　▶ 食べ物だけでなく，ほかの物品を勧めるときにも 　使う。

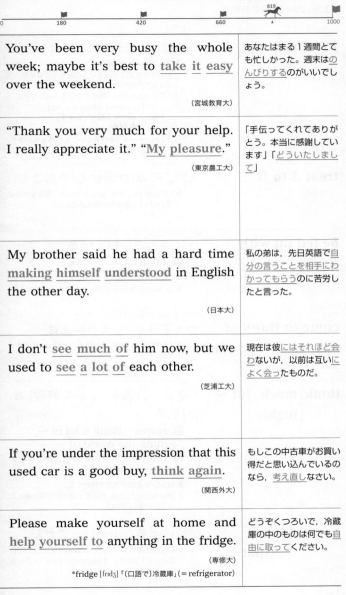

You've been very busy the whole week; maybe it's best to <u>take it easy</u> over the weekend.

（宮城教育大）

あなたはまる1週間とても忙しかった。週末は<u>のんびりする</u>のがいいでしょう。

"Thank you very much for your help. I really appreciate it." "<u>My pleasure</u>."

（東京農工大）

「手伝ってくれてありがとう。本当に感謝しています」「<u>どういたしまして</u>」

My brother said he had a hard time <u>making himself understood</u> in English the other day.

（日本大）

私の弟は，先日英語で<u>自分の言うことを相手にわかってもらう</u>のに苦労したと言った。

I don't <u>see much of</u> him now, but we used to <u>see a lot of</u> each other.

（芝浦工大）

現在は彼には<u>それほど会わ</u>ないが，以前は互いに<u>よく会った</u>ものだ。

If you're under the impression that this used car is a good buy, <u>think again</u>.

（関西外大）

もしこの中古車がお買い得だと思い込んでいるのなら，<u>考え直し</u>なさい。

Please make yourself at home and <u>help yourself to</u> anything in the fridge.

（専修大）

*fridge [frɪdʒ]「(口語で)冷蔵庫」(= refrigerator)

どうぞくつろいで，冷蔵庫の中のものは何でも<u>自由に取って</u>ください。

275

I'm afráid nót. □□ 820	残念ながらそうではないようです。 ▶ I'm afraid (that) it is not so. のように，that 節以下が否定になっている内容の文の省略形。次の3文の内容も確認しよう。 ・I'm afraid so. 「残念ながらそのようです」 　（= I'm afraid (that) it is so.） ・I hope so. 「そう願っています」 　（= I hope (that) it is so.） ・I hope not. 「そうでないことを願っています」 　（= I hope (that) it is not so.）
tréat A to B □□ 821	**A（人）に B（食事など）をおごる** ▶ I'll[Let me] buy you a meal. 「食事をおごるよ」といった簡単な表現もある。
be fèd úp with ~ □□ 822	**～にうんざりしている** 回 *be* tired of ~ → 254, 　*be* bored with[of] ~ ▶ *be* は get, become などになることもある。
còme to thínk of it □□ 823	**考えてみると，そういえば** ▶ when[now that] I come to think of it の省略形。
thìnk ⎡**múch**⎤ of ~ 　　　⎣**híghly**⎦ □□ 824	**～を高く評価する，～を尊敬[尊重]する** 回 respect, think a lot of ~, 　think the world of ~ 反 think little[nothing / poorly] of ~ 「～を軽んじる」 ▶ much は主に否定文で使われる。 ▶ much[highly] は，受動態では過去分詞の前にくることが多い（例文）。
Légend hás it (that) .... □□ 825	**伝説によると…ということだ。** ▶ Legend の代わりに Tradition「伝説[伝承]」，Rumor「うわさ」，The family lore「その一族の言い伝え」なども使える。

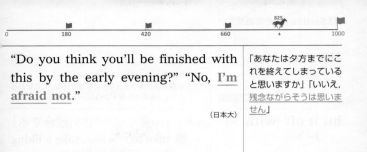

"Do you think you'll be finished with this by the early evening?" "No, <u>I'm afraid not</u>." (日本大)	「あなたは夕方までにこれを終えてしまっていると思いますか」「いいえ,<u>残念ながらそうは思いません</u>」
Since we've done a good job, let's <u>treat</u> ourselves <u>to</u> something special this evening. (西南学院大)	私たちはよい仕事をしたので,今夜は自分たち<u>に</u>何か特別なもの<u>をごちそうし</u>よう。
We <u>were</u> completely <u>fed up with</u> all those traffic jams during the "Golden Week" holidays. (玉川大)	私たちはゴールデンウィーク中のそうした交通渋滞に<u>すっかりうんざりしていた</u>。
I thought of visiting him, but <u>come to think of it</u>, he's been studying in America for some time. (弘前大)	私は彼を訪ねようと思ったが,<u>考えてみると</u>彼はしばらくの間アメリカで勉強しているのだった。
The film director was <u>highly thought of</u> by most critics. (東北大)	その映画監督はほとんどの批評家に<u>高く評価され</u>ていた。
<u>Legend has it that</u> there used to live *kappa*, imaginary creatures, in the river around here. (南山大)	<u>伝説によると</u>,想像上の生き物である河童がかつてこの辺りの川に住んでいた<u>ということだ</u>。

277

Hére we áre. ☐☐ 826 **➡深める！**	さあ着いた。 ▶ 目的地などに着いたときに使う。 ▶ 探し物が見つかったときなど、「ほら、ここにあった」の意味でも使う（= Here it is.）。
hìt it óff (with ～) ☐☐ 827	(人と)仲良くなる[意気投合する] 回 take to ～ → 401②, take a liking to ～, come to like ～
wátch *one's* stép ☐☐ 828	足元[言動]に注意する ▶ watch *one's* mouth「言葉に気をつける」, watch *one's* head「(低い天井など)頭に気をつける」, watch *one's* manners「行儀に気をつける」なども。
gìve *one's* regárds to ～ ☐☐ 829 **➡深める！** P.280	〔伝言・手紙などで〕～によろしくと伝える ▶ この意味では regards は常に複数形。regards の前に best, warm(est), kind(est) などの形容詞も入れられる。 ▶ 簡略形のあいさつとしては、Say hello to ～ (for me). や Remember me to ～. がある。
You're kídding (me). ☐☐ 830	冗談でしょう。, まさか。 回 You must be kidding., Are you kidding?, No kidding? ▶ 信じられない事実を聞いたときなどによく使われる慣用的表現。

深める！　**Here we are.**(826)と類似の表現

here や there を使った会話表現で、頻度の高いものをいくつか挙げておく。

・ Here you are. ①「(物を手渡しながら)はいどうぞ」
　　　　　　　　②「(探していた人を見つけて)ここにいたのか」
　　*①= Here you go. / Here it is. / There you go.
　　②= There you are.

・ Here we go.「さあやるよ, 始めるよ」

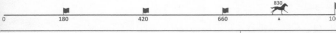
<u>Here</u> <u>we</u> <u>are</u> at the end of the line. This is where I've wanted to be for a long time. (法政大)	終点に<u>着きました</u>。ここは私が長いこと来たいと思っていた場所です。
John and I <u>hit it off</u> from the moment we met in college five years ago. (慶大)	ジョンと私は5年前に大学で会った瞬間から<u>仲良くなった</u>。
<u>Watch</u> <u>your</u> <u>step</u>, everyone! It's dark and very slippery in here. (神戸女大)	皆さん，<u>足元に注意して</u>ください！ ここは暗くてとても滑りやすいです。
Please don't forget to <u>give</u> <u>my</u> best <u>regards</u> <u>to</u> your father. (関西学院大)	忘れずにあなたのお父さんに<u>くれぐれもよろしくとお伝え</u>ください。
"Oh, no! I forgot to bring the box." "<u>You're</u> <u>kidding</u>. We don't have time to go back home to get it." (京都産業大)	「しまった！その箱を持ってくるのを忘れた」「<u>冗談でしょ。</u>家に戻って取ってくる時間はないよ」

- Here we go again. 「またかよ」
  * 自分たちの仲間が同じことを始めて，うんざりしているときの表現。
    相手に言う場合は，Here[There] you go again.「ほらまた始まった」。

- Here it is. ①「(探し物を見つけて)ここにあった」
  ②「はいどうぞ」(= Here you are.①)

- Here comes the bus. 「バスが来たよ」
  * 代名詞の場合は，Here it comes. の語順。

- Look here! 「(注意を促して)ほらちょっと，いいかい」

- We are almost there. 「もうすぐ到着だよ」

believe it or not(715)型の副詞句のほかの例

(1) 動詞 or not 型
admit it or not「認めようと認めまいと」, know it or not「知っていようといなかろうと」, like it or not「好きであろうとなかろうと, 否応なしに」, intended or not「意図的であろうとなかろうと」

(2) 副詞 or not 型
knowingly or not「承知の上かどうかは別にして」(= wittingly or not [unwittingly])

(3) A or B 型
for better or (for) worse「(結婚式の誓いの言葉から)よきにつけあしきにつけ」, for good or ill「よかれあしかれ」(good, ill はともに名詞), rain or shine「晴雨にかかわらず」, win or lose「勝っても負けても」

- -

〈基本動詞（＋ a）＋ 名詞〉の表現

この形をとるのはほとんどが, give, have, take など少数の特定の他動詞で, 目的語には通例「名詞と動詞が同形」の語がくる。したがって thought は例外的。

(1) give
give 〜 a try「〜を試してみる」 ➡ 781, give 〜 a ride[lift]「〜を車に乗せる」, give 〜 a call「〜に電話する」, give[lend] 〜 a hand「〜に手を貸す」 ➡ 782, give 〜 a quick boil「〜をさっと煮立たせる」, give 〜 a lot of thought「〜についてよく考える」, give 〜 a second thought「〜について再考する」(cf. on second thought ➡ 990)

(2) have / take
have[take] a break[rest]「一休みする」, have a say「発言権[発言力]を持つ」 ➡ 529, have[take] a look「見る」 ➡ 807

give *one's* regards to 〜(829)と類似の表現

「あいさつ」の表現で, 常に名詞を複数形で用いるものがいくつかある。その主なものを挙げておこう。

- Give[Send] my best **respects**[**wishes**] to your brother.
「お兄さん[弟さん]にくれぐれもよろしく」(伝言)
- My hearty **congratulations** on your graduation!
「ご卒業本当におめでとうございます」(祝い)
- Send my **greetings** to your mother.
「お母さまに季節のごあいさつをお伝えください」(季節のあいさつ)
- Please accept my deepest **condolences**.
「心からお悔やみ申し上げます」(哀悼)

Part 5

ここで差がつく難熟語

170

ここに集めた170の熟語の中には頻度が低くてもぜひ知っておいてほしいものも入れてある。つまり，このPartはPart4までのデータ中心とは少し異なり，筆者の独断と偏見がちょっぴり出ている。しかしそれは必ずや諸君のプラスになることを信じて疑わない。

Section 1　動詞句① 〈be動詞を含む句〉

be suscéptible to ~ □□ 831	~の影響を受けやすい；~に感染しやすい 同 *be* vulnerable to ~ → 838, *be* liable to ~ → 835
be at ódds (with ~) □□ 832	(~と)食い違っている；(~と)反目し合っている 同 *be* inconsistent with ~
be committed to ~ □□ 833	~に献身する；~と固く約束する[誓う] 同 commit *oneself* to *do* [*doing*] ▶「道義的・法律的に身を縛る」ことで「約束」の度合いは強い。to の後には *do*, *doing* もくる。
be hère to stáy □□ 834	定着している
be líable [to *do* / to ~] □□ 835	(*be* liable to *do* で)…しがちである；(*be* liable to ~ で)~にかかりやすい 同「~にかかりやすい」 *be* susceptible to ~ → 831, *be* vulnerable to ~ → 838 ▶ 好ましくない状況に用いられる。
be intént [on / upòn] ~ □□ 836	~に懸命[熱心]である 同 *be* keen on ~ ▶ ときに「よからぬ事柄を意図する」ニュアンスも。
be nó mátch for ~ □□ 837	とても~にはかなわない ▶ *be* more than a match for ~ で書き換えることができる。例 I was no match for Makoto. ≒ Makoto was more than a match for me.

Part 5 の難熟語の中でも動詞句は特に厄介であるから，計96個を4つの Section に分けて征服する。まずは〈be動詞を含む句〉15個から始めよう。

Our brain **is** especially <u>susceptible</u> **to** temptation when we're feeling bad or sad. （奈良県医大）	気分が悪いときや悲しいとき，私たちの脳は特に<u>誘惑の影響を受けやすい</u>。
I'm afraid what he's been saying **is** completely **<u>at</u> <u>odds</u> <u>with</u>** what he's been doing. （法政大）	彼が言っていることはやっていること<u>と完全に食い違っている</u>のではないかと思う。
My father is a policeman and **is** <u>committed</u> **<u>to</u>** the safety and security of society. （上智大）	私の父は警察官で，社会の安全・安心に<u>献身している</u>。
Whether you love or hate it, AI **is** definitely <u>here</u> **to** <u>stay</u>. （奈良女大）	好むと好まざるとにかかわらず，人工知能は確実に<u>定着している</u>。
Those who have difficulty sleeping well **are** <u>liable</u> **<u>to</u>** wake up in the middle of the night. （大阪医大）	熟睡するのが難しい人は真夜中に目を覚まし<u>がちだ</u>。
The politician who was arrested for vote buying seemed to have **been** <u>intent</u> **<u>on</u>** reelection. （東京外大）	票の買収で逮捕されたその政治家は再選に<u>懸命だったように</u>思われた。
I **was** **<u>no</u>** **<u>match</u>** **<u>for</u>** Makoto at Japanese chess, and he beat me in three games in a row. （東北大）	私は将棋では<u>とても</u>マコト<u>にはかなわず</u>，彼は3局連続して私を打ち負かした。

***be* vúlnerable to ~** □□ 838	(病気・誘惑など)に弱い；(非難・攻撃など)を受けやすい 同 「~に弱い」 *be* susceptible to ~ → 831, *be* liable to ~ → 835
***be* éligible for ~** □□ 839	~の資格がある 反 *be* ineligible for ~「~に不適格な」 ▶ *be* eligible to *do*「…する資格がある」も使う。
be* wórth *doing □□ 840	…する価値がある ▶ *doing* は他動詞または〈自動詞＋前置詞〉。その目的語は文の主語と同じもので，例文でいうと this movie。
be* óut to *do □□ 841	…しようと狙っている ▶ 目的語が名詞の場合は，*be* out for ~「~を狙っている」。 ▶「昇進を狙う」など，自己中心的な「狙い」に使われることが多い。
***be* àll éars** □□ 842	一心に耳を傾けている 同 *be* all attention ▶「一心に見ている，目を皿にする」は，*be* all eyes。
***be* besíde *onesèlf* (with ~)** □□ 843	(~で)我を忘れる，(~に)夢中である ▶ with の後には joy, fear, anger, rage, grief, worry など，すべての「喜怒哀楽」を表す語がくる。
***be* cùt óut to be ~** □□ 844	~に向いている[適している] ▶ 通例，否定文・疑問文で使われる。 ▶ *be* cut out for ~ も使うが，目的語が少し異なる。 例 I'm not cut out for science.
***be* (àll) the ráge** □□ 845	(大)流行している 同 *be* in fashion → 9, *be* in vogue [voʊɡ]

845

She's very **vulnerable to** criticism, so don't say anything that might upset her further. （岐阜大）	彼女はとても批判に弱いので，彼女をそれ以上動揺させるかもしれないことは何も言わないように。
Any customer who comes in the store today **is eligible for** the discount. （関西外大）	本日ご来店のお客様はどなたでも割引される資格があります。
Although it lasts almost three hours, we all agree this movie **is worth** seeing many times. （青山学院大）	その映画は3時間近く続くが，何回も見る価値があると私たち全員の意見が一致している。
I'm under the impression that that guy **is out to** make money at our expense. （東京都大）	あの男は私たちのお金で金もうけをしようとしているのではないかという気がする。
The topic the speaker talked on was something I'm very interested in, so I **was all ears**. （慶大）	講演者が話したテーマは私がとても興味を持っているものだったので，一心に耳を傾けた。
At the news that she'd passed the entrance exam, she **was beside herself with** joy. （秋田県大）	彼女は自分が入学試験に合格したという知らせを聞き，うれしさで我を忘れた。
I'm not good at math, so probably I'm not **cut out to be** a scientist. （佛教大）	私は数学が得意ではないので，おそらく科学者には向いていない。
How long ago was it that the Harry Potter novels **were all the rage**? （横浜国大）	ハリー・ポッターの小説が大流行したのはどのくらい前のことですか。

285

accóunt for ~ □□ 846	① ~の説明となる，~の理由を説明する ▶ There is no accounting for tastes. 「たで食う虫も好き好き」ということわざがある。 ② (割合など)を占める 🔄 make up ~ → 292①
allów for ~ □□ 847	~を可能にする；~を考慮に入れる 🔄 「~を考慮に入れる」make allowance(s) for ~
séttle for ~ □□ 848	(不十分ながら)~で我慢する ▶ settle for second best は「次善のもので我慢する」の意味。
yéarn for ~ □□ 849	~を恋しがる，~にあこがれる ▶ yearn after ~, yearn to do も同じ意味だが，いずれも文学的な表現。long, desire が口語的。
cóunt for ~ □□ 850	~の価値[重要性]を持つ ▶ count for little [nothing] は，「ほとんど[まったく]価値がない」の意味。
cópe with ~ □□ 851	~をうまく処理する，~に対処する 🔄 deal with ~ → 61
coincíde with ~ □□ 852	~と一致する；~と同時に起こる ▶ coincide は [kòʊɪnsáɪd] と発音する(名詞は coincidence [koʊínsɪdəns])。

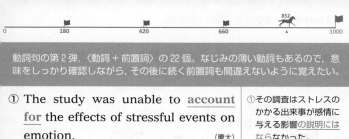
動詞句の第2弾,〈動詞 + 前置詞〉の22個。なじみの薄い動詞もあるので,意味をしっかり確認しながら,その後に続く前置詞も間違えないように覚えたい。

① The study was unable to **account for** the effects of stressful events on emotion. （慶大）	①その調査はストレスのかかる出来事が感情に与える影響の<u>説明にはならなかった</u>。
② A research study has found that habits **account for** about 40 percent of our daily behaviors. （福岡大）	②習慣が私たちの日々の行動の約40%<u>を占める</u>ということが調査研究で明らかになっている。
Moving around the world **allows for** a new way of seeing things. （神奈川大）	世界中を巡ることは物事の新しい見方を<u>可能にする</u>。
We wanted at least 100,000 yen for the project, but had to **settle for** 80,000 yen. （上智大）	私たちはその企画のために最低10万円欲しかったが,8万円<u>で我慢し</u>なければならなかった。
On a long autumn night, many people **yearn for** the hometown they left a long time ago. （三重大）	秋の夜長には,多くの人々は遠い昔に後にした故郷<u>を恋しがる</u>。
Yamada's knowledge of chemistry **counted for** a great deal in his new position. （東北大）	山田さんの化学の知識は彼の新しいポストでは大いに<u>価値を持って</u>いた。
To help **cope with** their daily stress, many people take up yoga. （名城大）	日々のストレス<u>を処理する</u>助けとして,多くの人々がヨガを始める。
We arranged our trip to **coincide with** the start of baseball season. （東京理科大）	私たちは野球シーズンの始まり<u>と一致する</u>ように旅行を手配した。

287

comply with ～ □□ 853	(規則・命令など)に従う[応じる] 圓 abide by ～ → 867, 　　　follow, 　　　obey
dispénse with ～ □□ 854	～なしですます 圓 do without ～ → 370, 　　　go without ～
atténd to ～ □□ 855	～を処理する；～に注意を払う； ～の世話をする 圓 take care of ～ → 101； 　　「～に注意を払う」 pay attention to 　　　～ → 100
aspíre to ～ □□ 856	～を熱望する 圓 yearn for ～ → 849, wish for ～ ▶「大きな目標の達成などを熱望する」の意味。 ▶ to の代わりに after, for も可。 ▶ 動詞を続けて, aspire to *do*「…することを熱望する」も使う。
submít to ～ □□ 857	～に屈する[服従する] 圓 give in to ～ → 299①, 　　　surrender to ～ → 324, 　　　yield to ～ → 325
consént to ～ □□ 858	～に同意する 圓 agree to [with] ～ → 225・226 ▶ 動詞を続けて, consent to *do*「…することに同意する」も使う。
déal in ～ □□ 859	(商品)を扱う；(仕事など)に従事する ▶ deal with ～ → 61 と区別しよう。
persíst in ～ □□ 860	～に固執する, ～をやり通す ▶ 名詞が続く場合は in が with になることもある。 　動名詞の場合は in のみ。

Needless to say, everybody who opens a business has to <u>comply</u> <u>with</u> the law. （高崎経大）

言うまでもなく，ビジネスを始める人は誰でも法律に従わなければならない。

I think she can <u>dispense</u> <u>with</u> any more advice. （阪大）

彼女はこれ以上の助言はなしですますことができると私は思う。

Katy took a few days off to <u>attend to</u> her personal matters. （東京慈恵会医大）

ケイティは自身の個人的な問題を処理するために数日休暇を取った。

As a girl, Eri <u>aspired</u> <u>to</u> a career in medicine, but changed her mind later. （慶大）

少女のころ，エリは医学分野での職業を熱望していたが，後に考えを変えた。

After two months of intense struggle, it seemed as if he'd decided to <u>submit</u> <u>to</u> his fate. （青山学院大）

2か月間の苦闘の末，彼は運命に屈することを決めたように思われた。

If they had been asked individually, nobody would have <u>consented</u> <u>to</u> this crazy proposal. （関西大）

もしも彼らが個別に尋ねられていたなら，こんなばかげた提案には誰も同意しなかっただろう。

Today many ordinary people <u>deal</u> <u>in</u> stocks via the internet. （椙山女学園大）

今日では多くの普通の人がインターネット経由で株を扱っている。

We won't be able to reach a consensus if he <u>persists</u> <u>in</u> his demand. （東北大）

彼が自分の要求に固執するなら，私たちは意見の一致に至れないだろう。

indúlge in ～ □□ 861	思う存分～をする，（快楽など）に ふける ▶ indulge *oneself* in ～ の形もあるが，その場合 の indulge は他動詞。
embárk ⎰ **on** ⎱ **～** 　　　　⎱ **upòn** ⎰ □□ 862	（事業・計画など）に乗り出す， ～を始める ⬜ begin, start, undertake ▶「遠大な事業・計画」に乗り出すニュアンス。
dwéll ⎰ **on** ⎱ **～** 　　　⎱ **upòn** ⎰ □□ 863	① ～を詳しく述べる[書く] ② ～をくよくよ[つくづく]考え る，～にこだわる ⬜ have ～ on *one's* mind → 921
téll ⎰ **on** ⎱ **～** 　　⎱ **upòn** ⎰ □□ 864	～に（悪く）影響する，～にこたえ る ▶ ほかに「（特に子供が）～のことを告げ口する」の 意味もある。
refráin from ～ □□ 865	～を慎む
discríminate 　　　　　**agàinst ～** □□ 866	～を差別する ▶「差別する」の意味では discriminate は自動詞な ので，他動詞的に目的語をとるには前置詞が必要。
abíde by ～ □□ 867	（法など）に従う，（約束など）を守る ⬜ stick to ～ → 304, 　 stand by ～ → 397②, 　 adhere to ～ → 429, 　 comply with ～ → 853

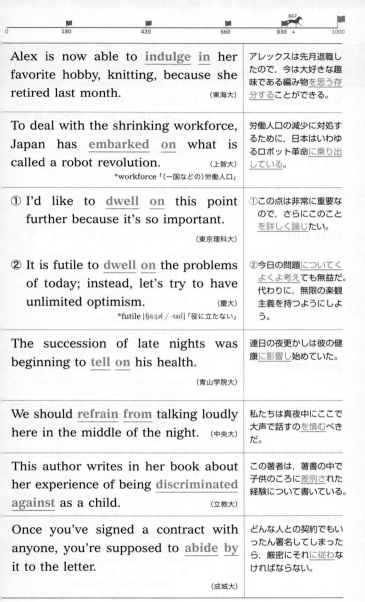

Alex is now able to **indulge in** her favorite hobby, knitting, because she retired last month. （東海大）

アレックスは先月退職したので、今は大好きな趣味である編み物を思う存分することができる。

To deal with the shrinking workforce, Japan has **embarked on** what is called a robot revolution. （上智大）

*workforce「（一国などの）労働人口」

労働人口の減少に対処するために、日本はいわゆるロボット革命に乗り出している。

---

① I'd like to **dwell on** this point further because it's so important. （東京理科大）

①この点は非常に重要なので、さらにこのことを詳しく論じたい。

② It is futile to **dwell on** the problems of today; instead, let's try to have unlimited optimism. （慶大）

*futile [fjúːtəl / -taɪl]「役に立たない」

②今日の問題についてくよくよ考えても無益だ。代わりに、無限の楽観主義を持つようにしよう。

The succession of late nights was beginning to **tell on** his health. （青山学院大）

連日の夜更かしは彼の健康に影響し始めていた。

We should **refrain from** talking loudly here in the middle of the night. （中央大）

私たちは真夜中にここで大声で話すのを慎むべきだ。

This author writes in her book about her experience of being **discriminated against** as a child. （立教大）

この著者は、著書の中で子供のころに差別された経験について書いている。

Once you've signed a contract with anyone, you're supposed to **abide by** it to the letter. （成城大）

どんな人との契約でもいったん署名してしまったら、厳密にそれに従わなければならない。

Section 3　動詞句③〈動詞＋副詞（＋前置詞）〉

wòrk óut (〜) □□ 868	① （問題などが）うまくいく； 〜を計画する；〜を解決する； 〜の答えを出す ▶ 他動詞では work 〜 out の語順も可。 ② 運動する 参考 名詞は workout [wə́ːrkàut]。
rùle óut 〜 □□ 869	（可能性など）を排除する；〜を認めない ▶ rule 〜 out の語順も可。
sìngle óut 〜 □□ 870	〜を（1つだけ）選び出す 同 select, choose ▶ single 〜 out の語順も可。
pàss óut □□ 871	気絶する；酔いつぶれる ▶ ほかに，他動詞で「〜を配る」の意味もある。その場合は pass 〜 out の語順も可。 例 He strongly denied writing or **passing out** those handouts.「彼はそれらのビラを書いたり配ったりしたことを強く否定した」
mìss óut on 〜 □□ 872	（好機など）を逃す；〜を取り逃がす
wìnd úp (〜) □□ 873	〜を終わりにする；終わる 同 end up →450 ▶ wind は [waɪnd] と発音する。 ▶ 他動詞では wind 〜 up の語順も可。 ▶ ほかに「（投手が）ワインドアップする；〜をぐるぐる巻きにする」の意味もある。

動詞句の第 3 弾,〈動詞 + 副詞〉を中心とした 17 個。軸となる動詞は簡単なものばかりだが,複数の意味を持つものには注意したい。

① We'd thought the preparations were perfect, but things didn't <u>work out</u> the way we'd expected. （滋賀県大）

①準備は完璧だと思っていたが,物事は私たちが期待していたようにはうまくいかなかった。

② James wishes to stay in good shape and <u>works out</u> at a gym three times per week. （武蔵大）

②ジェームズは調子のよい状態を保ちたいと願って,週に 3 回ジムで運動している。

The police <u>ruled out</u> the possibility that the robber might have entered through the window. （名城大）

警察は強盗が窓から侵入したかもしれないという可能性を排除した。

The investigative committee <u>singled out</u> the direct cause of the incident. （東海大）

調査委員会はその事故の直接的な原因を取り上げた。

Father <u>passed out</u> last night and was rushed to the hospital by ambulance. （広島大）

お父さんは昨夜気絶して,救急車で病院に急いで搬送された。

Jim said I <u>missed out on</u> something interesting by not going with him to the exhibition. （早大）

ジムは,彼と展覧会に行かなかったことで私がおもしろいことを逃したと言った。

I think it's almost time to <u>wind up</u> this meeting. （東京理科大）

そろそろこの会議を終わりにするころだと思います。

pùll úp (〜) □□ 874	① **〜を引き抜く[引き上げる]；** **(いすなど)を引き寄せる** 参考 pull up stakes は「杭を抜く」の本来の意味から発展して，「引っ越しをする」となった。 ② **(車などが)止まる；(車など)** **を止める** ▶ ①②ともに pull 〜 up の語順も可(②は他動詞の場合)。
thròw úp (〜) □□ 875	① **〜をさっと上げる；〜を投げ** **上げる** ▶ throw up one's hands「両手を上げる」は「あきらめ・降伏」などの意図を表す。 ② **(食べた物を)吐く；〜を吐く** ▶ ①②ともに他動詞では throw 〜 up の語順も可。
ròund úp 〜 □□ 876	**〜を寄せ集める；〜を検挙[逮捕]** **する** 同 「〜を寄せ集める」gather, collect； 「〜を検挙[逮捕]する」arrest 参考 名詞 roundup [ráundʌp] は「(家畜などの)駆り集め；一斉検挙」の意味。
càtch ón □□ 877	① **(ファッション・考えなどが)** **人気が出る[流行する]** ② **理解する，気づく** ▶「〜を理解する，〜に気づく」は，catch on to 〜 (例文)。 ▶「遅ればせながら理解する」のニュアンス。

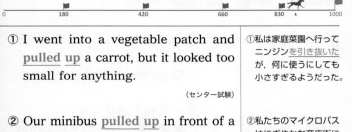
① I went into a vegetable patch and **pulled up** a carrot, but it looked too small for anything.

（センター試験）

①私は家庭菜園へ行ってニンジンを引き抜いたが，何に使うにしても小さすぎるようだった。

② Our minibus **pulled up** in front of a small office building on a busy commercial street.

（東京外大）

②私たちのマイクロバスはにぎやかな商店街にある小さなオフィスビルの正面に止まった。

---

① After he'd tried several times, Jim finally **threw up** his hands and gave up the attempt.

（早大）

①ジムは何回か挑戦した後で，とうとう両手を上げ，試みをあきらめた。

② Hiro became sick soon after dinner and had **thrown up** several times by midnight.

（福井大）

②ヒロは夕食の直後に気分が悪くなり，真夜中までに何回も吐いた。

The law decrees that dogs running loose be **rounded up** for the safety of the public.

（埼玉大）

*decree [dɪkríː]「（法令などが）定める［命じる］」

法律は，公衆の安全のためにつながれていない犬は駆り集められるべきだと定めている。

---

① This detective story **caught on** probably because its ending is really surprising.

（東大）

①この探偵小説はおそらく結末が本当に意外なので人気が出た。

② It took a minute before I **caught on** to what he meant by his joke.

（都留文科大）

②彼が冗談で言おうとしたことを理解するのにちょっと時間がかかった。

295

gèt awáy with ～ □□ 878	① （罰を受けずに）～をうまくやる 　回 go unpunished for ～ ② ～を持ち逃げする 　回 go [make / run / walk] away with ～
shỳ awáy (from ～) □□ 879	（～を）避ける［敬遠する］ 　回 avoid, keep [stay] away (from ～)
hàng $\begin{bmatrix} \text{aróund} \\ \text{abóut} \\ \text{róund} \end{bmatrix}$ □□ 880	ぶらつく；付き合う 　回「ぶらつく」stick around [about] 　　→ 794 　▶「～と付き合う［時間を過ごす］」は, hang around [about / round] with ～。
gèt dówn to ～ □□ 881	（仕事・問題など）に本気で取り掛かる
lèt dówn ～ □□ 882	～を失望させる 　▶ let ～ down の語順も可。 　▶「～を降ろす」という元の意味でも使う。
pùll óff ～ □□ 883	〔口語で〕（困難なこと）をやってのける 　回 make it → 594 　▶ pull ～ off も可。「急いで（衣類）を脱ぐ」の意味も。
fòllow thróugh $\left(\begin{bmatrix} \text{on} \\ \text{with} \end{bmatrix} ～\right)$ □□ 884	（～を）やり遂げる 　▶「～をやり遂げる」は follow through ～ も使う。この場合の follow は他動詞で, follow ～ through の語順も可。 　▶ 野球・テニスなどのスポーツで「（最後まで）振り抜く」の意味でも使う（この場合は自動詞）。

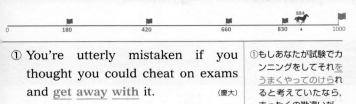
① You're utterly mistaken if you thought you could cheat on exams and <u>get away with</u> it. (慶大)

①もしあなたが試験でカンニングをしてそれを<u>うまくやってのけ</u>られると考えていたなら，まったくの勘違いだ。

② Today's newspaper says someone <u>got away with</u> three million yen from a nearby supermarket. (旭川医大)

②近くのスーパーで誰かが300万円を<u>持ち逃げした</u>と今日の新聞に出ている。

In the interview, the politician <u>shied away from</u> any question concerning his private life. (大阪経大)

インタビューで，その政治家は私生活に関するどんな質問<u>も避けた</u>。

I had to kill a couple of hours the other day, so I <u>hung around</u> in a park nearby. (北大)

先日，私は2，3時間つぶさなければならなかったので，近くの公園を<u>ぶらついた</u>。

Let's <u>get down to</u> business: there's a lot of work to do today. (和歌山大)

仕事<u>に本気で取り掛かり</u>ましょう。今日はたくさんやることがあるから。

He felt <u>let down</u> when she failed to do what she'd promised. (長崎大)

彼女が約束したことをできなかったとき，彼は<u>失望させられ</u>たと感じた。

It must have taken a lot of organization and hard work to <u>pull off</u> such a big party. (獨協大)

そんな盛大なパーティー<u>をやってのける</u>にはたいへんな組織力と労力が必要だったに違いない。

Yui <u>followed through on</u> the promise to return home by ten. (上智大)

ユイは10時までに帰宅するという約束<u>を最後まで守った</u>。

297

Section 4　動詞句④〈その他の動詞句〉

fínd *onesèlf* ～ □□ 885	**(気がつくと)～にいる[～である]** ▶ find *oneself* ＝「be動詞」と置き換えると理解しやすい。find *oneself doing* ＝ be *doing* で「…している(ことに気づく)」(進行形)，find *oneself done* ＝ be *done* で「…されている(ことに気づく)」(受動態)の意味。
màke dó (with ～**)** □□ 886	**(代用品などで)間に合わせる** ▶「～なしですます」なら，make do without ～ (＝ do without ～ → 370, dispense with ～ → 854)。
màke góod (～**)** □□ 887	**① 成功する** 　回 succeed **② (約束など)を果たす；(損害など)を償う** 　▶「(約束など)を果たす」の意味では，飯 では make good on ～ の形も多い。
màke (bóth) énds 　　　　　méet □□ 888	**収入内でやりくりする** ▶ both は現在では省略が普通。 ▶ ends は必ず複数形。 ◆深める！ P.228
màke belíeve 　　　　(that ...) □□ 889	**(…という)ふりをする** 　回 pretend ▶ that 節のほかに to *do* も用いられる。
tàke ～ for 　　　　gránted □□ 890	**～を当然のことと思う** 　▶ "～" が長い場合には，take (it) for granted that ... のように that 節で後置する(例文)。

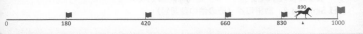

動詞句の最後，〈その他の動詞句〉42 個。形が雑多な上に数も多く，まさに最後の頑張りどころ。ここを越えられれば確実に「差」が生まれるだろう。

He says he often <u>finds</u> <u>himself</u> <u>thinking</u> of the woman he parted from a long time ago. (白百合女大)	彼は，<u>気がつくと</u>ずっと前に別れた女性のことをよく<u>考えている</u>と言う。
Every chef dreams of great produce, but most <u>make</u> <u>do</u> <u>with</u> what is available on the market. (龍谷大) *produce [próudjuːs] 「農産物」	すべての料理人はすばらしい農産物を夢見ているが，ほとんどの人は市場で手に入るもの<u>で間に合わせている</u>。
① I'm sure he'll <u>make</u> <u>good</u> in his new job. (東大) ② In a year, his landlady <u>made</u> <u>good</u> her warning and evicted him from his room. (明治大) *evict [ɪvíkt] 「～を立ち退かせる」	①彼は新しい仕事で<u>成功する</u>と私は確信している。 ②1年後に，彼の大家の女性は自らの警告を<u>遂行し</u>，彼を部屋から立ち退かせた。
With prices rising, it is becoming harder for anyone to <u>make</u> <u>ends</u> <u>meet</u> these days. (高崎経大)	物価が上昇しているので，最近では誰でも<u>収入内でやりくりする</u>のがより難しくなってきている。
As a small child, Fred liked to <u>make</u> <u>believe</u> he was a ninja on a secret mission. (東海大)	フレッドは子供のころ，秘密の任務を帯びた忍者<u>のふりをする</u>のが好きだった。
Patients tend to <u>take</u> it <u>for</u> <u>granted</u> that a doctor knows everything, but does he? (九州国際大)	患者は，医師が何でも知っているの<u>を当然だと思い</u>がちだが，そうだろうか。

299

tàke ～ ìnto accóunt □□ 891	**～を考慮に入れる** 同 take account of ～, 　 take ～ into consideration ▶ "～" が長い場合には, take into account [consideration] ～ の語順にもなる。
tàke hóld of ～ □□ 892	**～をつかむ；～を捕まえる** ▶ take の代わりに catch, get, grab, lay, seize 　 なども使う。 ▶ take hold には「定着する, 根付く」の意味もあ 　 る。
tàke nótice (of ～) □□ 893	**(～に)注目する, (～に)気づく** 同 take note (of ～) ▶ 否定文での使用が普通。
tàke efféct □□ 894	**① (法律などが)施行[実施]される る** 同 come [go] into effect, 　 come into force 参考 in effect [force] → 415② **② (薬などが)効く**
tàke páins □□ 895	**骨を折る, 努力する** 同 go to (great) pains, 　 *be* at pains, try hard, 　 make efforts → 517 ▶ pains は必ず複数形。 ●深める！ P.228 参考 painstaking は形容詞で, 「労を惜しまない」 　 の意味。
kèep tráck of ～ □□ 896	**(記録するなどして)～を把握す る；～の跡をたどる** 反 lose track of ～「～の跡を見失う[跡 　 がわからなくなる]」

Our big mistake was that we hadn't <u>taken</u> the traffic conditions <u>into account</u>. (北海学園大)	私たちの大きな失敗は交通状況<u>を考慮に入れ</u>なかったことだった。
The teacher <u>took hold of</u> the child's hand and led her gently into the classroom. (獨協大)	先生はその子供の手<u>を取り</u>，優しく教室の中へいざなった。
The employer <u>took</u> no <u>notice of</u> his manager's advice and made a mistake. (近畿大)	社長は部長の助言<u>に注意を払わ</u>ず，間違いを犯した。
① The revised law concerning privacy <u>took effect</u> on January 1 this year. (青山学院大)	①プライバシーに関する改正法が今年の1月1日に<u>施行された</u>。
② In half an hour, the medicine he took began to <u>take effect</u>. (早大)	②30分後，彼が飲んだ薬が<u>効き</u>始めた。
Koji seems to be <u>taking</u> great <u>pains</u> to avoid meeting Ryota face to face. (埼玉大)	コウジはリョウタと面と向かって会うのを避けるのに<u>苦心して</u>いるようだ。
His mother told him to <u>keep track of</u> all the money he spent while he was traveling. (駒澤大)	彼の母親は彼に旅行中に使ったすべてのお金<u>を把握しておく</u>ように言った。

301

kéep ～ cómpany □□ 897	（人）と一緒にいる，（人）の相手を する ；（話など）に付き合う 参考 in ～'s company, in the company of ～, in company with ～ は「～ と 一 緒 に 」 （＝with ～）の意味。
kèep abréast ⎡**of** ⎣**with** ⎤ ～ □□ 898	（時勢など）に遅れずついて行く 回 keep pace with ～ →232, 　 keep up with ～ →233 ▶ abreast の発音は [əbrést]。
lèt gó of ～ □□ 899	～を手放す 回 release ▶ let go (～) には「（～を）手放す」と自動詞・他動 詞それぞれの用法がある。
live úp to ～ □□ 900	（期待など）に添う[恥じない行動 をする] ；（義務など）を果たす
lóok ～ in the 　　　　**éye(s)** □□ 901	～の目を正視する ▶ look ～ in the face は「～の顔を正視する」。 ▶ look ～ straight in the eye(s) [face] とする ことも多い（例文）。look at ～ in ... とはしない。
hòld trúe □□ 902	当てはまる ；有効である 回 hold good ▶ hold は remain の意味で，(S) VC の文構造。
còme to térms 　　　　**with ～** □□ 903	～と折り合いがつく ；（あきらめ て）～を受け入れる ▶ terms は常に複数形。●深める！ P.228

She asked me to <u>keep</u> her <u>company</u> until her parents came home. (東京女大)	彼女は私に両親が帰宅するまで彼女<u>と一緒にいて</u>ほしいと頼んだ。
My father always reads a newspaper attentively to <u>keep</u> <u>abreast</u> <u>of</u> economic trends. (早大)	父は経済の動向<u>に遅れずついて行く</u>ためにいつも新聞を注意深く読む。
Mary <u>let</u> <u>go</u> <u>of</u> her mother's hand when they were skating, and then she had a fall. (近畿大) *have a fall「転倒する」	メアリーはスケートをしていたときに母親の手<u>を放し</u>，そして転倒した。
It's not so easy for new companies to <u>live</u> <u>up</u> <u>to</u> customers' expectations. (関西学院大)	新しい会社が顧客の期待<u>に添う</u>ことはそれほど容易なことではない。
He couldn't have <u>looked</u> her straight <u>in</u> <u>the</u> <u>eye</u> if he'd had any evil intent on her. (同志社大)	彼がもし彼女に対して悪意を持っていたなら，彼は彼女<u>の目を正視する</u>ことができなかっただろう。
To try to empathize with others — this basic rule <u>holds</u> <u>true</u> no matter what our belief is. (岩手大)	他人に共感しようとすること，この基本的な法則は私たちにどんな信念があろうと<u>当てはまる</u>。
He's trying hard to <u>come</u> <u>to</u> <u>terms</u> <u>with</u> the earlier life he'd lived recklessly. (東海大) *recklessly [réklǝsli]「無謀に」	彼は無謀に生きた若いころの生活に<u>折り合いをつけ</u>ようと努力している。

303

còme to líght ☐☐ 904	**明るみに出る, 現れる** 同 come out → 466 ▶ 他動詞的に「〜を明るみに出す」は, bring 〜 to light。
còme of áge ☐☐ 905	**（法律的に）成人になる** ▶「成人である」という「状態」は, be of age。
còme in hándy ☐☐ 906	**役に立つ** 同 be [prove] useful [convenient]
fàll shórt of 〜 ☐☐ 907	**（目標・基準など）に達しない** ▶ fall の代わりに come も使う。 ▶ be short of 〜 は「〜に達していない」という「状態」を表す。
gò a lòng wáy 　　　　**to** *do* ☐☐ 908	**…するのに大いに役立つ** ▶ go a long way to[toward(s) / in] 〜「〜に大いに役立つ」も使う。
pàve the wáy 　　　　$\begin{bmatrix} \text{for} \\ \text{to} \end{bmatrix}$ **〜** ☐☐ 909	**〜への準備をする[道を開く]**
pùt 〜 to úse ☐☐ 910	**〜を利用する** ▶ use は名詞であるから [juːs] と発音する。use には good などの形容詞も付く。
stánd to réason ☐☐ 911	**もっともである, 理屈に合う** ▶ 例文のように It stands to reason that .... の形で使われることが多い（It は形式主語）。

It **came** **to** **light** that some athletes had been gambling at illegal casinos. (関西外大)	違法カジノでギャンブルをしていたスポーツ選手たちがいたことが<u>明るみに出た</u>。
In most countries of the world, people legally **come** **of** **age** at 18. (早大)	世界のほとんどの国では, 18歳で法的に<u>成人になる</u>。
She studied Chinese, assuming a knowledge of it would **come** **in** **handy** for getting a job. (共立女大)	彼女は就職にその知識が<u>役立つ</u>だろうと考えて, 中国語を勉強した。
We did our best to succeed, but the project **fell** **short** **of** our goal. (獨協大)	私たちは成功するために全力を尽くしたが, プロジェクトは目標<u>に達しなかった</u>。
Knowing a few words of the country you travel to **goes** **a** **long** **way** **to** make your trip more enjoyable. (愛知教育大)	旅行する国の言葉を少し知っていることは, あなたの旅をより楽しいものにする<u>のに大いに役立つ</u>。
By signing an unfair contract, the boss **paved** **the** **way** **for** the bankruptcy of his company. (愛知県大)	不公平な契約にサインをしたことで, 社長は彼の会社が倒産<u>に向かう道を開いて</u>しまった。
The ability to create knowledge and **put** it **to** good **use** is the key characteristic of humans. (東大)	知識を生み出してうまくそれ<u>を利用する</u>能力は, 人間の主要な特性だ。
It **stands** **to** **reason** that children should be independent of their parents after a certain age. (福岡大)	子供たちがある年齢を過ぎたら親から独立するべきだというのは<u>もっともなことである</u>。

sée the sights (of ~) **dó** □□ 912	**(~の)観光をする** ▶ do は 主に英 。 ▶ sights は必ず複数形。 ●深める! P.228
réad betwèen the lines □□ 913	**行間を読む；真意をつかむ** ▶ lines は必ず複数形。 ●深める! P.228
fòllow súit □□ 914	**人のまねをする, 先例にならう** 回 imitate
plày a jóke on ~ □□ 915	**~に(悪意のない)いたずらをする** ▶ play a trick on ~ とも言う。
gèt on ~'s nérves □□ 916	**~の神経にさわる** 回 irritate, 　 drive ~ crazy [nuts]
gèt the bétter of ~ **hàve** □□ 917	**~に勝つ；~を出し抜く** 回「~に勝つ」defeat, overcome
gèt éven with ~ **be** □□ 918	**(人)に仕返しをする[恨みを晴らす]** ▶ even はここでは「同じ高さの；等しい」の意味の形容詞。そこからこの句は「(人)に借金がない[なくなる]」の意味にもなる。
hòld ~ in chéck **kèep** □□ 919	**~を抑える[食い止める]** 回 hold [keep] ~ under control

I'm really looking forward to **seeing the sights of** your country on my trip next month. (同志社大)

私は来月の旅行であなたの国の<u>観光をする</u>のを本当に楽しみにしています。

Her letter doesn't communicate much, but **reading between the lines**, I can tell she is sad. (早大)

彼女の手紙からはあまり多くのことが伝わってこないが，<u>行間を読む</u>と彼女は悲しいのだとわかる。

John's company has introduced a new product, but rival firms are expected to **follow suit** soon. (東京慈恵会医大)

ジョンの会社は新製品を発表したが，競合他社がすぐに<u>まねをする</u>だろう。

When we were in junior high, we often **played jokes on** our history teacher. (上智大)

私たちが中学生だったとき，よく歴史の先生<u>にいたずらをした</u>。

The noise from the nearby construction site is **getting on** my **nerves**, and I can't concentrate. (中部大)

近くの建設現場からの騒音が私<u>の神経にさわり</u>，集中できない。

No one can **get the better of** her in an argument. (青山学院大)

議論で彼女に<u>勝つ</u>ことができる人はいない。

Bob wants to **get even with** Al for bullying him. (成蹊大)

ボブはいじめられたことでアル<u>に仕返しをし</u>たいと思っている。

The traditional way to learn to **keep** our emotions **in check** is to sit and meditate. (愛媛大)

私たちが感情<u>を抑えられ</u>るようになる伝統的な方法は，座って瞑想することだ。

307

hàve an éye for ~ □□ 920	**~に対する眼識[鑑識力]がある** ▶ have a good eye for ~ とも言う。 ▶「~を聞き分ける能力がある」は，have an ear for ~。
hàve ~ on *one's* mínd □□ 921	**~を気にしている[心配している]** 🔲 dwell on [upon] ~ → 863② ▶ ~ is on *one's* mind の形も多い。 ▶ have ~ in mind「~を考えている」とはニュアンスが異なる。
have yèt to *dó* □□ 922	**まだ…していない, これから…しなければならない** 🔲 have still to *do*
dáre to *do* □□ 923	**思い切って[あえて]…する** ▶ 否定文・疑問文での使用が多いが，その場合には to の省略もある。 例 I didn't **dare** speak to him. 「私はあえて彼に話しかけなかった」
impóse A ⎰**on**⎱ **B** ⎱**upòn**⎰ □□ 924	**A を B に課す[押しつける]** 参考 impose on [upon] ~ は「(人・親切など)につけ込む」。この場合の impose は自動詞。 例 I hope I'm not **imposing on** you. 「ご迷惑でなければいいのですが」
ascríbe A to B □□ 925	**A を B のせいにする** 🔲 attribute A to B → 490 ▶ A is ascribed to B の受動態もよく使われる。
brìng À hòme to Б́ □□ 926	**A(ある事柄)を B(人)に痛感させる** 🔲 A comes home to B ▶ home は副詞で「徹底的に」の意味。A が長い場合には，bring home A to B の語順(例文)や bring home to B A の語順にもなる。

You need to **have an eye for** color and style if you want to be a fashion designer.

(玉川大)

ファッションデザイナーになりたければ，色とスタイルに対する眼識を持っている必要がある。

To finish my thesis in time — I've **had** only this **on my mind** all these three months.

(津田塾大)

論文を間に合わせること，この３か月間ずっとこのことだけを気にしている。

Mariko says that though she speaks some French, she **has yet to** visit France.

(立命館大)

マリコはフランス語を少しだけ話すが，まだフランスを訪問してはいないと言う。

I'm glad my mother never knew how high I **dared to** climb.

(白百合女大)

私がどんなに高い所に登ろうとしたのかを母がまったく知らなくてよかったと思う。

The government is reportedly considering **imposing** a new tax **on** us to fund its post-epidemic activities.

(早大)

伝えられるところによれば，政府は伝染病流行後の活動の財源にするために新たな税金を私たちに課すことを検討中だ。

He **ascribed** his failure in the examination **to** bad luck.

(慶大)

彼は試験に落ちたことを不運のせいにした。

This incident **brought home** the importance of studying hard **to** Mayu.

(阪大)

この出来事は一生懸命勉強することの重要性をマユに痛感させた。

Section 5　形容詞句・副詞句

a varíety of ～ □□ 927	① （同一種類のもので）いろいろ[さまざま]な～ ▶ "～" には複数名詞か集合名詞がくる。 ② ～の1種[1つの型] ▶ "～" には単数名詞・複数名詞がきて，いずれも無冠詞。「2種類」となれば当然 two varieties of ～ となる。
a hándful of ～ □□ 928	一握りの～；少数[量]の～ ▶ handful には little など計量を表す形容詞も付く。
a hóst of ～ □□ 929	多数の～ ◙ hosts of ～, 　a large number of ～ ▶ host [houst] の発音に注意。
scóres of ～ □□ 930	多数の～ ◙ a lot of ～ ▶ score は「20」の意味。「数詞」に続くときには，複数形にならない。例 three score (of) people「60人」〔大げさで古風な言い方〕
màny ⎰a⎱ ～ 　　　⎱an⎰ □□ 931	多くの～, あまたの～ ▶「多い」をやや大げさに表現する句。単数扱い。
quìte a féw ～ □□ 932	かなりの数の～ ◙ a fairly large number of ～, 　quite a lot of ～ ▶ quite a little ～ は「かなり多くの（量の）～」。 ▶ quite a few [little] は名詞句として「かなりの数[量]」の意味。

ここでは形容詞句と副詞句を 30 個集めたが，中には両方の機能を持つものもある。また，930・944 の名詞は複数形だが，933 は単数形である点に注意。

① The owner carefully displayed <u>a variety of</u> products in order to appeal to shoppers. (関西学院大)

① オーナーは買い物客の興味を引くように<u>いろいろな</u>製品を注意深く陳列した。

② "Golden rice" is <u>a variety of</u> rice produced through genetic engineering. (畿央大)

*genetic engineering「遺伝子組み換え」

② 「ゴールデンライス」は遺伝子組み換えによって作られた米<u>の１種</u>だ。

<u>A handful of</u> giant corporations dominate the worldwide industry of computer services. (獨協大)

<u>一握りの</u>巨大企業が世界中のコンピューターサービス産業を独占している。

At the time the family was faced with <u>a host of</u> difficulties, including financial ones. (富山大)

当時，その家族は財政難を含む<u>多くの</u>困難に直面していた。

Today, as on any given day, <u>scores of</u> drones are launched and landed at the seashore nearby. (横浜市大)

今日もいつもの日と同じように，<u>多数の</u>ドローンが近くの海岸で飛ばされたり着陸したりしている。

I'm glad to hear <u>many a</u> student wants to study abroad nowadays. (法政大)

最近では<u>多くの</u>学生が海外留学したがっていると聞いて私はうれしい。

I've read <u>quite a few</u> self-help books in my life, and learned a lot from them. (早大)

私はこれまでに<u>かなりの数の</u>自己啓発本を読んできて，それらから多くのことを学んだ。

311

àll mánner of ～　□□ 933	**あらゆる種類の～** 🔲 all kinds [sorts] of ～ ▶ manner が単数形である点に注意。
(àll) on *one's* ówn　□□ 934	**(すべて)自分1人で；(すべて)独力で** 🔲 (all) by *oneself*； 「独力で」without anyone's help
at íssue　□□ 935	**問題の；論争中の[で]** 🔲 「問題の」in question； 「論争中の[で]」in conflict, under discussion
at ～'s dispósal　□□ 936	**(人)の自由になって[使えて]** ▶ at the disposal of ～ の形にも。
at stáke　□□ 937	**危うくなった[て]；賭けられた[て]** 🔲 「危うくなった[て]」in danger, at risk → 633, in jeopardy, on the line
(enòugh) ～ to gò aróund　□□ 938	**全員に行き渡るだけの～** ▶ 園 では, (enough) ～ to go round。
èvery óther ～　□□ 939	**① 1つおきの～, ～おきに** 🔲 every second ～ **② 残りのすべての～** ▶ "～" には単数名詞が入る。

Wildlife rangers find <u>all manner of</u> items including toothbrushes in dead animals' stomachs. （東京慈恵会医大）	野生動物保護官は，死んだ動物の胃の中に歯ブラシを含む<u>あらゆる種類の</u>ものを見つける。
He's the type who prefers to do things <u>on his own</u> rather than to work with others. （名大）	彼は他人と一緒に働くよりも<u>自分1人で</u>物事をするのを好むタイプだ。
What is <u>at issue</u> here is not whether disasters on that scale will occur but when they will. （慶大）	ここで<u>問題な</u>のは，そのような規模の災害が起きるかどうかではなく，いつ起きるかということだ。
Yuta has on average 5,000 yen <u>at his disposal</u> as pocket money each month. （甲南大）	ユウタには毎月のお小遣いとして自分の<u>自由に使える</u>お金が平均5千円ある。
With so much <u>at stake</u>, we cannot afford to make mistakes. （東京慈恵会医大）	非常に多くのことが<u>危うくなって</u>いるので，私たちは間違えることができない。
My mother asked me to check if there were <u>enough</u> chairs <u>to go around</u> for the party. （慶大）	母は私にパーティーで<u>全員に行き渡るだけの</u>いすがあるか確認するように頼んだ。
① To help pay for tuition, I'm working part-time at a supermarket <u>every other</u> weekend. （立教大）	①学費の支払いを助けるために，私は<u>隔週の</u>週末にスーパーでアルバイトをしている。
② I noticed then that <u>every other</u> adult on the train was staring at his or her own smartphone. （東大）	②私はその時，電車内の<u>ほかの大人全員</u>が各々のスマートフォンを見ているのに気づいた。

313

for a ràiny dáy □□ 940	(将来の)まさかの時[緊急時]に備えて ▶ かつては against a rainy day とも言った。
in éarnest □□ 941	本格的に；熱心に ▶ earnest には real, good などの形容詞も付く。
in (gòod) shápe □□ 942	調子がよくて 反 in bad shape「体調不良で」, out of shape「体調が悪くて；形が崩れて」 ▶ shape は無冠詞。
in stóre (**for** ～) □□ 943	(～のために)用意して；(～の身に)降りかかろうとして
in the wórks □□ 944	準備[計画・進行]中で 同 in the pipeline, in the making
nóthing shórt of ～ □□ 945	まさしく～(の) 同 nothing less than ～ ▶「～」には名詞・形容詞がくる。 ▶「～に達しないものは何もない」→「～に十分に達する」からこの意味になる。
～ of *one's* **ówn** □□ 946	自分自身の～ ▶ 名詞の直後に置かれる。 ▶ a room of my own は my own room より「自分用の」のニュアンスが強い。a room of my very own はさらに強い。
of *one's* (**òwn**) 　　　　　　*dóing* □□ 947	(人)が…した ▶ これも直前の名詞を修飾するほか, be動詞の補語にもなる(例文)。

Joe has little money at his disposal and little to save <u>for</u> <u>a</u> <u>rainy</u> <u>day</u>. （甲南大）	ジョーには自由に使えるお金も<u>緊急時に備えて蓄える</u>お金もほとんどない。
It started to rain <u>in</u> <u>earnest</u> soon after I left the office.　（日本女大）	私が会社を出るとすぐに<u>本格的に</u>雨が降り出した。
If you want to keep yourself <u>in</u> <u>good</u> <u>shape</u>, you need to exercise every day.　（学習院大）	自分自身を<u>調子よくして</u>おきたければ，あなたは毎日運動する必要がある。
She apparently came to the party not expecting such a surprise was <u>in</u> <u>store</u> <u>for</u> her. （東京理科大）	どうやら彼女はそんなサプライズが自分<u>のために用意して</u>あるとは思わずにパーティーに来たようだった。
Another book by the same author is <u>in</u> <u>the</u> <u>works</u> for publication soon. （青山学院大）	同じ作家による次の本が近日出版の<u>準備中</u>だ。
The patient's recovery was quick and even the doctors thought this was <u>nothing</u> <u>short</u> <u>of</u> a miracle. （立教大）	その患者の回復は早く，医師たちでさえこれは<u>まさしく</u>奇跡だと思った。
Jack is staying with his friend for the time being until he finds a place <u>of</u> <u>his</u> <u>own</u>. （畿央大）	ジャックは<u>自分自身の</u>住居が見つかるまで，当分の間友人の家に泊まっている。
He seems to be in trouble again, but all those problems are <u>of</u> <u>his</u> <u>own</u> <u>making</u>. （京都府医大）	彼はまたトラブルになっているようだが，そうした問題はすべて<u>彼自身が引き起こした</u>ものだ。

315

on the móve ☐☐ 948	(忙しく)移動中の[で]；活躍中の[で] 🔲「活躍中の[で]」on the go
on the ～ síde ☐☐ 949	～気味で[の] ▶ "～" には普通，「性質」を表す形容詞が入る。 ▶「～側で」と文字どおりの意味でも使う。
òut of hánd ☐☐ 950	① 手に負えない 🔲 out of control ② 即座に 🔲 at once → 129①， 　right away → 224
òut of the quéstion ☐☐ 951	あり得ない，不可能で 🔲 impossible
per cápita ☐☐ 952	1人当たりの[で] 🔲 per person [head]
ríght as ráin ☐☐ 953	すっかり健康[正常]で ▶ 元来の形は，as right as rain。
sècond to nóne ☐☐ 954	誰[何]にも劣らない 🔲 the best
sómething of a ～ ☐☐ 955	ちょっとした～，ある程度の～ ▶「大した～でない」は，not much of a ～。「～どころではない」は，nothing of a ～。
úpward(s) of ～ ☐☐ 956	～以上(の) 🔲 more than ～

Don't you think we need a law or something to control smartphone use by people <u>on the move</u>? （東洋英和女学院大）	移動中の人々のスマートフォン使用を規制する法律か何かが必要だとは思いませんか。
Her husband is a nice-looking man who is a little <u>on the</u> lean <u>side</u>. （お茶の水女大）	彼女の夫は少しやせ<u>気味の</u>ハンサムな男性だ。
① We have to make sure that things don't get <u>out of hand</u>. （明治大）	①私たちは事態が<u>手に負えなく</u>なることがないようにする必要がある。
② A boy asked a question, but the chairman dismissed it <u>out of hand</u>. （慶大）	②少年が質問をしたが，議長は<u>即座に</u>それを退けた。
Our pet dog is old, so using stairs is <u>out of the question</u>. （青山学院大）	うちのペットの犬は年老いているので，階段を使うなんて<u>あり得ない</u>。
In the last forty years, the <u>per capita</u> income of Americans has more than doubled. （慶大）	過去40年で，アメリカ人<u>1人当たりの</u>収入は倍以上になった。
Erina is <u>right as rain</u> now; in fact, she's already started taking some dance classes. （センター試験）	エリナは今では<u>すっかり健康</u>だ。実際，彼女はすでにいくつかのダンスの授業を取り始めている。
As far as math is concerned, Rupert is <u>second to none</u> in his class. （甲南大）	数学に関する限り，ルパートはクラスの<u>誰にも劣らない</u>。
She is <u>something of a</u> singer, but her songs are now behind the times. （高崎経大）	彼女は<u>ちょっとした</u>歌手だが，彼女の歌は今では時代遅れだ。
<u>Upwards of</u> 95% of our company's workers are university graduates. （関西外大）	私たちの会社の従業員の95%<u>以上</u>が大学卒だ。

317

Section 6　前置詞句・接続詞句・名詞句

regárdless of ～ □□ 957	**～に(も)かかわらず, ～に関係なく** 圓 without regard to ～, irrespective of ～
in accórdance with ～ □□ 958	**～に従って；～に応じて** 圓 according to ～ →164② ▶ according to ～ のほうが一般的。
in propórtion to ～ □□ 959	**～に比例して** ▶「～のわりには」の意味になることもある。
in the wáke of ～ □□ 960	**～の通過後[跡]に；～の結果として** ▶ in ～'s wake の形にもなる。
às of ～ □□ 961	**～現在で, ～の時点で**
bùt for ～ □□ 962	**～がないならば** 圓 if it were not for ～ →711, without ▶ 主節の時制が現在か未来なら if it were not for ～（仮定法過去）→711 で, 過去なら if it had not been for ～（仮定法過去完了）で書き換えら れる。
on ～ térms with ... □□ 963	**…と～の関係[間柄]で** ▶「～」には形容詞が入る。 ▶ terms は常に複数形。 深める! P.228
on the vérge of ～ □□ 964	**～をしそうで, ～の瀬戸際で** 圓 on the brink of ～

前置詞句・接続詞句・名詞句の 15 個。言うまでもないが，前置詞句ではその前置詞に特に注意したい。接続詞句と名詞句はわずかだがしっかり覚えよう。

Regardless of the weather, we'll hold the tennis tournament as planned. (法政大)	天候にかかわらず，我々は予定どおりテニストーナメントを開催するつもりだ。
In accordance with her instructions, I went to see him myself. (中央大)	私は彼女の指示に従って，私自身で彼に会いに行った。
As an incentive, the winners were paid **in proportion to** their number of victories. (麗澤大)	報奨金として，勝者は勝利の数に比例してお金をもらった。
There was heavy damage in this area **in the wake of** the typhoon. (熊本大)	台風が通った後にこの地域ではひどい被害があった。
As of noon today, more students than the designated number have already signed up. (名古屋外大)	今日の正午現在，すでに指定された数を上回る学生が受講登録している。
Our project would definitely have ended in failure **but for** his earnest support. (中央大)	彼の熱心な支援がなければ，私たちのプロジェクトは間違いなく失敗に終わっていただろう。
Jimmy has been **on** friendly **terms with** me for many years. (関西外大)	ジミーは長年にわたって私と親しい間柄である。
"It's hard!" exclaimed one student, **on the verge of** tears. (青山学院大)	「難しい！」泣きそうになって，1人の生徒が叫んだ。

319

within wálking distance of ～ □□ 965	～から歩いて行けるところに ▶ この of は「～から」の意味で「距離」を表す。 参考 within driving[spitting / hearing] distance of ～ は「～から車で行ける[すぐ近くの / 呼べば聞こえる]ところに」。
to the effect that ... □□ 966	…という趣旨の[で] ▶ to this[that] effect は「この[その]趣旨の[で]」。
a càse in póint □□ 967	適例 📘 a typical example
the prós and cóns □□ 968	賛否両論 ▶「賛否両論の[で]」(形容詞・副詞) は, pro and con。
a white élephant □□ 969	無用の長物 📘 a useless[an unwanted] item ▶ タイの王が, 維持費のかかる神聖な白象を気に入らない廷臣に与えて困らせた故事から。
the élephant in the ròom □□ 970	誰も触れたがらない話題 ▶「全員が重要と認識していながら」という前提で使う。
párt and párcel (of ～) □□ 971	(～の)不可分の要素, (～の)最重要部分 ▶ 無冠詞で使われる。

Do you know if there is a post office <u>within</u> <u>walking</u> <u>distance</u> <u>of</u> the station? （学習院女大）	駅<u>から歩いて行けるところに</u>郵便局があるかご存じですか。
His words were a bit vague, but we thought they were <u>to the effect that</u> he'd be absent. （名古屋市大）	彼の言葉は少しあいまいだったが，私たちはそれは彼が欠席する<u>という趣旨で</u>あったと考えた。
Its latest performance is <u>a case in point</u>: the city promises a quick response but takes months. （関西学院大）	市の直近の仕事ぶりが<u>適例</u>だ。すなわち，市は迅速な対応を約束するが，何か月もかかる。
The panelists discussed <u>the pros and cons</u> of using English as the sole language for higher education. （早大）	パネリストたちは高等教育において唯一の言語として英語を使うことの<u>賛否</u>を議論した。
The summer cottage my grandparents used to go to has become <u>a</u> complete <u>white elephant</u>. （東大）	祖父母がかつてよく行っていた夏の別荘は完全に<u>無用の長物</u>になっている。
When we met, <u>the elephant in the room</u> was the topic of their son having lost the election. （青山学院大）	私たちが会ったときに<u>誰も触れたがらなかった話題</u>は，落選した彼らの息子のことだった。
I think the fact I have to work irregular hours is <u>part and parcel of</u> being a journalist. （阪大）	私が不規則な時間に働かねばならないという事実は，ジャーナリストであることの<u>不可分の要素</u>だと私は思う。

Section 7　純然たる副詞句

àll alóng □□ 972	最初からずっと 圓 from the beginning ▶ all along the coast「海岸に沿ってずっと」など の前置詞用法とは異なる。
áll tòo □□ 973	とても, 非常に 圓 only too →996 ▶「残念ながら」のニュアンスを持つこともある。
as súch □□ 974	そういうものとして；それ自体では 圓「そういうものとして」in that capacity； 「それ自体では」in itself →682
(at) fírst hánd □□ 975	直接に, じかに 圓 directly ▶ firsthand と1語でも表す。
at ～'s convénience □□ 976	～の都合のよいときに ▶ earliest を加え, at ～'s earliest convenience 「なるべく早い時期に」とすることも多い。
at | shòrt nótice on | □□ 977	急に, 即座に ▶ at[on] a moment's notice とも言う。at[on] two weeks' notice なら「2週間の予告期間で」。 on は圏。
at wíll □□ 978	思いのままに, 随意に 圓 as *one* pleases, freely
bý and lárge □□ 979	概して 圓 generally speaking →342, on the whole →343, all in all →344

最後に副詞句の 29 個を征服し，めでたくゴールイン‼　皆の集中力と粘りに敬意を払いたい。合格を勝ち取り，未来へのドアを力強く開けてほしい。

I realized that he had known <u>all along</u> about their purpose in joining in our trip. （センター試験）

彼らが私たちの旅行に加わった目的について，彼は<u>最初から</u>知っていたのだと私は気づいた。

Our summer vacation has come to an end <u>all too</u> soon. （畿央大）

私たちの夏休みは<u>とても</u>早く終わってしまった。

After all, he is the leader of a community, and should be evaluated <u>as such</u>. （早大）

何といっても彼は地域のリーダーなのだから，<u>そういう人として</u>評価されるべきだ。

Touch is the most active sense, through which we experience the outer world <u>first hand</u>. （慶大）

触覚は最も活発な感覚で，それを通じて私たちは<u>直接</u>外界を知覚する。

They suggested that he come to their firm <u>at</u> his <u>convenience</u>. （関西外大）

彼らは，<u>彼の都合のよいときに</u>彼が来社することを提案した。

It is generally thought to be rude for a lot of friends to visit a person <u>at short notice</u>. （青山学院大）

たくさんの友人が1人の人を<u>急に</u>訪問するのは失礼だと一般には考えられている。

During the day, the children were allowed to run around in the park <u>at will</u>. （同志社大）

子供たちは日中，<u>思いのままに</u>公園を走り回るのを許されていた。

<u>By and large</u>, the new measures announced by the government were well accepted. （中央大）

<u>概して</u>，政府が発表した新しい対策は広く受け入れられた。

323

dòwn the róad □□ 980	〔口語で〕やがては, 将来は 同 in time →⑧②, in the future, in due course[time], (further) along the road ▶「その道を行った先で」の文字どおりの意味でも 使われる。
èarly ón □□ 981	早い時期に, 早くから 反 later on「後で, 後になって」 ▶ earlier on もほぼ同じ意味。
for a chánge □□ 982	気分転換に, たまには
for áll I knów □□ 983	よくは知らないが, たぶん ▶ for all I care も「どうでもいいが」といった無関 心を表す表現。
for nóthing □□ 984	① 無料で 同 for free, free of charge ② 無駄に 同 in vain ▶ good for nothing は「何の役にも立たない」(形 容詞句)。
if ánything □□ 985	どちらかと言えば;もしあるとし ても ▶ 最初の意味は「A ではない。どちらかと言えば B だ」といった文脈の中で多く使われる。
in a rów □□ 986	連続して 同 on end →419①, in succession ▶ 文字どおり「1列で」の意味でも使う。

If you leave the situation as it is, I fear you'll have a big problem <u>down the road</u>. (早大)	もし状況を今のままにしておけば，あなたは<u>やがて</u>大きな問題を抱えるだろうと私は懸念している。
Having discovered <u>early on</u> that he lacked the talent, he gave up the dream of becoming an artist. (明治大)	<u>早い時期に</u>自分には才能がないとわかったので，彼は芸術家になる夢をあきらめた。
I've become a bit tired of this game. How about trying something new <u>for a change</u>? (慶大)	私はこのゲームに少し飽きてきました。<u>気分転換に</u>何か新しいのをやってみるのはどうですか。
I saw him playing here a couple of hours ago. He may have gone home <u>for all I know</u>. (京都工繊大)	私は2，3時間前に彼がここで遊んでいるのを見た。<u>よくは知らないが</u>，彼は家に帰ってしまったかもしれない。
① If you buy one item, you can get another <u>for nothing</u>. (中央大)	①商品を1つ買えば，<u>無料で</u>もう1つもらえます。
② He tried very hard, but all he did was <u>for nothing</u>. (福岡大)	②彼は一生懸命頑張ったが，彼がしたことは<u>無駄</u>だった。
At first, I didn't think it would be difficult; <u>if anything</u>, I took it to be simple. (東京都大)	最初，私はそれが難しいとは思わなかった。<u>どちらかと言えば</u>，それは簡単だと思った。
With today's victory, the Tigers have now won three games <u>in a row</u>. (中央大)	今日の勝利でタイガースは今のところ<u>連続して</u>3試合に勝利している。

325

in pérson □□ 987	（代理人でなく）じかに, 自ら 同 in the flesh 参考 in-person classes は「（オンラインではなく）対面での授業」。
in rétrospect □□ 988	（過去を）振り返って（みて） 同 looking back [backward], reflecting on the past
mòre óften than **nót** □□ 989	普通は, たいてい 同 usually ▶ as often as not とも言う。理屈では, more often ... は「10回のうち5回を超えて」の意味で as often ... より回数が多い。
on sècond **thóught** □□ 990	考え直してみて ▶ 複数形 thoughts にするのは 英。 参考 have second thoughts about ~, give ~ a second thought は「～について再考する」。
on the fáce of it □□ 991	見たところは, 表面上は 同 on the surface
on the spót □□ 992	① その場で, 即座に 同 at once → 129①, immediately ② 〔口語で〕窮地に立って, 困って 同 in trouble ; 〔口語で〕in a jam [bind [baɪnd]] ▶ put ~ on the spot は「（質問などで）（人）を窮地に立たせる」（例文）。
ónce (and) for áll □□ 993	きっぱりと, これを最後に 同 definitely, finally ▶ 英 では once and for all が一般的。

0   180   420   660   830

In that study, thousands of people were polled either **in person** or online. *poll [poul]「〜に世論調査を行う」（共立女大）	その研究では，数千人が<u>直接</u>またはオンラインで世論調査を受けた。
In retrospect, we should have made our plan more detailed and better thought-out. *thought-out「考え抜いた」（岐阜大）	<u>振り返ってみると</u>，私たちは計画をより詳細に，より考え抜いたものにしておくべきだった。
More often than not, a smile, the universal symbol of happiness, is used as a mask. （東京女大）	<u>普通は</u>，幸福の普遍的な象徴である笑顔は，仮面として使われる。
At first I thought I liked the plan, but **on second thought**, I decided to oppose it. （東大）	最初は私はその計画が気に入ったと思ったが，<u>考え直して</u>それに反対することにした。
On the face of it, there are striking similarities between our plan and theirs. （一橋大）	<u>見たところ</u>，私たちの計画と彼らの計画には著しい類似点がある。
① He liked the painting on display the moment he saw it, and decided to buy it **on the spot**. （明治大）	①彼は展示された絵を見た瞬間に気に入り，<u>その場で</u>買うことを決めた。
② The interviewer's question put the politician **on the spot**. （日本大）	②会見記者の質問はその政治家を<u>窮地</u>に立たせた。
When Rosemary comes back, I'll do my best to settle the matter with her **once and for all**. （京都府医大）	ローズマリーが戻ったら，彼女との問題を<u>きっぱりと</u>解決するために最善を尽くすつもりだ。

óne of thèse dáys □□ 994	**そのうちに** 同 someday, one day ▶ one of these days や someday[some day]は未来にのみ, one day は過去・未来の両方に使う。
ónce upòn a tíme □□ 995	**昔々** ▶ 昔話の出だしに使われる。
ònly tóo □□ 996	① 〔glad, happy, pleased などの前で〕**とても, 大いに** ② **遺憾[残念]ながら** ①② 同 all too → 973
[sórt] of **[kind]** □□ 997	**ちょっと；なんとなく** ▶ 副詞句として形容詞・動詞を修飾する。冠詞は付けない。 参考 a sort[kind] of ~ は「一種の~」。
sùch as it ís □□ 998	**大したものではないが, こんな程度のものだが** ▶「低価値」であることを表明する表現。 ▶ 複数の場合には such as they are と言う。
the óther wày [aróund] **[róund]** **[abóut]** □□ 999	**逆に, あべこべに**
to dáte □□ 1000	**現在まで(のところ)** 同 up to [till / until] now, so far → 161

We're all hoping her endless efforts will bear rich fruit <u>one of these days</u>. （共立女大）	彼女の絶え間ない努力が<u>そのうちに</u>豊かな実を結ぶことを私たち全員が願っている。
<u>Once upon a time</u>, there lived even in this area various kinds of dinosaurs. （名古屋外大）	<u>昔々</u>，この辺りにもさまざまな種類の恐竜が住んでいた。
① I told him that I'd be <u>only too</u> pleased to write a letter of recommendation to the firm. （上智大）	①私はその会社への推薦状を書けて<u>とても</u>うれしいと彼に言った。
② We know <u>only too</u> well that things don't go the way we've planned them to. （山形大）	②物事は計画したようには進まないということを，私たちは<u>遺憾ながら</u>よく知っている。
Before I'd jogged even a few kilometers, I was already getting <u>sort of</u> out of breath. （上智大）	２，３キロも走らないうちに，私はすでに<u>ちょっと</u>息が切れ始めていた。
You are welcome to use my dictionary, <u>such as it is</u>. （青山学院大）	<u>大したものではないですが</u>，私の辞書を自由にお使いください。
To screw a lid on a bottle, we turn it clockwise, but to unscrew it, <u>the other way around</u>. （島根大） *clockwise「時計回りに」	びんのふたを閉めるには時計回りに回すが，開けるには<u>逆に</u>回す。
Scientists are eagerly trying to develop a vaccine for the new virus, but to no avail <u>to date</u>. （神戸市外大）	科学者たちはその新型ウイルスのワクチンを熱心に開発しようとしているが，<u>現在までのところ</u>，そのかいはない。

〈make + 名詞〉

- ☐ make coffee「コーヒーを入れる」
- ☐ make haste「急ぐ」〔やや古風〕 ⓘ hurry
- ☐ make money「金もうけをする」 ⓘ earn money
- ☐ make progress「進歩する」 ➡ 93
- ☐ make room「場所を空ける」
- ☐ make sense「意味をなす；道理にかなう」 ➡ 90
- ☐ make tea「お茶を入れる」

〈make + a[an] + 名詞〉

- ☐ make an apology「謝罪する」
- ☐ make an attempt「試みる」
- ☐ make a bed「ベッドを整える」 ⓘ make one's bed
- ☐ make a choice「選ぶ」
- ☐ make a decision「決定[決心]する」
- ☐ make a difference「違いが生じる；重要である」 ➡ 91
- ☐ make an effort[efforts]「努力する」 ➡ 517
- ☐ make an error「間違える」 ⓘ commit an error
- ☐ make a face[faces]「顔をしかめる」 ⓘ pull a face[faces]
- ☐ make a[one's] living「生計を立てる」 ➡ 520 ⓘ earn a[one's] living
- ☐ make a mistake「間違いをする」 ➡ 92
- ☐ make a noise「音を出す」
- ☐ make a (phone) call「電話をかける」
- ☐ make a profit「利益を得る」 ⓐ make a loss「損失を出す」
- ☐ make a request「リクエストする」
- ☐ make a reservation「予約する」
- ☐ make a sneeze「くしゃみをする」 ⓘ give a sneeze
- ☐ make a speech「スピーチをする」
- ☐ make a turn「方向転換する」 参考 make a right turn「右に曲がる」

広げる!! ② go *doing*, go for 〜, go on 〜 の慣用表現

go *doing* …「(場所へ) …しに行く」のほかに「(場所で) …する」の意味がある。ルールに厳しくない気晴らし的行為を表すのに主に使われる。go for 〜 や go on 〜 で言い換えられるものもある。

☐ go bathing (in the river)「圐(川へ) 泳ぎに行く」 圐 go for a bathe

☐ go boating (on the lake)「(湖に) ボートを漕ぎに行く」

☐ go bowling (at the bowling alley)
　　「(ボウリング場に) ボウリングをしに行く」

☐ go cruising (on the lake)「(湖へ) クルーズに行く」

圐 go on [for] a cruise

☐ go golfing (at [in] Hakone)「(箱根へ) ゴルフに行く」

☐ go hiking (in the woods)「(森へ) ハイキングに行く」
　　※「森まで途中ずっとハイキングしながら行く」のニュアンスでは to the woods と to も使える。以下の jogging, picnicking の場合も同様。

☐ go horseback riding (at the club)「(クラブに) 乗馬をしに行く」

☐ go hunting (in the mountain)「(山へ) 狩りをしに行く」

☐ go jogging (around the park)「(公園の周辺での) ジョギングをしに行く」

圐 go for a jog

☐ go picnicking (in Kamakura)「(鎌倉へ) ピクニックをしに行く」

圐 go on [for] a picnic

☐ go sailing (on the sea)「(海へ) ヨットに乗りに行く」

☐ go surfing (in Hawaii)「(ハワイへ) サーフィンをしに行く」

go for 〜 が使われる例

☐ go for a drive (in [to] Hakone)「(箱根へ) ドライブに行く」

☐ go for a walk (along the river)「(川沿いを) 散歩に行く」
　　※ go walking とも言えるが, これには「圉圐 徒歩旅行に行く」の意味もある。

go on 〜 が使われる例 …長いつづりの単語の場合が多い。

☐ go on an expedition (to the Arctic)「(北極へ) 探検に行く」

☐ go on a journey (to [of] Europe)「(ヨーロッパへ) 旅行に行く」

☐ go on a school excursion (to Kyushu)「(九州へ) 修学旅行に行く」

☐ go on a voyage (to Hawaii)「(ハワイに向けて) 航海に出る」

広げる!! ③ 再帰代名詞を使った慣用表現

動詞句

- □ address *oneself* to ～
  「～に話しかける；(難問など)に本気で取り組む」〔格式語〕
- □ apply *oneself* to ～「～に専念する」
- □ avail *oneself* of ～「～を利用する」
- □ *be* beside *oneself* (with ～)
  「(～で)我を忘れる，(～に)夢中である」→ 843
- □ behave *oneself*「行儀よく振る舞う」
- □ cannot help *oneself*「自分を抑えられない」
- □ enjoy *oneself*「楽しい時を過ごす」→ 98
- □ help *oneself* to ～「～を自由に取る」→ 819
- □ occupy *oneself* with[in] ～「～に従事する」
- □ present *oneself*「(人が公式な場所に)現れる；(考えなどが)浮かぶ」
  ※ 後者の意味では，通例 present itself で使う。
- □ pride *oneself* on ～「～を誇り[自慢]に思う」→ 323
- □ repeat *oneself*
  「(歴史などが)同じように繰り返す；(人が)同じことを繰り返し言う」
  ※ 前者の意味では，通例 repeat itself で使う。
- □ seat *oneself*「着席する」　※ take[have] a seat → 525

副詞句

- □ (all) by *oneself*「1人きりで；独力で」
- □ (all) to *oneself*「自分だけ(が使うの)に；自分自身に，心の中に[で]」→ 683
- □ between ourselves「ここだけの話だが，内緒だが」
  ※ cf. between you and me → 135
- □ for *oneself*「自分で；自分のために」
- □ in *oneself*「それ自体では，本来は」
  ※ 通例 in itself → 682，in themselves の形で使う。
- □ in spite of *oneself*「思わず，我知らず」
  ※ in spite of ～ → 167，🔁 despite *oneself*

□ all things considered「すべてを考慮すると」

□ other [all] things being equal「ほかの [すべての] 条件が同じとして」

□ speaking for myself [ourselves]
「自分 [私たち] のことを言えば,私 [私たち] の意見では」

□ taking ～ into consideration「～を考慮に入れると」

〈副詞＋speaking〉の分詞構文
…〈speaking ＋副詞〉の語順での用法もある。

□ broadly speaking「大ざっぱに言えば」

□ frankly speaking「率直に言えば」　※ cf. generally speaking ➡ 342

□ generally speaking「一般的に言えば」➡ 342

□ honestly speaking「正直に言えば」

□ metaphorically speaking「比喩的に言えば」

□ objectively speaking「客観的に言えば」

□ personally speaking「個人的に言えば」

□ properly speaking「厳密に言えば」

□ roughly speaking「大ざっぱに言えば」　※ cf. generally speaking ➡ 342

□ strictly speaking「厳密に言えば」　※ cf. generally speaking ➡ 342

□ technically speaking「専門的に言えば」

接続詞 [前置詞] 的に扱われる分詞構文
…以下の分詞の中では接続詞 [前置詞] と分類されるものも多い。

□ assuming (that) ...「…と仮定すると」

□ considering (that) ...「…を考慮に入れると」
　　※ considering ～ と前置詞として後に名詞が続く形もある。

□ given (that) ...「…を考慮すれば；…なので」➡ 768

□ granted [granting] (that) ...「仮に…だとしても」

□ judging from [by] ～「～から判断すると」➡ 680

□ provided [providing] (that) ...「もし…ならば」➡ 701

□ seeing (that) ...「…が事実であることを考えると」

□ speaking [talking] of ～「～と言えば」➡ 679

□ supposing (that) ...「もし…ならば」

難熟語 Plus 80

近年の最難関レベルの入試では *The New York Times* などのネット記事が題材になることが増え，読解に求められる熟語のレベルも高くなっている。ここでは，過去の入試問題で出題された中から，知っていると役立つであろう熟語を集めた。

動詞句

☐ *1* **abstáin from ～** 「～を避ける；～を棄権する」

There are many good reasons for us to <u>abstain</u> <u>from</u> alcohol and drugs.

「私たちがアルコールと麻薬を<u>避ける</u>十分な理由がたくさんある」（金沢医大）

☐ *2* **blàck óut （～）** ① 「気を失う」
② 「(地域など)を停電にする；～を黒く塗りつぶす」

① I was advised not to ride a bike, because my blood pressure could drop and I might <u>black</u> <u>out</u>.

「私は自転車に乗らないようにと助言を受けた。というのも，血圧が下がって<u>気を失う</u>かもしれないからだ」（日本女大）

② The newspaper reported that the ferocious storm could <u>black</u> <u>out</u> the eastern coast for up to a year.

「その猛烈な嵐は最長 1 年間東海岸を<u>停電にする</u>可能性があると新聞が報じた」（小樽商大）

☐ *3* **brèak éven** 「収支がとんとんになる」

My uncle expects his business to <u>break</u> <u>even</u> by early next year if the present economic trends continue.

「私のおじは，現在の景気動向が続くようなら，彼の事業は来年早々には<u>収支がとんとんになる</u>と予測している」（南山大）

☐ *4* **càll it quíts** 「(活動・仕事などを)やめる」

In this bad economy, more people are <u>calling it</u> <u>quits</u> before age 65 rather than working longer.

「この不景気で，より多くの人が長く働くよりも 65 歳以前に<u>仕事をやめている</u>」（早大）

☐ *5* **càll *one* námes** 「(人)の悪口を言う」

Some bullies used to <u>call</u> <u>him</u> <u>names</u> in his school days.

「学校時代にはよく<u>彼の悪口を言う</u>いじめっ子がいた」（大阪市大）

□ 6 **càncel óut ～** 「～を相殺する[帳消しにする]」

The company's profits in its overseas division this year are nowhere near enough to <u>cancel out</u> its total losses.

「その会社の今年の海外部門の収益は，総損失を<u>帳消しにする</u>にはほど遠い」

(兵庫県大)

□ 7 **càsh ín (～)** 「〔cash in on ～ で〕～を利用する；
〔cash in (～) で〕(～を)現金化する」

Many companies in the world are <u>cashing in on</u> big data to foster a new growth industry.

「世界の多くの企業は新たな成長産業を育てるためにビッグデータ<u>を利用してい</u><u>る</u>」(横浜国大)

□ 8 **cáter to[for] ～** 「～(の要望)に応える；(宴会など)の料理をまかなう」

The nation's convenience stores have started increasingly <u>catering to</u> the needs of older clientele.

「その国のコンビニエンスストアはますます高齢の顧客の要望に<u>応え</u>始めている」

(東洋英和女学院大)

□ 9 **còme to páss** 「起こる」

Changing a habit is never easy; you cannot just make a statement about changing and expect it to <u>come to pass</u>.

「習慣を変えることは簡単なことではない。単に変わることを発表して，それが<u>起</u><u>こる</u>のを期待しているわけにはいかない」(西南学院大)

□ 10 **cònjure úp ～** 「～を思い出させる；～を(呪文などで)呼び出す」

The photo of San Francisco <u>conjured up</u> his old memories of the years he spent there studying.

「そのサンフランシスコの写真は，彼がそこで勉強して過ごした年月の古い思い出<u>を呼び起こした</u>」(芝浦工大)

□ 11 **cròwd óut ～** 「(増加して)～を追い出す」

It is often pointed out that the staggering costs of higher education are <u>crowding out</u> low-income students.

「高等教育の膨大な費用が，低所得の学生たち<u>を締め出して</u>いるとしばしば指摘されている」(中央大)

□ 12 **cùt córners** 「手抜きをする，節約する」

Some customers criticized the company, claiming it'd overpromised and then <u>cut corners</u> when it couldn't deliver.

「過剰な約束をしておきながら約束を果たせなくなると<u>手抜きをする</u>と言って，その会社を批判する顧客もいた」(名古屋工大)

□ 13 **fàll báck on[upòn]** ～ 「～を最後の頼りにする」

She lost everything she had, and all she had to fall back on was her own experience.

「彼女は持っていたものすべてを失い, 最後の頼りとするのは自分の経験だけだった」(日本大)

□ 14 **fàll thróugh** 「(計画などが)失敗する」

His plan to go to New York to visit his parents that weekend fell through due to his sudden illness.

「その週末に両親を訪ねるためにニューヨークへ行くという彼の計画は, 彼が突然病気になったためだめになった」(愛知県大)

□ 15 **flèsh óut** ～ 「～に肉づけする, ～を具体化する」

I've finished writing the skeleton of my paper; now I have to flesh it out with some examples.

「私は論文の骨子を書き終わった。今度はいくつかの例でそれに肉づけしなければならない」(慶大)

□ 16 **frèe úp** ～ 「～を(自由に)使えるようにする；～を緩める」

I'm thinking of reducing my part-time job to three days a week to free up time to concentrate on studying.

「私は勉強に集中するための時間を作るためにアルバイトを週3日に減らそうかと考えている」(青山学院大)

□ 17 **gèt stúck** 「動けなくなる；困った状態になる」

We got stuck in a traffic jam on our way to the airport the other day and almost missed our flight.

「先日私たちは空港へ行く途中に渋滞で動けなくなり, 飛行機に乗り遅れそうになった」(日本大)

□ 18 **gìve A crédit for B** 「BのことでAを評価する[認める]」

He looked back at where he was only two months ago and gave himself credit for making big progress.

「彼はほんの2か月前に自分のいた場所を振り返り, 大きな進歩をしたことで自分自身を評価した」(岩手大)

□ 19 **gò ín for** ～ 「～を好む；～に参加する」

When in Rome do as the Romans do — but what if the Romans go in for some rather nasty doings?

「ローマではローマ人のするようにしなさい, しかしもしローマ人がひどい行為を好んでいたらどうしよう」(京都府医大)

□ 20 **gò to gréat[ány] léngth(s) to** *do*
「…するためには何でもする[しかねない]」

The best teachers <u>go to great lengths to</u> make the learning process enjoyable and interesting.

「最高の教師は学習過程を楽しく興味深いものに<u>するためには何でもする</u>」(東京女大)

□ 21 **hòld swáy (over ～)** 「(～に)影響力を持つ」

In most ancient kingdoms, the kings were considered divine and <u>held</u> absolute <u>sway over</u> their subjects.

「ほとんどの古代王国において、王たちは神聖なものとして考えられ、国民<u>に対して</u>絶対的な<u>影響力を持っていた</u>」(早大)

□ 22 **hòme ín on ～** 「～を目がけて進む；～に集中する」

The insects of all kinds that scavenge for a living find their way to dead animals or dung by <u>homing in on</u> the scent.

「生きるために食べ物をあさるすべての種類の昆虫は、臭い<u>を目がけて進み</u>、死んだ動物やフンにたどり着く」(岐阜大)

□ 23 **impínge on[upòn] ～** 「～に悪影響を及ぼす；～を侵害する」

Many people think that some IT companies have grown so big they are now <u>impinging on</u> the rest of the world.

「多くの人が、成長しすぎて今では世界のほかの国々に<u>悪影響を及ぼしている</u>IT企業もあると考えている」(信州大)

□ 24 **intrúde on[upòn] ～** 「～を侵害する」

Evidence of Japan's economic miracle has begun to <u>intrude on</u> its beautiful countryside.

「日本の驚異的な経済成長の跡は美しい田園地帯<u>を侵し</u>始めた」(名古屋市大)

□ 25 **jùmp[gèt / clìmb] on the bándwagon**
「時流に乗る；優勢な側につく」

Before <u>jumping on the bandwagon</u>, it is important for you to check out whether the plan is truly realistic.

「<u>時流に乗る</u>前に、その計画が本当に現実的かどうか調べることがあなたにとって重要だ」(関西外大)

□ 26 **kèep[hòld] ～ at báy** 「～を寄せつけない」

During the pandemic, it was the aid from local governments that <u>kept</u> many citizens' hunger <u>at bay</u>.

「パンデミック中、多くの国民の飢えを<u>防いだ</u>のは地方自治体からの援助だった」

(愛知県大)

□ 27 **lèave nó stóne untúrned** 「あらゆる手段を尽くす」

Until they arrest the person or persons who committed this crime, the police will leave no stone unturned.

「この犯罪を犯した単独もしくは複数の犯人を逮捕するまで，警察はあらゆる手段を尽くすだろう」（津田塾大）

□ 28 **màke a béeline (for 〜)** 「(〜へ)直行する」

The moment he got a call from her, he made a beeline for the airport to pick her up.

「彼は彼女から電話をもらうとすぐ，彼女を迎えに空港へ直行した」（青山学院大）

□ 29 **màke[hìt] (the) héadlines**
「話題になる，(新聞などの)見出しになる」

Seventy years later, the ballpoint pen isn't making headlines, but it's still hugely popular.

「70年たって，ボールペンは話題にはならないが，今なお大変人気がある」
（学習院大）

□ 30 **màke[pùll] a fáce[fáces]** 「顔をしかめる」

When psychologists played dissonant music to babies, they made faces in disgust.

「心理学者たちが赤ん坊に向けて不協和音の音楽をかけると，赤ん坊たちは不快そうに顔をしかめた」（甲南大）

□ 31 **mòve ín with 〜** 「〜と同居を始める」

My grandmother, who'd been living alone all these years, moved in with us recently.

「祖母は長年一人暮らしをしていたが，最近私たちと同居を始めた」（北海学園大）

□ 32 **pày the píper** 「費用を負担する；(愚行などの)報いを受ける」

I'm afraid we'll have to pay the piper: it was we that proposed the plan in the first place.

「残念だが私たちが費用を負担しなければならないと思う。というのも，そもそも計画を提案したのは私たちだからだ」（慶大）

□ 33 **pày (a) tríbute to 〜** 「〜に敬意[謝意]を表する；〜に貢ぎ物をする」

Labor Day is an American national holiday intended to pay tribute to the workers who have made America what it is today.

「労働者の日はアメリカを今日の姿にしてくれた労働者に敬意を表することを意図した国民の祝日だ」（神戸学院大）

☐ 34 **phàse óut ～** 「～を段階的に廃止[排除]する」

At the latest Group of Seven meeting, world leaders pledged to <u>phase out</u> fossil fuel emissions by the end of this century.

「前回の G7 会議で，世界の指導者たちは今世紀末までに化石燃料排出物<u>を段階的に廃止する</u>と誓った」（慶大）

☐ 35 **pùll the plúg (on ～)** 「(～を)終わらせる[打ち切る]」

The German government <u>pulled the plug on</u> the construction of coal-fired power stations years ago.

「ドイツ政府は何年も前に石炭火力発電所の建設<u>を打ち切った</u>」（明治大）

☐ 36 **rèst assúred (that ...)** 「(…であることで)安心している」

The office tells us to <u>rest assured that</u> we will have the electricity back on by the evening at the latest.

「営業所は，電気は遅くとも夕方までには復旧する<u>から安心する</u>ようにと私たちに言っている」（大妻女大）

☐ 37 **sèe thróugh ～** 「(本質・うそなど)を見抜く」

The hawker was promising a lot of things, but the people surrounding him seemed to <u>see through</u> his plan.

「その行商人は多くのことを約束していたが，彼を取り巻く人々は彼のもくろみ<u>を見抜いている</u>ように見えた」（都留文科大）

☐ 38 **sèt *one's* síghts on ～** 「～を目標にする」

Daniel has <u>set his sights on</u> being a graphic designer after graduation.

「ダニエルは卒業後グラフィックデザイナーになること<u>を目標にしている</u>」（早大）

☐ 39 **stàve óff ～** 「～を食い止める[防ぐ]」

One way to <u>stave off</u> the effects of aging is to stay mentally active, to perform tasks you've never done before.

「老化の影響<u>を食い止める</u> 1 つの方法は，精神的に活動的でいて，それまでに一度もしたことのない課題をこなすことだ」（大阪市大）

☐ 40 **stòck úp (on ～)** 「(～を)買い込む[蓄える]」

In the morning, we rented a car, <u>stocked up on</u> water and snacks, and drove out to a beach six miles east.

「朝，私たちは車を借りて，水と軽食<u>を買い込んで</u>，車で 6 マイル東にある海辺に出かけた」（京都府医大）

□ 41 **succúmb to ~** 「～で死ぬ；～に屈する」

According to the data, over 25 million people have <u>succumbed to</u> AIDS globally, from 1980 through 2009.

「データによれば，1980年から2009年の間に，世界中で2500万人以上の人が<u>エイズで亡くなった</u>」(岐阜大)

□ 42 **tàke (*one's*) léave of ~** 「～に別れを告げる」

He <u>took leave of</u> his family and got on board the plane.

「彼は家族に<u>別れを告げ</u>，飛行機に搭乗した」(東京外大)

□ 43 **tàke offénse** 「腹を立てる」

It was unfortunate he <u>took offense</u> at what I had said, but I meant no harm at all, as you well know.

「私の言ったことに彼が<u>腹を立てた</u>のは残念だったが，あなたがよくご存じのように，傷つける気持ちは私にはまったくなかった」(聖心女大)

□ 44 **tàke stóck of ~** 「～についてよく考える；～の在庫品を調べる」

The priest at the temple told us to be still for a minute, look inward and <u>take stock of</u> who we are.

「寺院の僧侶は私たちに，しばらくじっとして心の内を見つめ，自分が何者である<u>かをじっくり考えてみる</u>ように言った」(岐阜大)

□ 45 **tàp ínto ~** 「～を利用する」

To solve this problem, we need to <u>tap into</u> the wide range of experience and creativity of many people.

「この問題を解決するためには，多くの人の幅広い経験と創造性<u>を活用する</u>必要がある」(名古屋大)

□ 46 **trífle with ~**
「(主に否定文で)(人の感情など)をもてあそぶ；～をいい加減にあしらう」

One of the most important rules in life is not to <u>trifle with</u> other people's feelings.

「人生で最も重要なルールの1つは，他人の感情<u>をもてあそば</u>ないことだ」(小樽商大)

□ 47 **wàrd óff ~** 「～を避ける[かわす]」

With the hay fever season having set in, many people have started wearing masks to <u>ward off</u> pollen and dust.

「花粉症の季節が始まったので，多くの人が花粉やほこり<u>を防ぐ</u>ためにマスクをつけ始めている」(愛媛大)

□ 48 **a mátter of ～** 「たったの～，わずかの～」

They brought me some medicine that was surprisingly effective and relieved my pain in a matter of minutes.

「彼らは私に，驚くほど効果があって，たったの数分で私の痛みを和らげてくれる薬を持ってきてくれた」（昭和女大）

□ 49 **be a fàr crý (from ～)** 「(～と)大きく違っている」

Today's New Orleans is a far cry from what it was before it was badly damaged by a hurricane in 2005.

「今日のニューオーリンズは，2005年にハリケーンでひどい被害を受ける前の姿とは大きく違っている」（慶大）

□ 50 **be addícted to ～** 「～に病みつき[中毒]になっている」

Research has found a high percentage of people, most of them young, are addicted to social media.

「調査によれば，高い割合の人々が，そのほとんどが若者だが，ソーシャルメディア中毒になっている」（麗澤大）

□ 51 **be ápplicable[applícable] to ～** 「～に適用できる[当てはまる]」

The scientist said the mouse model of social isolation he studied would readily be applicable to humans.

「その科学者は，彼が研究した社会的孤立のマウスモデルは容易に人間に適用できるだろうと語った」（早大）

□ 52 **be devóid of ～** 「～を欠いている」

While the politician's speech was interesting, I thought it was devoid of warmth and empathy.

「その政治家の演説は興味深いものであったが，温かみと共感を欠いていると私は思った」（関西外大）

□ 53 **be dispósed to do** 「…したい気がする」

Although she found his opinion completely at odds with hers, she wasn't disposed to argue with him.

「彼の意見は彼女の意見と完全に食い違っているとわかったが，彼女は彼と議論したいとは思わなかった」（上智大）

□ 54 **be immérsed in ～** 「～に没頭する[ふける]」

Using a platform and a headset, the boy was immersed in a computer-generated virtual world.

「プラットフォームとヘッドセットを使って，その少年はコンピューターが作り出す仮想世界に没頭した」（早大）

□ 55 **be immúne to ～** 「～に免疫がある」

The coronavirus which caused COVID-19 was new to humans, so none of us <u>were</u> <u>immune</u> <u>to</u> the disease.

「COVID-19 を引き起こすコロナウイルスは人間には未知のものだったので，その病気に免疫がある人は誰もいなかった」(山口大)

□ 56 **be rélevant to ～** 「～に関連[関係]がある」

Sleepiness is a problem at all stages that <u>are</u> <u>relevant</u> <u>to</u> learning, memory and academic performance.

「学習，記憶，そして学業成績に関連があるすべての段階で，眠気は問題だ」(明治大)

□ 57 **be subórdinate to ～** 「～の下位にある；～に従属する」

Some people believe that a politician's private life should <u>be</u> <u>subordinate</u> <u>to</u> her duty as a public servant.

「政治家の私生活は公僕としての職務より下位にあるべきだと信じている人もいる」(関西外大)

□ 58 **be[féel] ùnder the wéather** 「気分がすぐれない」

She's not at work today as she's <u>feeling</u> <u>under</u> <u>the</u> <u>weather</u>.

「彼女は気分がすぐれないので今日は仕事をしていない」(青山学院大)

副詞句

□ 59 **acròss the bóard** 「全面的に；一律に」

The government announced that the past six months saw a sharp decrease in domestic demand <u>across</u> <u>the</u> <u>board</u>.

「政府は過去６か月間で国内需要が全面的に急激な減少を見せたと発表した」(日本女大)

□ 60 **at the ènd of the dáy** 「(いろいろ考慮すると)最終的には」

You can keep talking as long as you want, but <u>at</u> <u>the</u> <u>end</u> <u>of</u> <u>the</u> <u>day</u>, we have to submit our answer by Tuesday.

「あなた方は好きなだけ話し続けてもいいですが，私たちは最終的には火曜日までに答えを出さなければなりません」(慶大)

□ 61 **by the sàme tóken** 「同様に，同じ理由で」

They insisted that his action was illegal, but <u>by</u> <u>the</u> <u>same</u> <u>token</u>, we found no clear evidence to show its illegality.

「彼らは彼の行為は違法であると言い張ったが，同様に，私たちはその違法性を示すはっきりとした証拠を見つけられなかった」(武蔵大)

□ 62 **for the life of *one***　「(通例 cannot *do*，could not *do* とともに)どうしても(…ない)」

I could not understand <u>for the life of me</u> why he made such a harsh comment.

「なぜ彼がそんな厳しいことを言ったのか私には<u>どうしても</u>理解できなかった」

(東京外大)

□ 63 **in *one's* òwn ríght**　「(他者に頼らず)自らの資格[身分・権利]で」

While Dr. Yoshida is a noted cardiologist, his wife is also a doctor <u>in her own right</u>.

「吉田医師は有名な心臓専門医であるが，彼の妻も<u>れっきとした</u>医師だ」 (大分大)

□ 64 **nòt léast**　「特に」

The rising oceans are now threatening the survival of many people, <u>not least</u> those living near beach areas.

「海面の上昇は今や多くの人々，<u>特に</u>海岸地域の近くに住む人々の生存を脅かしている」 (慶大)

□ 65 **òff the tóp of *one's* héad**　「思いつきだが」

<u>Off the top of my head</u>, how about meeting here at nine tomorrow morning?

「<u>思いつきですが</u>，明朝9時にここで会うのはどうですか」 (津田塾大)

□ 66 **ònce in a blùe móon**　「ごくまれに」

Now that my big sister is married and lives far away, we see her and her family only <u>once in a blue moon</u>.

「姉は結婚して遠くに住んでいるので，私たちは<u>ごくまれに</u>しか彼女や彼女の家族とは会わない」 (青山学院大)

□ 67 **per sé**　「それ自体で[は]」

It was not the content of his speech <u>per se</u> but the way he made it that they were critical of.

「彼らが批判したのは彼の演説の内容<u>それ自体では</u>なく，その仕方だった」 (慶大)

□ 68 **to bóot**　「おまけに，その上」

The house the new couple bought was not only spacious but had a pretty garden <u>to boot</u>.

「新婚夫婦が買った家は広々としているだけでなく，<u>おまけに</u>きれいな庭まであった」 (早大)

□ 69 **with flỳing cólors**　「見事に，大成功[大勝利]を収めて」

My cousin took the bar examination this spring and passed it <u>with flying colors</u>.

「私のいとこはこの春に司法試験を受け，<u>見事に</u>合格した」 (慶大)

□ 70 **in relíef** 「浮き彫りになって[なった]」

From the train window I saw Mt. Fuji, which stood out <u>in</u> sharp <u>relief</u> against the sky red with the setting sun.

「列車の窓から，夕日に赤く染まった空を背景にくっきりと<u>浮かび</u>上がる富士山が見えた」（一橋大）

□ 71 **in the bálance** 「不安定な[危険な]状態で[の]」

Many people fear that the future of the world's democracies hangs <u>in the balance</u>.

「多くの人は，世界の民主主義国家の将来が<u>危険な状態に</u>あるのではないかと恐れている」（神戸大）

□ 72 **in the pípeline** 「(計画・製品などが)作成[準備・進行]中で[の]」

According to today's news report, new state standards for consumer air purifiers are <u>in the pipeline</u>.

「今日の報道によれば，消費者向け空気清浄機の新たな国家基準が<u>作成中</u>だ」（早大）

□ 73 **on a pár (with 〜)** 「(〜と)同等[対等]で[の]」

I thought the sushi I had in San Francisco was <u>on a par with</u> that of the best restaurants in Japan.

「私がサンフランシスコで食べたすしは，日本の最高のすし店のそれ<u>と同等である</u>と思った」（東海大）

□ 74 **on tráck** 「軌道に乗って[乗った]」

My father's business seems to have finally started to get back <u>on track</u>, although gradually.

「父の事業は，徐々にではあるが，ようやく再び<u>軌道に乗り</u>始めたように思われる」（関西学院大）

□ 75 **sécond ònly to 〜** 「〜に次いで2位で[の]」

India is <u>second only to</u> Brazil in the annual volume of sugar produced.

「インドは砂糖の年間生産量においてはブラジル<u>に次いで2位</u>だ」（白百合女大）

□ 76 **a pàin in the néck** 「悩みの種，うんざりさせる物[人]」

The new employee was a pain in the neck to everybody, with her constant complaining.

「その新入社員はいつも不平を言っており，全員の悩みの種だった」（法政大）

□ 77 **a sìlver líning** 「(逆境の中での)明るい希望」

I'd like to be an optimist who can find a silver lining even in seemingly desperate circumstances.

「私は，一見絶望的な状況でも明るい希望を見いだすことができる楽天家でありたい」（成蹊大）

□ 78 **ányone's guèss** 「誰にも予想がつかないこと」

Whether the economy will come back to where it was before the pandemic in a fairly short time is anyone's guess.

「経済がいくらか短期間でパンデミック以前のところまで戻るかどうかは誰にも予想がつかないことだ」（関西大）

□ 79 **ríght of wày** 「(交通の)先行権」

We had the right of way at the junction, but the truck just went ahead of us.

「交差点では私たちに先行権があったが，そのトラックは私たちの前に出た」（東大）

□ 80 **smòking gún** 「(犯罪などの)決定的証拠」

Just as there is no smoking gun responsible for obesity, there is no magic bullet to cure it.

「肥満の原因となる決定的なものがないように，それを治す特効薬もない」（筑波大）

Part 1 (Section 1-5)		ID
1 ☐ search for ~	~を探す [捜す]	43
2 ☐ brush up (on) ~	(語学など) をやり直して磨きをかける	68
3 ☐ at home	① 在宅して，家庭で ② くつろいで ③ 精通して	7
4 ☐ care about ~	~を気にかける，~に関心を持つ	59
5 ☐ *be likely to do*	…しそうである	29
6 ☐ play a role[part] (in ~)	(~で) 役割を演じる [果たす]	88
7 ☐ dozens of ~	数十もの~；何ダースもの~	4
8 ☐ get rid of ~	(厄介なもの) を取り除く	104
9 ☐ hear from ~	~から便り [電話・伝言] がある	54
10 ☐ contribute to ~	~の一因となる，~に貢献する； ~に寄付 [寄稿] する	34
11 ☐ *be aware of* ~	~に気がついている，~を知っている	14
12 ☐ in time	① 間に合って ② やがて，そのうちに	8
13 ☐ *be composed of* ~	~から構成されている	19
14 ☐ think of ~	① ~をしようかなと思う；~のことを考える ② ~を思いつく ③ ~を思い出す	45
15 ☐ remind *A* of [about] *B*	A に B を思い出させる	112
16 ☐ think over ~	~をよく考える	85
17 ☐ consist of ~	~から成り立っている	46
18 ☐ take place	催される；起こる	87
19 ☐ *be capable of* ~	~ができる；~の可能性がある	16

20 ☑	turn off (〜)	(スイッチなど)を消す；(水・ガスなど)を止める；(明かりなどが)消える	80
21 ☑	*be* satisfied with 〜	〜に満足している	26
22 ☑	prevent *A* from *B*	*A* が *B* するのを妨げる，*A* を *B* から防ぐ	111
23 ☑	succeed in 〜	〜に成功する	56
24 ☑	prepare for 〜	〜の準備をする；〜に備える	44
25 ☑	concentrate on 〜	〜に集中する	41
26 ☑	help *A* with *B*	*A* の *B* を手伝う，*A* を *B* で助ける	108
27 ☑	result from 〜	〜から起こる	50
28 ☑	get along	① 暮らす，(なんとか)やっていく ② 仲良くやっていく；進む	82
29 ☑	make up *one's* mind	決心する	94
30 ☑	differ from 〜	〜と異なる	52
31 ☑	make sense	意味をなす；道理にかなう	90
32 ☑	associate *A* with *B*	*A* を *B* と結び付けて考える	114
33 ☑	get on (〜)	① (公共の乗り物など)に乗る ② 仲良くやっていく；(なんとか)やっていく	39
34 ☑	*be* made of 〜	〜でできている	15
35 ☑	a great[good] deal (of 〜)	たくさん(の〜)	6
36 ☑	make a difference	違いが生じる；重要である	91
37 ☑	on time	時間どおりに[で]	10
38 ☑	figure out 〜	〜を理解する；〜を計算する；〜を解く	72
39 ☑	*be* curious about 〜	〜を知りたがる，〜に好奇心の強い	27
40 ☑	pick up 〜	〜を(車などに)乗せる；〜を拾う	65

			ID
1 ☑	lead to ～	～(という結果)を引き起こす；～へ通じる	32
2 ☑	enjoy *oneself*	楽しい時を過ごす	98
3 ☑	look for ～	～を探す[捜す]	42
4 ☑	a piece of ～	1つの～	1
5 ☑	*be* engaged in ～	～に従事している；忙しく～をしている	23
6 ☑	*be* willing to *do*	…してもかまわない	30
7 ☑	believe in ～	～の価値[存在]を信じる；～を信用する	55
8 ☑	*be* based on[upon] ～	～に基づいている	20
9 ☑	fill out ～	(書類など)に書き込む	74
10 ☑	used to *do*[be ～]	(used to *do* で)…したものだった； (used to be ～ で)昔は～であった	106
11 ☑	bring about ～	～を引き起こす	60
12 ☑	a number of ～	いくつもの～；かなり多くの～	3
13 ☑	go through ～	① ～を通過する ② (苦しみなど)を経験する	62
14 ☑	wake up (～)	目が覚める；(人)の目を覚まさせる	67
15 ☑	have ～ off	～を休みとしてとる	99
16 ☑	a couple of ～	① 2つの～ ② 2、3の～	2
17 ☑	find out ～	(調査などの結果)を見つけ出す；(真相)を知る	69
18 ☑	inform A of[about] B	A に B を知らせる	115
19 ☑	calm down (～)	～を落ち着かせる[静める]；落ち着く[静まる]	84
20 ☑	up to date	最新(式)の	13

21 ☑	complain about [of] ～	(苦痛など)を訴える；～について不平を言う		47
22 ☑	make a mistake	間違いをする		92
23 ☑	*be* absent from ～	～を欠席する		22
24 ☑	make progress	進歩する		93
25 ☑	get together (～)	集まる；～を集める		83
26 ☑	make sure (～)	(～を)確かめる；確実に～をする		89
27 ☑	recover from ～	～から立ち直る[回復する]		53
28 ☑	insist on[upon] ～	～を主張する		40
29 ☑	take care of ～	～に気をつける；～の世話をする		101
30 ☑	turn *A* into *B*	A を B に(質的に)変える		110
31 ☑	*be* different from ～	～とは違っている		21
32 ☑	turn on (～)	(スイッチなど)をつける；(水・ガスなど)を出す；(明かりなどが)つく		79
33 ☑	look forward to ～	～を楽しみに待つ		102
34 ☑	try on ～	～を試着する		78
35 ☑	take off (～)	① ～を脱ぐ；～を取り除く ② 離陸する；(流行・売り上げなどが)急増[急伸]する ③ 〔take ～ off で〕～を休暇としてとる		81
36 ☑	point out ～	～を指摘する		71
37 ☑	*be* about to *do*	今にも…しようとしている		31
38 ☑	work on (～)	① 働き続ける ② ～に取り組む；～を手がける；～に影響を与える；(薬などが)～に効く		77
39 ☑	refer to ～	① ～に言及する ② ～を参照する；～に問い合わせる		33
40 ☑	pick out ～	～を選ぶ		75

Unit 3 英➡日 ファイナルチェック

			ID
1 ☐	graduate from ～	～を卒業する	51
2 ☐	die of[from] ～	～で死ぬ	48
3 ☐	put on ～	～を(身に)つける； (電気器具・ガスなど)をつける	76
4 ☐	*be* well off	裕福である	28
5 ☐	had better *do*	…したほうがいい，…すべきだ	107
6 ☐	pay attention to ～	～に注意を払う	100
7 ☐	depend on[upon] ～	～に頼る；～しだいである	36
8 ☐	get lost	道に迷う	97
9 ☐	*be* sure of[about] ～	～を確信している	18
10 ☐	prefer *A* to *B*	*B*より*A*を好む	109
11 ☐	*be* afraid of ～	～を恐れる[怖がる]；～を心配している	17
12 ☐	plenty of ～	たくさんの～	5
13 ☐	regard *A* as *B*	*A*を*B*と見なす	113
14 ☐	abound in[with] ～	(場所が)～に富む	58
15 ☐	in fashion	流行して	9
16 ☐	deal with ～	～を扱う；～を処理する	61
17 ☐	*be* married (to ～)	(～と)結婚している	25
18 ☐	keep *doing*	…し続ける	86
19 ☐	grow up	大人になる；(事態などが)生じる	64
20 ☐	*be* responsible for ～	～に責任がある	24

21 ☑	set up ~	~を立てる[建てる]；~を創設する[始める]	66
22 ☑	on duty	当番で，勤務時間中で	11
23 ☑	amount to ~	総計~になる	35
24 ☑	fall in love with ~	(事・物)を大好きになる，(人)と恋に落ちる	105
25 ☑	turn out (~)	① ~であることがわかる；(結果的に)~になる ② ~を産出する ③ (催しなどに)繰り出す	73
26 ☑	on schedule	予定どおりで，定時に	12
27 ☑	carry out ~	~を実行する	70
28 ☑	rely on[upon] ~	~に頼る	38
29 ☑	suffer from ~	(病気など)で苦しむ[悩む]	49
30 ☑	ask for ~	~を求める	103
31 ☑	keep *one's* promise[word]	約束を守る	96
32 ☑	give up ~	~をあきらめる；~を捨てる[やめる]	63
33 ☑	focus on ~	~に集中する；~に焦点を合わせる	37
34 ☑	major in ~	(大学生が)~を専攻する	57
35 ☑	do *one's* best	最善を尽くす	95
Part 1 (Section 6-9)			**ID**
36 ☑	so far	今までのところ	161
37 ☑	so ~ that ...	(結果を表して)非常に~なので…	175
38 ☑	according to ~	① ~によれば ② ~に従って；~に応じて	164
39 ☑	*A* as well as *B*	*B* だけではなく *A* も	176
40 ☑	in any case[event]	とにかく，いずれにしても	146

			ID
1 ☑	in preparation for ～	～の準備中で	173
2 ☑	at best	よくても，せいぜい	125
3 ☑	in fact	① 実際に ② （ところが）実際は	148
4 ☑	as if[though] ...	まるで…のように	178
5 ☑	at least	少なくとも	126
6 ☑	for example [instance]	例えば	142
7 ☑	not only A but (also) B	A だけではなく B も	177
8 ☑	between you and me	ここだけの話だが，内緒だが	135
9 ☑	for one thing	1つには	143
10 ☑	by mistake	間違って	137
11 ☑	not always ～	必ずしも～ではない	158
12 ☑	in public	人前で，公然と	151
13 ☑	owing[due] to ～	～のために	165
14 ☑	in a hurry	急いで，あせって	144
15 ☑	～ and so on[forth]	～など	119
16 ☑	each other	お互い	174
17 ☑	in detail	詳細に	147
18 ☑	sooner or later	遅かれ早かれ，そのうち	162
19 ☑	more or less	① 多かれ少なかれ，程度の差はあれ ② ほぼ；おおよそ	133

20 ☑	at once	① すぐに ② 同時に	129
21 ☑	as ~ as possible [*one* can]	できる限り～	121
22 ☑	on earth	① 一体全体 ② 世界中で	159
23 ☑	after all	結局(は)；やっぱり	116
24 ☑	in search of ~	～を求めて[探して]	172
25 ☑	in other words	言い換えれば，つまり	150
26 ☑	all over (~)	① (～の)至る所に[で] ② 一面に	168
27 ☑	at (the) most	せいぜい，多くても	127
28 ☑	in spite of ~	～にもかかわらず	167
29 ☑	and yet	それにもかかわらず	120
30 ☑	these days	近ごろは，このごろは	163
31 ☑	apart from ~	① ～のほかに ② ～を除いては	169
32 ☑	as usual	いつものように	124
33 ☑	in the future	将来は；今後は	154
34 ☑	no doubt	おそらく，たぶん	156
35 ☑	thanks to ~	～のおかげで	166
36 ☑	at a time	1度に	128
37 ☑	by no means	全然～ない	138
38 ☑	aside from ~	～を除いては；～のほかに	170
39 ☑	as a result (of ~)	(～の)結果として	122
40 ☑	in addition (to ~)	(～に)加えて；さらに	145

			ID
1 ☑	in the long run	長い目で見れば，結局は	155
2 ☑	by hand	手で	136
3 ☑	in the end	結局は，ついには	153
4 ☑	at random	無作為に；手当たりしだいに	132
5 ☑	as soon as ...	…するやいなや	179
6 ☑	by the way	ところで	139
7 ☑	in reality	（ところが）実際には； （想像などではなく）現実に	152
8 ☑	ahead of ～	（時間的に）～より先に；（位置的に）～の前に； ～より進歩して	171
9 ☑	all the time	いつも，常に	117
10 ☑	on the other hand	他方では；これに反して	160
11 ☑	no longer ～	もはや～ない	157
12 ☑	at all	① まったく ② 一体，そもそも ③ そもそも，ともかく	130
13 ☑	in general	① 一般に ② 一般の	149
14 ☑	Something is wrong with ～.	～はどこか調子がおかしい[故障している]。	180
15 ☑	as a whole	全体として（の）	123
16 ☑	at any rate	とにかく，いずれにしても	131
17 ☑	far from ～	～からほど遠い，～どころではない	140
18 ☑	all the way	ずっと；はるばる	118
19 ☑	at times	ときどき	134
20 ☑	for a while	しばらくの間	141

				ID
Part 2 (Section 1-2)				
21 ☑	before long	<u>間もなく</u> = <u>soon</u>		213
22 ☑	all of a sudden	<u>突然に</u>, <u>不意に</u> = <u>suddenly</u>, <u>abruptly</u>		209
23 ☑	prior to ~	<u>~より前で</u> = <u>before</u>		206
24 ☑	of importance	<u>重要な</u> = <u>important</u>		202
25 ☑	all[just] the same	それでもやはり = <u>nevertheless</u>		210
26 ☑	put together ~	(部品など)を<u>組み立てる</u>；(考えなど)を<u>まとめる</u> = <u>assemble</u>, <u>build</u>		196
27 ☑	for the most part	<u>大体は</u>, <u>大部分は</u> = <u>mostly</u>, <u>generally</u>		216
28 ☑	come by ~	~を<u>手に入れる</u> = <u>get</u>, <u>obtain</u>		185
29 ☑	put off ~	~を<u>延期する</u> = <u>postpone</u>		195
30 ☑	call off ~	~を<u>中止する[取り消す]</u> = <u>cancel</u>		182
31 ☑	from time to time	<u>ときどき</u> = <u>sometimes</u>, <u>occasionally</u>		217
32 ☑	put up with ~	~を<u>我慢する</u> = <u>tolerate</u>, <u>endure</u>, <u>stand</u>		198
33 ☑	carry on (~)	(~を)<u>続ける</u> = <u>continue</u>		183
34 ☑	find fault with ~	~に<u>けちをつける</u>, ~を<u>非難する</u> = <u>criticize</u>		188
35 ☑	(every) once in a while	<u>ときどき</u> = <u>sometimes</u>, <u>occasionally</u>		207
36 ☑	on occasion(s)	<u>ときどき</u> = <u>sometimes</u>, <u>occasionally</u>		221
37 ☑	get over ~	~を<u>克服する</u>；(病気など)から<u>回復する</u> = <u>overcome</u>		189
38 ☑	in advance	<u>前もって</u> = <u>beforehand</u>		218
39 ☑	learn ~ by heart	~を<u>暗記する</u> = <u>memorize</u>		191
40 ☑	do away with ~	~を<u>取り除く</u>；~を<u>廃止する</u> = <u>eliminate</u>, <u>abolish</u>		187

			ID
1 ☑	right away	<u>今すぐ</u>, <u>直ちに</u>　= <u>immediately</u>	224
2 ☑	put up ~	① ~を<u>掲げる</u>；~を<u>上げる</u>；~を<u>建てる</u> 　= <u>raise</u>, <u>lift</u>, <u>erect</u>, <u>construct</u> ② ~を<u>泊める</u>　= <u>accommodate</u>	197
3 ☑	over and over (again)	<u>何度も繰り返し</u> 　= <u>repeatedly</u>	223
4 ☑	take after ~	<u>~に似ている</u>　= <u>resemble</u>	201
5 ☑	as well	<u>~もまた</u>　= <u>too</u>, <u>also</u>	212
6 ☑	on board (~)	(乗り物)に<u>乗って</u>；<u>乗って[た]</u>　= <u>aboard</u>	205
7 ☑	as a (general) rule	<u>普通は</u>；<u>概して</u>　= <u>generally</u>, <u>usually</u>	211
8 ☑	come about	<u>起こる</u>　= <u>happen</u>, <u>occur</u>	184
9 ☑	along with ~	<u>~と一緒に</u>, <u>~に加えて</u>　= <u>besides</u>	203
10 ☑	look into ~	<u>~を調べる</u>　= <u>investigate</u>	192
11 ☑	on purpose	<u>わざと</u>, <u>故意に</u>　= <u>intentionally</u>, <u>purposely</u>	222
12 ☑	for good	<u>永久に</u>　= <u>forever</u>, <u>permanently</u>	215
13 ☑	come up with ~	(解決策など)を<u>思いつく</u> 　= <u>devise</u>, <u>invent</u>, <u>conceive</u>	186
14 ☑	look over ~	<u>~を(ざっと)調べる</u>　= <u>examine</u>	193
15 ☑	by degrees	<u>徐々に</u>　= <u>gradually</u>	214
16 ☑	above all (else)	<u>とりわけ</u>, <u>特に</u>　= <u>especially</u>, <u>particularly</u>	208
17 ☑	set in	<u>始まる</u>　= <u>begin</u>, <u>start</u>	200
18 ☑	pass away	<u>死ぬ</u>　= <u>die</u>	194
19 ☑	in particular	<u>特に</u>　= <u>especially</u>, <u>particularly</u>	220
20 ☑	bring up ~	= <u>raise</u> ① ~を<u>育てる</u> ② (問題・話題など)を<u>持ち出す</u>	181

21 ☑	hand in ~	(手渡しで)~を提出する[届ける] = submit	190
22 ☑	in connection with ~	~に関連して = concerning, about	204
23 ☑	set about ~	~を始める = begin, start	199
24 ☑	in all	全部で = altogether	219

Part 2 (Section 3-4)			**ID**
25 ☑	by chance	偶然に	273
26 ☑	by any chance	もしかして	274
27 ☑	in the way (of ~)	(~の)邪魔になって	265
28 ☑	on the way (to ~)	(~への)途中で	266
29 ☑	*be* true of ~	~に当てはまる	251
30 ☑	*be* true to ~	~に忠実である	252
31 ☑	*be* bound for ~	~行きである	255
32 ☑	*be* bound to *do*	きっと…する；…する責任がある	256
33 ☑	remember *doing*	…したのを覚えている	229
34 ☑	remember to *do*	忘れずに…する	230
35 ☑	at a distance	ある距離を置いて	277
36 ☑	in the distance	遠方に[で]	278
37 ☑	*be* anxious about ~	~を心配している	257
38 ☑	*be* anxious to *do*	…したがる	258
39 ☑	as a matter of course	当然のこととして	275
40 ☑	as a matter of fact	実を言うと, 実際は	276

			ID
1 ☐	hit on[upon] ~	~を思いつく；~に出くわす	238
2 ☐	occur to ~	ふと(人)の心に浮かぶ	239
3 ☐	dawn on ~	(考えなどが)(人)にわかり始める[思い浮かぶ]	240
4 ☐	*be* concerned about[for] ~	~を心配している	245
5 ☐	*be* concerned with [in] ~	~に関係している	246
6 ☐	*be* tired from [with] ~	~で疲れる	253
7 ☐	*be* tired of ~	~に飽きる[うんざりしている]	254
8 ☐	correspond to ~	~に一致する；~に相当する	236
9 ☐	correspond with ~	~とやりとりを交わす，~と文通する	237
10 ☐	on the contrary	それどころか，それに反して	269
11 ☐	to the contrary	それと反対の[に]	270
12 ☐	~ to come	将来の~，来るべき~	259
13 ☐	~ to go	あと~，残りの~；持ち帰り用の~	260
14 ☐	lay off ~	~を一時解雇する	243
15 ☐	lay out ~	~を並べる；~を設計する	244
16 ☐	at first	最初は	263
17 ☐	for the first time	初めて	264
18 ☐	catch up with[to] ~	(遅れた状態から)~に追いつく	231
19 ☐	keep pace with ~	~に遅れずについていく	232
20 ☐	keep up with ~	~に遅れずについていく	233

21 ☐	**anything but ~**	全然~ではない, ~どころではない	261
22 ☐	**nothing but ~**	ただ~だけ, ~にすぎない	262
23 ☐	**agree to ~**	(提案・計画・条件など)に同意する	225
24 ☐	**agree with ~**	(人が)(人・考えなど)に同意する; (気候・食物などが)~に合う; ~に一致[適合]する	226
25 ☐	**leave ~ alone**	~をそのままにしておく, ~に干渉しない	234
26 ☐	**let alone ~**	~は言うまでもなく	235
27 ☐	***be* free from[of] ~**	~がない	247
28 ☐	***be* free to *do***	自由に…できる	248
29 ☐	**apply for ~**	(仕事・許可など)を申し込む[志願する]	227
30 ☐	**apply to ~**	① ~に当てはまる ② (人・場所・組織)に申し込む	228
31 ☐	**by now**	今はもう, 今ごろは	267
32 ☐	**for now**	今のところは, 当分は	268
33 ☐	***be* familiar to ~**	(人)によく知られている	249
34 ☐	***be* familiar with ~**	(物事)をよく知っている	250
35 ☐	**inside out**	裏返して, ひっくり返して	279
36 ☐	**upside down**	逆さまに, ひっくり返って	280
37 ☐	**make the best of ~**	(不利な状況で)~を最大限に利用する[善処する]	241
38 ☐	**make the most of ~**	~を最大限に利用する	242
39 ☐	**in the air**	未決定で;空中で[の]; (雰囲気などが)感じられて	271
40 ☐	**on the air**	放送中の[で]	272

		Part 2 (Section 5-6)		ID
1	☐	for *one's* (own) part	～としては，～に関する限りは	351
2	☐	on *one's* part	～の側での，～としては	352
3	☐	give in (～)	① 屈服する ② ～を提出する	299
4	☐	give way (to ～)	(～に) 屈する；(～に) 道を譲る	300
5	☐	put aside ～	～をわきに置く；～を取っておく；～を蓄える	313
6	☐	set aside ～	～を蓄える；～を取っておく；～をわきに置く	314
7	☐	*be* equal to ～	～に等しい	328
8	☐	*be* equivalent to ～	～に等しい	329
9	☐	back and forth	行ったり来たり；前後 [左右] に	336
10	☐	up and down	行ったり来たり；上下に	337
11	☐	date back to ～	～にさかのぼる，～に始まる	311
12	☐	date from ～	～から始まる，～にさかのぼる	312
13	☐	not to mention ～	～は言うまでもなく	361
14	☐	to say nothing of ～	～は言うまでもなく	362
15	☐	hand over ～	～を引き渡す；～を手渡す	309
16	☐	turn over (～)	① ～を引き渡す；～を譲る ② ～をひっくり返す；(ページなど) をめくる； ひっくり返る	310
17	☐	*be* apt to *do*	…しがちである	330
18	☐	*be* inclined to *do*	…する傾向がある；…したい気がする	331
19	☐	hold back ～	～を制止する；(真相など) を隠す	317
20	☐	keep back ～	(真相など) を隠す；～を制止する	318

21 ☐	distinguish *A* from *B*	A<u>を</u> B<u>と区別する</u>	287
22 ☐	tell *A* from *B*	A<u>を</u> B<u>と区別する</u>	288
23 ☐	close[near] at hand	(距離・時間的に) <u>すぐ近くに</u>	355
24 ☐	(just) around the corner	(距離・時間的に) <u>すぐ近くに</u>	356
25 ☐	sit up	① (寝ないで) <u>起きている</u> ② (寝た状態から) <u>上半身を起こす</u> ③ <u>きちんと座る</u>	315
26 ☐	stay up	(寝ないで) <u>起きている</u>	316
27 ☐	care for 〜	① 〜の<u>世話をする</u> ② 〜を<u>好む</u>；〜を<u>望む</u>	293
28 ☐	look after 〜	〜の<u>世話をする</u>	294
29 ☐	for all 〜	〜<u>にもかかわらず</u>	357
30 ☐	with all 〜	〜<u>にもかかわらず</u>	358
31 ☐	provide *A* with *B*	A<u>に</u> B<u>を供給する</u>	281
32 ☐	supply *A* with *B*	A<u>に</u> B<u>を供給する</u>	282
33 ☐	take pride in 〜	〜を<u>誇り[自慢]に思う</u>	322
34 ☐	pride *oneself* on 〜	〜を<u>誇り[自慢]に思う</u>	323
35 ☐	first of all	<u>まず第一に</u>	334
36 ☐	in the first place	<u>まず第一に</u>	335
37 ☐	look out (for 〜)	(〜に) <u>気をつける</u>	307
38 ☐	watch out (for 〜)	(〜に) <u>気をつける</u>	308
39 ☐	compensate for 〜	〜の<u>埋め合わせをする</u>，〜を<u>補償する</u>	291
40 ☐	make up (〜)	① 〜を<u>構成する</u>；〜を<u>作り上げる</u> ② <u>仲直りをする</u> ③ 〜の<u>埋め合わせをする</u>	292

				ID
1	☑	at all cost(s) [any cost]	ぜひとも	347
2	☑	by all means	① ぜひとも，必ず ② ぜひどうぞ	348
3	☑	in a word	要するに，つまり	340
4	☑	in short	つまり，手短に言えば	341
5	☑	surrender to ～	～に屈する	324
6	☑	yield to ～	～に屈する；～に道を譲る	325
7	☑	as for ～	～について言えば，～に関する限り	359
8	☑	as to ～	～に関して (は)	360
9	☑	count on [upon] ～	～に頼る，～を当てにする	305
10	☑	rest on [upon] ～	～に基づく；～に頼る	306
11	☑	participate in ～	～に参加する	289
12	☑	take part in ～	～に参加する	290
13	☑	*be* essential to ～	～にとって不可欠である	326
14	☑	*be* indispensable to [for] ～	～にとって不可欠である	327
15	☑	cling to ～	～にくっつく；～に固執 [執着] する	303
16	☑	stick to ～	(主義・決定など) を堅持する；～にくっつく	304
17	☑	show up (～)	① (予定の所に) 現れる ② 目立つ；～を目立たせる	295
18	☑	turn up (～)	① 現れる；起こる ② (ガス・音量など) を大きくする；～を探し出す	296
19	☑	for the present	当分の間 (は)，差し当たり	353
20	☑	for the time being	当分の間 (は)，差し当たり	354

21 ☐	in principle	理論的に (は)；原則的に (は)	345
22 ☐	in theory	理論上は	346
23 ☐	consist in ~	~にある	297
24 ☐	lie in ~	~にある	298
25 ☐	as it were	いわば	349
26 ☐	so to speak[say]	いわば	350
27 ☐	mistake A for B	A を B と間違える	283
28 ☐	take A for B	A を B だと (誤って) 思う [間違える]	284
29 ☐	stand out	際立つ；目立つ	301
30 ☐	stick out	突き出る；目立つ	302
31 ☐	generally speaking	一般的に言えば	342
32 ☐	on the whole	全体的には, 概して	343
33 ☐	all in all	全体的には, 概して	344
34 ☐	at present	現在は, 目下	338
35 ☐	at the moment	現在は；(ちょうど) その時	339
36 ☐	feel sorry for ~	~を気の毒に思う, ~に同情する	319
37 ☐	take[have] pity on ~	~に同情する	320
38 ☐	sympathize with ~	~に同情する	321
39 ☐	look on[upon] A as B	A を B と見なす	285
40 ☐	think of A as B	A を B と見なす	286

			ID
1 ☑	in a sense	ある意味では，ある点で	332
2 ☑	in a way	ある意味では，ある点で	333
Part 2 (Section 7-9)			**ID**
3 ☑	next to ~	① ~の次の[に] ② ほとんど~	418
4 ☑	at (one's) ease	くつろいで	373
5 ☑	ill at ease	不安で，落ち着かないで	374
6 ☑	put out ~	① (火・明かりなど)を消す ② ~を出す	395
7 ☑	by way of ~	① ~経由で ② ~として，~のつもりで(の)	420
8 ☑	come across (~)	① ~を偶然見つける，~に偶然出会う ② (考えなどが)(相手に)伝わる[理解される]	381
9 ☑	go with ~	① ~と付き合う；~と一緒に行く ② ~に似合う	389
10 ☑	up to ~	① ~まで ② 〔主に It is up to ~ で〕~しだい である；~の責任である ③ (be up to ~ で) (悪いこと)をしようとしている	413
11 ☑	at length	① 詳細に；長々と ② とうとう，ついに	417
12 ☑	look to ~	① ~のほうを見る；~に気をつける ② ~に頼る，~を当てにする	393
13 ☑	go out	① 出かける ② (灯火などが)消える；気絶する；死ぬ	387
14 ☑	be due to ~	① ~のため[結果]である ② (be due to do で)…する予定である	412
15 ☑	meet with ~	① ~を受ける，~を経験する ② ~と(約束して)会う，~と会見する	407
16 ☑	hold up (~)	① ~を持ち上げる；~を支える；持ちこたえる ② ~を遅らせる ③ ~に強盗に入る	391
17 ☑	in effect	① 事実上，実際は ② (法律などが)実施されて	415
18 ☑	stand for ~	① ~を意味する，~の略である ② ~を許容する，~を我慢する	398
19 ☑	on end	① 連続して ② 直立して，垂直にして	419
20 ☑	at large	① 一般の；全体としての ② 逃走中で，逮捕されないで	414
21 ☑	give out (~)	① ~を配る；~を発する ② (供給物・力などが)尽きる[なくなる]	383

22 ☐	provide for 〜	① 〜を扶養する ② 〜に備える；(法律が)〜を規定する	408
23 ☐	act on[upon] 〜	① 〜に取り組む；〜に作用する ② (命令・信念など)に従って行動する	375
24 ☐	live on (〜)	① 〜を常食にする ② (〜の収入・金額)で生活する　③ 生き続ける	392
25 ☐	settle down	① 定住する；落ち着く　② (腰を据えて)始める	396
26 ☐	go over 〜	① 〜に詳細に目を通す，〜を調べる ② 〜を復習する；〜を繰り返す	388
27 ☐	call on[upon] 〜	① (人)を訪問する　② 〜に要求する	380
28 ☐	look up 〜	① (辞書などで)〜を調べる　② (人)を訪ねる ③ 〔通例 be looking up で〕(景気などが)上向く [好転する]	394
29 ☐	hold out (〜)	① (手など)を差し出す ② (希望など)を抱かせる；持ちこたえる[耐える]	390
30 ☐	make for 〜	① 〜のほうへ進む　② 〜に寄与する[役立つ]	405
31 ☐	break up (〜)	① ばらばらになる[解散する]；〜をばらばらにする[解散させる]　② (人が)別れる；(関係などが)終わる；〜を終わらせる	378
32 ☐	run over (〜)	① (車が)〜をひく　② (〜から)あふれる	410
33 ☐	break out	① (火事・戦争などが)起こる ② (汗・吹き出物などが)出る；急にしだす	377
34 ☐	take on 〜	① 〜を引き受ける；〜を雇う ② (様相・色・性質など)を呈する[帯びる]	400
35 ☐	make out 〜	① 〔通例 can を伴い，否定文・疑問文で〕〜を理解する　② 〔通例 can を伴って〕〜を見分ける ③ (書類・小切手など)を作成する	406
36 ☐	break in (〜)	① 押し入る；口を挟む　② 〜を慣らす	376
37 ☐	turn down 〜	① 〜を却下[拒絶]する ② (音量・火力など)を小さくする	403
38 ☐	*be* dependent on [upon] 〜	〜に依存している	363
39 ☐	*be* independent of 〜	〜から独立している	364
40 ☐	all but 〜	① 〜も同然，ほとんど〜　② 〜以外すべて	416

			ID
1 ☐	**in[within] sight**	見えて，視界に入って	371
2 ☐	**out of sight**	見えなくて，視界から消えて	372
3 ☐	**take to ～**	① (習慣的に) ～を始める；～にふける ② ～を好きになる	401
4 ☐	**come to (～)**	① ～に達する；～に来る　② (come to *do* で) …するようになる　③ 意識を回復する，正気に戻る	382
5 ☐	**go on (～)**	① (状況などが) 続く；(時間が) 過ぎる ② (通例 be going on で) 起こる，行われる ③ (旅行など) に出かける	386
6 ☐	**stand by (～)**	① 傍観する；待機する ② ～を支持[擁護]する；(約束など) を守る	397
7 ☐	**go off**	① 出かける，去る；(電灯などが) 消える　② (仕掛けが) 作動する；(爆薬が) 爆発する；(銃などが) 発射される	385
8 ☐	**go by (～)**	① (時などが) たつ；通り過ぎる　② ～の名で通 る[知られる]；～によって行動[判断]する	384
9 ☐	**turn in ～**	① ～を提出する ② ～を引き渡す；～を返却する	404
10 ☐	**in order**	整頓されて；順調で；適切で	365
11 ☐	**out of order**	故障して；順序が狂って	366
12 ☐	**take up ～**	① (場所・時間) を取る；～を取り上げる ② (仕事・趣味など) を始める	402
13 ☐	**take in ～**	① ～を取り入れる；～を理解する ② ～をだます　③ ～を見物する	399
14 ☐	**call for ～**	① ～を必要とする，～を求める ② (人) を誘い[迎え] に行く；(物) を取りに行く	379
15 ☐	**set out (～)**	① 出発する　② (set out to *do* で)…し始める ③ ～を並べる；～を設計する	411
16 ☐	**do with ～**	① (通例 could を伴って)～があればありがたい ② (be [have] done with ～ で)～をすませた； ～と縁を切った　③ (what を使った疑問文・否 定文で)～を処理[処置]する	369
17 ☐	**do without (～)**	(～) なしですます	370
18 ☐	**put down ～**	① ～を置く　② ～を鎮める[抑える]	409

| 19 ☐ | look down on [upon] ~ | ~を<u>見下す</u> | 367 |
| 20 ☐ | look up to ~ | ~を<u>尊敬する</u> | 368 |

Part 3 (Section 1-6) | | | ID |

21 ☐	make way	<u>道をあける</u>	518
22 ☐	reflect on[upon] ~	~を<u>熟考[反省]する</u>	430
23 ☐	make it	<u>成功する</u>, <u>うまくやる</u>；<u>間に合う</u>；<u>出席する</u>	594
24 ☐	take[have] a seat	<u>着席する</u>	525
25 ☐	slow down (~)	(~の)<u>速度を落とす</u>；<u>ペースが落ちる</u>	461
26 ☐	take down ~	~を<u>書き留める</u>；(建物など)を<u>取り壊す</u>	464
27 ☐	shake hands	<u>握手する</u>	527
28 ☐	*be* wary of ~	~に<u>用心深い</u>	581
29 ☐	take turns	<u>交代でする</u>	522
30 ☐	prohibit A from B	A(人)に B を<u>禁止する</u>	497
31 ☐	*be* worthy of ~	~に<u>値する[ふさわしい]</u>	574
32 ☐	break down (~)	① ~を<u>分解する</u>；~を<u>壊す</u> ② <u>故障する</u>；<u>取り乱す</u>；<u>肉体的[精神的]に参る</u>	462
33 ☐	deprive A of B	A から B を<u>奪う</u>	504
34 ☐	get to ~	① 〔get to + (代)名詞で〕~に<u>到着する</u> ② 〔get to *do* で〕…<u>できる</u>；…<u>するようになる</u>	428
35 ☐	present A with B	A に B を<u>贈る[与える]</u>	512
36 ☐	enter into ~	(契約など)を<u>取り結ぶ</u>；(議論など)を<u>始める</u>	436
37 ☐	look back on[upon / to] ~	~を<u>回顧[回想]する</u>	593
38 ☐	shut up (~)	<u>話をやめる</u>；~を<u>黙らせる</u>	458
39 ☐	put ~ into practice [operation]	~を<u>実行[実施]する</u>	595
40 ☐	tie up (~)	(人)を<u>拘束する</u>；~を<u>固く縛る</u>；<u>提携する</u>	454

			ID
1 ☑	diagnose *A* as *B*	A を B と診断する	513
2 ☑	*be* similar to ～	～に似ている	550
3 ☑	change hands	持ち主が変わる	528
4 ☑	conform to[with] ～	～と一致する；～に従う[合わせる]	425
5 ☑	strike *A* as *B*	A(人)に B の印象を与える	514
6 ☑	*be* related to ～	～と関係がある；～と姻戚関係がある	549
7 ☑	*be* involved in ～	～に携わっている[関係している]；～に熱中している	562
8 ☑	accuse *A* of *B*	B のことで A を非難[告訴]する	507
9 ☑	*be* prone to ～	～になりやすい	560
10 ☑	*be* absorbed in ～	～に熱中している	563
11 ☑	part with ～	(物)を(しぶしぶ)手放す	445
12 ☑	approve of ～	～に賛成する；～を承認する	439
13 ☑	come out	現れる；ばれる；出版される	466
14 ☑	assure *A* of *B*	A(人)に B(物・事)を請け合う[保証する]	509
15 ☑	*be* identical to [with] ～	～と同じ[同一]である	561
16 ☑	go about ～	～に取り掛かる；～に精を出す	448
17 ☑	punish *A* for *B*	B のことで A を罰する	502
18 ☑	interfere with ～	～の邪魔をする，～を妨げる	444
19 ☑	take *one's* place	① いつもの席に着く；特定の地位を占める ② ～に取って代わる	521
20 ☑	*be* characteristic of ～	～に特有である；いかにも～らしい	573

21 ☐	decide on[upon] ～	～を(どれにするか)決める, (複数の選択肢から)～に決める	431
22 ☐	name A after B	A を B にちなんで名づける	516
23 ☐	give rise to ～	～を引き起こす[生む]	542
24 ☐	resort to ～	(手段など)に訴える[頼る]	426
25 ☐	have a say (in ～)	(～に)発言権[発言力]を持つ	529
26 ☐	derive from ～	～に由来する, ～から出ている	442
27 ☐	come down with ～	(病気)にかかる	585
28 ☐	get in touch (with ～)	(～と)連絡を取る	589
29 ☐	be preferable to ～	～より好ましい[優れている]	557
30 ☐	speak out[up]	はっきり[思い切って]話す	468
31 ☐	leave A (up) to B	A を B に任せる；A を B に残す	488
32 ☐	burst into ～	急に～をしだす；突然～に入る	437
33 ☐	be confident of [about] ～	～を確信している	576
34 ☐	go blind	失明する	590
35 ☐	blame A for B	B のことで A を非難する；B を A のせいにする	501
36 ☐	suspect A of B	B について A を疑う	508
37 ☐	end up	(後に副詞句や doing などを伴って)最後には～になる	450
38 ☐	take a chance [chances]	思い切ってやってみる；賭ける	523
39 ☐	live[lead] a ～ life	～の生活をする	519
40 ☐	break off (～)	(～を)急にやめる；～を切り離す	478

			ID
1 ☑	give birth to ～	～を<u>産む</u>；～の<u>原因になる</u>	543
2 ☑	rob A of B	(暴力・脅迫などで) A から B を<u>奪う</u>	505
3 ☑	admit to ～	～を<u>認める</u>[告白する]	424
4 ☑	*be* accustomed to ～	～に<u>慣れている</u>	554
5 ☑	*be* lacking in ～	～に<u>欠けている</u>	564
6 ☑	cheer up (～)	<u>元気づく</u>；～を<u>元気づける</u>[応援する]	455
7 ☑	*be* particular about [over] ～	～について<u>やかましい</u>[気難しい]	584
8 ☑	*be* ignorant of ～	～を<u>知らない</u>	575
9 ☑	have a liking for ～	～を<u>好む</u>	541
10 ☑	boast of [about] ～	～を<u>自慢する</u>，～を<u>誇らしげに話す</u>	440
11 ☑	catch sight of ～	～を<u>見つける</u>[見かける]	547
12 ☑	cut down [back] (on) ～	～(の量)を<u>減らす</u>，～を<u>切り詰める</u>	460
13 ☑	keep an eye on ～	～に<u>気をつけている</u>，～から<u>目を離さない</u>	545
14 ☑	*be* acquainted with ～	～に<u>精通している</u>；～と<u>知り合いである</u>	572
15 ☑	sum up (～)	(～を) <u>要約する</u>；～を<u>合計する</u>	452
16 ☑	take a risk [risks]	(あえて) <u>危険を冒す</u>；<u>賭ける</u>	526
17 ☑	do ～ good	(人) のために<u>なる</u>[役に立つ]	588
18 ☑	*be* tolerant of ～	～に対して<u>寛大である</u>	580
19 ☑	have A in common (with B)	(B と) <u>共通に</u> A を<u>持っている</u>	591
20 ☑	put in ～	① (物・言葉など)を<u>差し入れる</u>[加える]；(設備など)を<u>取り付ける</u> ② (労力・時間・金など)を<u>注ぎ込む</u>[投入する]	480

21 ☐	run out	使い果たす；尽きる	467
22 ☐	add to ~	~を増やす	421
23 ☐	*be* subject to ~	~を受けやすい；~に服従している	551
24 ☐	adjust (A) to B	(A を)B に合わせて調節する	485
25 ☐	cure A of B	A の B を治す；A(人) の B(悪癖など) を取り除く	506
26 ☐	make much of ~	~を重要視する；~を理解する	537
27 ☐	iron out ~	(問題など) を解決[調整]する	473
28 ☐	fall on[upon] ~	(責任・仕事などが) ~に降りかかる；(休日などが) ~に当たる	432
29 ☐	give off ~	(光・音・においなど) を発する	477
30 ☐	discourage A from B	A(人) に B を思いとどまらせる	495
31 ☐	have an influence [effect] on ~	~に影響を与える	540
32 ☐	keep[bear] ~ in mind	~を心にとどめておく[忘れない]	592
33 ☐	*be* convinced of ~	~を確信している	579
34 ☐	*be* popular with [among] ~	~に人気がある	568
35 ☐	find *one's* way to ~	~へたどり着く，~まで道を探しながら進む	544
36 ☐	*be* content [contented] with ~	~に満足している	570
37 ☐	keep off ~	~を近づけない；~に近づかない；~を慎む	476
38 ☐	have[get] *one's* (own) way	思い通りにする	530
39 ☐	drop in	ちょっと立ち寄る	481
40 ☐	talk A into B	A(人) を説得して B をさせる	511

			ID
1 ☑	set off (〜)	出発する；〜を引き起こす	474
2 ☑	*be* guilty of 〜	〜について有罪である，〜を犯している	578
3 ☑	call up (〜)	(〜に)電話をかける；(記憶・勇気など)を呼び起こす	457
4 ☑	sort out 〜	〜を整理する；〜を処理する	470
5 ☑	have difficulty (in) *doing*	…するのが困難である，苦労しながら…する	538
6 ☑	*be* sensitive to 〜	〜に敏感である	553
7 ☑	feed on 〜	〜を常食[餌]にする	433
8 ☑	make use of 〜	〜を利用する	534
9 ☑	*be* superior to 〜	〜より優れている	552
10 ☑	break into 〜	① 〜に侵入する　② 急に〜をしだす	435
11 ☑	exchange *A* for *B*	*A* を *B* と交換する	500
12 ☑	come into being [existence]	出現する，生まれ出る	586
13 ☑	step up (〜)	① 近づく；(壇上などに)上がる ② (量・速度など)を増す；(活動など)を促進する	459
14 ☑	make[earn] a [*one's*] living	生計を立てる	520
15 ☑	take control of 〜	〜を制御[管理・支配]する	533
16 ☑	*be* contrary to 〜	〜に反している	555
17 ☑	order *A* from *B*	*B* に *A* を注文する	498
18 ☑	wear out (〜)	〜をすり減らす[疲れ果てさせる]；すり減る	471
19 ☑	burn down (〜)	〜を全焼させる；(建物が)全焼する	465
20 ☑	make an effort [efforts]	努力する	517

21 ☐	run across ~	① ~を偶然見つける, ~に偶然出会う ② ~を走って横切る	449
22 ☐	*be* versed in ~	~に精通[熟達]している	565
23 ☐	*be* suitable for[to] ~	~に適している；(目的など)に合っている	582
24 ☐	make friends with ~	~と親しくなる	536
25 ☐	cut in	(人・車が)割り込む	482
26 ☐	owe A to B	A(恩・義務など)をBに負っている； A(金)をBに借りている	491
27 ☐	keep to ~	~に沿って進む；~から離れない；~に従う	427
28 ☐	keep[hold] *one's* temper	冷静さを保つ	531
29 ☐	attribute A to B	AをBのせい[結果]と考える	490
30 ☐	put emphasis [stress] on[upon] ~	~を強調[重視]する	548
31 ☐	run into ~	~に偶然出会う, ~を偶然見つける；~にぶつかる	434
32 ☐	keep A from B	AにBをさせない, AをBから守る	494
33 ☐	pass on ~	(物・情報など)を次に回す[伝える]	483
34 ☐	*be* busy with ~	~で忙しい	567
35 ☐	clear up (~)	(天候が)晴れる； (疑念・不明点など)を明らかにする	453
36 ☐	liken A to B	AをBにたとえる	493
37 ☐	use up ~	~を使い果たす	451
38 ☐	hand down ~	~を(子孫[後世]に)伝える	463
39 ☐	fall victim to ~	~の犠牲[餌食]になる	546
40 ☐	become of ~	〔what, whateverを主語にして〕~はどうなるか	441

			ID
1	☑ take ～ by surprise	～を<u>驚かす</u>；～の<u>不意を打つ</u>	597
2	☑ make fun of ～	～を<u>からかう</u>	535
3	☑ *be* equipped with ～	～を<u>備えている</u>	569
4	☑ take advantage of ～	～を<u>利用する</u>；～に<u>つけ込む</u>	532
5	☑ *be* dedicated to ～	(仕事・目的など)に<u>打ち込んでいる</u>	558
6	☑ *be* confronted with [by] ～	(困難・問題など)に<u>直面している</u>	571
7	☑ transform A into [to] B	Aを<u>B</u>に<u>変える[変質させる]</u>	510
8	☑ confine A to B	Aを<u>B</u>に<u>限定する</u>；Aを<u>B</u>に<u>閉じ込める</u>	492
9	☑ take over (～)	(～を)<u>引き継ぐ</u>；～を<u>支配する</u>	479
10	☑ take shape	<u>(はっきりした)形をとる</u>	524
11	☑ congratulate A on [for] B	Bのことで<u>A</u>を<u>祝う</u>	515
12	☑ come true	(夢・予言などが)<u>実現する</u>	587
13	☑ *be* peculiar to ～	～に<u>特有である</u>	559
14	☑ drop out	<u>脱落する，中途退学する</u>	469
15	☑ dispose of ～	～を<u>処分する</u>；～を<u>平らげる</u>	438
16	☑ long for ～	～を<u>切望する</u>	446
17	☑ adhere to ～	(主義・規則など)に<u>忠実に従う</u>；～に<u>くっつく</u>	429
18	☑ expose A to B	Aを<u>B</u>に<u>さらす</u>	487
19	☑ forgive A for B	Bのことで<u>A</u>を<u>許す</u>	503
20	☑ forbid A from B	A(人)に<u>B</u>を<u>禁止する</u>	496

21 ☑	roll out (～)	(新製品)を製造[発売]する；～を転がして出す；転がり出る	472
22 ☑	attach *A* to *B*	*A* を *B* に取り付ける[付与する]	489
23 ☑	substitute *A* for *B*	*B* の代わりに *A* を使う	499
24 ☑	*be* grateful (to *A*) for *B*	*B* のことで (*A* に) 感謝している	583
25 ☑	have access to ～	～を利用できる；～に近づける	539
26 ☑	*be* considerate of [to] ～	～に対して思いやりのある	577
27 ☑	*be* abundant in ～	～が豊富である	566
28 ☑	adapt to ～	(環境など)に順応する[慣れる]	422
29 ☑	compare *A* with [to] *B*	*A* を *B* と比較する；*A* を *B* にたとえる	486
30 ☑	show off (～)	(～を) 見せびらかす	475
31 ☑	object to ～	～に反対する	423
32 ☑	aim at ～	～を目指す；～を狙う	443
33 ☑	give away ～	(秘密など)を漏らす；～をただでやる；～を配る	484
34 ☑	*be* indifferent to [toward(s)] ～	～に無関心[無頓着]である	556
35 ☑	send for ～	(人)を呼ぶ, (物)を取り寄せる	447
36 ☑	blow up (～)	爆発する；かっとなる；～を爆破する	456
37 ☑	sign up for ～	(受講など)の届け出をする；～に加わる	596
Part 3 (Section 7-8)			**ID**
38 ☑	for lack[want] of ～	～がない[不足している]ために	615
39 ☑	out of character	(その人の)性格に合わない[調和しない]；役に不向きな	660
40 ☑	for the sake of ～	～のために	613

			ID
1 ☑	in (the) light of ～	～から見て；～を考慮して	610
2 ☑	in the meantime [meanwhile]	その間(に)；一方で，話は変わって	630
3 ☑	under way	(計画などが)進行中で	652
4 ☑	in danger of ～	～の危険があって	600
5 ☑	of *one's* own accord[free will]	自分の意志で，自発的に	655
6 ☑	for fear of ～	～を恐れて	614
7 ☑	as opposed to ～	～ではなく；～とは対照的に	619
8 ☑	on (the[an]) average	平均して	638
9 ☑	from ～ on [onward(s)]	～から以後は	649
10 ☑	in the presence of ～	～のいるところ[面前]で	608
11 ☑	at the expense of ～	～を犠牲にして	616
12 ☑	at work	① 職場で；仕事中で[の] ② 作用して；運転[作動]中で[の]	632
13 ☑	beyond description	言葉では表現できないほどの[に]	658
14 ☑	in honor of ～	～に敬意を表して；～のために	609
15 ☑	in response to ～	～に応じて[答えて]	602
16 ☑	on a ～ basis	～の基準[原則]で	639
17 ☑	on (*one's*) guard	警戒して	643
18 ☑	on[in] behalf of ～	～を代表して；～のために	622

19 ☑	in practice	実際には	628
20 ☑	in (the) face of 〜	〜に直面して；〜にもかかわらず	604
21 ☑	in terms of 〜	〜の観点から；〜に換算して	598
22 ☑	in all likelihood	十中八九，おおかた	631
23 ☑	in relation to 〜	〜と比べて；〜に関連して	606
24 ☑	in exchange for 〜	〜と交換に	612
25 ☑	with[in] regard to 〜	〜に関して（は）	624
26 ☑	in charge of 〜	〜を預かって［管理して］	605
27 ☑	in place	あるべき場所に，きちんと整って；用意ができて	627
28 ☑	to the point	要を得た，適切な	646
29 ☑	on display	陳列中で［の］，展示して	641
30 ☑	at first sight	一見したところでは；ひと目で［の］	635
31 ☑	at (the) sight of 〜	〜を見て	617
32 ☑	to 〜 extent [degree]	〜の程度に	644
33 ☑	under construction	建築［工事］中で	653
34 ☑	without fail	必ず，間違いなく	656
35 ☑	in demand	需要があって，必要とされて	629
36 ☑	at intervals	時折；あちこちに	637
37 ☑	in part	一部には；幾分（かは）	625
38 ☑	at the mercy of 〜	〜のなすがままになって	618
39 ☑	in harmony with 〜	〜と調和［一致］して	611
40 ☑	in favor of 〜	〜に賛成して；〜のほうを選んで	603

			ID
1	in need of ～	～を必要として	601
2	on the increase	増加中で	642
3	at a loss	途方に暮れて，困って；損をして	634
4	to *one's* surprise	～が驚いたことには	645
5	for sure[certain]	確かに	651
6	by[in] virtue of ～	～のおかげで，～によって	621
7	from ～ point of view	～の視点から（は）	650
8	of late	最近，近ごろ	654
9	in place of ～	～の代わりに	607
10	in contrast to [with] ～	～と著しく違って；～と対照をなして	599
11	on a ～ scale	～な規模で［の］	640
12	at heart	心の底では，本当は	636
13	behind the times	時代遅れの［で］	657
14	in turn	順々に；（立ち代わって）次に（は）	626
15	to *one's* advantage	（人）に都合がよい［よく］，（人）に有利な［に］	648
16	to make matters [things] worse	さらに悪いことに	647
17	at risk	危険な状態で	633
18	by means of ～	～を用いて，～によって	620
19	out of breath	息切れして	659
20	on (a[the]) charge of ～	～の容疑［罪］で	623

Part 4 (Section 1-2)		ID
21 ☑ as many[much] as ~	~もの数[量]の；~と同数[量]の	687
22 ☑ provided (that) ...	もし…ならば	701
23 ☑ *be used to doing*	…することに慣れている	673
24 ☑ as ~ as any	誰[どれ]にも劣らず~	689
25 ☑ might (just) as well *do*	…するのも同じだ；(気は進まないが)…してもよい；(どうせなら)…するほうがいい	666
26 ☑ catch ~ *doing*	(人)が…しているところを見つける[捕らえる]	678
27 ☑ in itself	それ自体では, 本来は	682
28 ☑ as is often the case (with ~)	(~に関して)よくあることだが	708
29 ☑ joking[kidding] aside	冗談はさておき	677
30 ☑ by far	はるかに, ずっと	700
31 ☑ as ~ go	一般の~と比べると, ~としては	709
32 ☑ (in) the way ...	…から判断すると；…のように；…のやり方で	712
33 ☑ feel like *doing*	…したい気がする	672
34 ☑ no matter how[what / when, etc.] ...	どんなに[何が・いつなど]…でも	661
35 ☑ that much + 比較級	それだけいっそう~	691
36 ☑ as follows	次のとおり	707
37 ☑ what we call ~	いわゆる~	662
38 ☑ to tell (you) the truth	実を言えば	670
39 ☑ cannot ~ too (...)	いくら~してもしすぎることはない	667
40 ☑ one after another	次々に	684

			ID
1 ☐	with a view to *doing*	…する目的で	676
2 ☐	all the ＋ 比較級	ますます～，それだけいっそう～	690
3 ☐	the last ～ to *do*	最も…しそうでない～	668
4 ☐	not ～ (in) the least	まったく～ない	698
5 ☐	to *oneself*	① 自分だけ（が使うの）に ② 自分自身に，心の中に［で］	683
6 ☐	believe it or not	まさかと思うような話だが	715
7 ☐	to the full[fullest]	心ゆくまで，十分に	699
8 ☐	have *A* to do with *B*	*B* と *A* の関係がある	669
9 ☐	if it were not for ～	もし～がなければ	711
10 ☐	what is more	さらに，おまけに	693
11 ☐	judging from[by] ～	～から判断すると	680
12 ☐	if only ...	① …でありさえすれば ② …でさえあればなあ	710
13 ☐	the moment [minute] ...	…するとすぐに	703
14 ☐	much[still] less ～	まして～はない	692
15 ☐	when it comes to ～	～のこととなると；～をする段になると	704
16 ☐	～ will do	～は役に立つ［用が足りる］	664
17 ☐	know better (than to *do*)	（…しないだけの）分別がある，（…するほど）ばか ではない	694
18 ☐	as it is	① 実際のところは ② （事物が）あるがままの［に］	705
19 ☐	what ～ is	現在の～	663
20 ☐	come close[near] to *doing*	もう少しで…しそうになる	675

21 ☑	Couldn't be better.	最高です。これ以上よい状態はあり得ない。	695
22 ☑	needless to say	言うまでもなく	671
23 ☑	as good as ～	～も同然，ほとんど～	688
24 ☑	cannot help *doing*	…せずにはいられない，…せざるを得ない	674
25 ☑	would[had] rather *do* (than ～)	(～するよりも)むしろ…したい	686
26 ☑	to the best of *one's* knowledge	(人)の知る限り(では)	697
27 ☑	that is (to say)	すなわち，つまり	681
28 ☑	～ to death	死ぬまで～；ひどく～	713
29 ☑	every[each] time ...	…するたびに	702
30 ☑	speaking[talking] of ～	～と言えば	679
31 ☑	with ease	容易に	714
32 ☑	worse still[yet]	いっそう悪いことに	696
33 ☑	none other than ～	ほかならぬ～，まさに～	685
34 ☑	as[so] far as ～ *be* concerned	～に関する限り	706
35 ☑	may well *do*	おそらく…するだろう；…するのはもっともだ	665

Part 4 (Section 3-4)			ID
36 ☑	can afford to *do*	(経済的・時間的に)…する余裕がある	748
37 ☑	in case ...	① もし…ならば ② …するといけないから，…に備えて	767
38 ☑	spend ～ (in) *doing*	…して(時間・期間)を過ごす	753
39 ☑	if any	もしあるとしても；もしあれば	770
40 ☑	It is no use *doing*.	…しても無駄である。	731

			ID
1 ☑	as[so] long as ...	…である限り	761
2 ☑	see (to it) that ...	…するように取り計らう[気をつける]	762
3 ☑	(It is) True 〜, but	確かに〜だが，…だ。	727
4 ☑	remain to be seen	(結果などは) 未定である	755
5 ☑	in that ...	…の点で，…のゆえに	760
6 ☑	*be* forced to *do*	やむなく…する	741
7 ☑	〜, so (that) ...	〜だ，その結果…だ	765
8 ☑	*be* to blame (for 〜)	(〜に対して) 責めを負うべきである[責任がある]	743
9 ☑	have no (other) choice but to *do*	…するよりほかに仕方がない	752
10 ☑	the former 〜, the latter ...	前者は〜，後者は…	736
11 ☑	(It is) No wonder (that)	…なのは当然だ。	719
12 ☑	bother to *do*	わざわざ…する	749
13 ☑	It is not until 〜 that	〜になって初めて…する。	732
14 ☑	by the time ...	…までに (は)	764
15 ☑	make a point of *doing*	必ず…するよう努力する，…することを重視する	754
16 ☑	tend to *do*	…する傾向がある，…しがちである	745
17 ☑	go so far as to *do*	…しさえする	751
18 ☑	*A* is one thing; *B* is another	*A* と *B* とは別のものである	737
19 ☑	even as ...	まさに…するときに	769
20 ☑	(Just) As 〜, so	(ちょうど)〜であるように，…だ。	718

21 ☐	in order[so as] to *do*	…する<u>ために</u>	759
22 ☐	happen to *do*	<u>偶然</u>…する	746
23 ☐	*A* is to *B* what *C* is to *D*.	<u>A</u> の <u>B</u> に対する関係は <u>C</u> の <u>D</u> に対する関係に等<u>しい</u>。	733
24 ☐	It is (high) time (that)	(とっくに)…<u>してよいころだ</u>。	729
25 ☐	It happens that	<u>たまたま</u>…だ。,折よく [運悪く]…<u>だ</u>。	720
26 ☐	leave nothing to be desired	<u>申し分ない</u>	758
27 ☐	It goes without saying that	…<u>なのは言うまでもない</u>。	726
28 ☐	*be* entitled to ~	<u>~の資格がある</u>	744
29 ☐	take the trouble to *do*	<u>わざわざ [労を惜しまず]</u>…する	757
30 ☐	hardly ~ when [before] ...	<u>~するかしないうちに…</u>	724
31 ☐	*be* to *do*	① …する<u>ことになっている</u> ② …す<u>べきである</u> ③ …する<u>つもりである</u>;…<u>できる</u>	740
32 ☐	come to an end[a close]	<u>終わる</u>	750
33 ☐	the + 比較級 ~, the + 比較級 ...	<u>~であればあるほど</u>,<u>いっそう…</u>	717
34 ☐	given (that) ...	…<u>を考慮すれば</u>;…<u>なので</u>	768
35 ☐	not so much *A* as *B*	<u>A というより B</u>	723
36 ☐	All *one* has to do is (to) *do*.	(人は)<u>ただ</u>…<u>すればよい</u>。	738
37 ☐	*be* supposed to *do*	…<u>することになっている</u>;(世間で)…<u>と考えられている</u>	742
38 ☐	Nothing is more *A* than *B*.	<u>B ほど A なものはない</u>。	735
39 ☐	..., and ~ at that	…だ,<u>その上~でもある</u>	774
40 ☐	now that ...	…<u>である以上</u>,<u>今はもう…なので</u>	766

			ID
1 ☐	never *do* without ～	…すれば必ず～する	725
2 ☐	no sooner ～ than ...	～するやいなや…する	730
3 ☐	(The) Chances are (that)	ひょっとしたら［たぶん］…だろう。	721
4 ☐	what with *A* and *B*	A やら B やらで	773
5 ☐	There is no *doing*.	…することはできない。	722
6 ☐	Suffice (it) to say that	…と言えば十分である。	739
7 ☐	manage to *do*	なんとか…する［やり遂げる］	747
8 ☐	It is not long before	…するのに長くはかからない。、間もなく…する。	728
9 ☐	so that ～ can *do*	～が…できるように	763
10 ☐	inasmuch[in as much] as ...	…だから	775
11 ☐	bring *oneself* to *do*	…する気持ちになる	756
12 ☐	on (the) condition (that) ...	…という条件で，…ならば	771
13 ☐	not so much as *do*	…さえしない	734
14 ☐	lest ～ (should) *do*	～が…しないように，～が…するといけないから	772
15 ☐	not all that ～	それほど～ではない	716
Part 4 (Section 5-6)			ID
16 ☐	What ... for?	どうして…か。、何の目的で…か。	809
17 ☐	My pleasure.	どういたしまして。	815
18 ☐	go to the polls	投票に行く	800
19 ☐	just about	ほぼ；かろうじて	776
20 ☐	take office	（公職に）就任する	801

21 ☑	stick around[about]	(帰らずに) そこらで待つ	794
22 ☑	call back (～)	(～に) 折り返し電話する, (～に) 電話をかけ直す; ～を呼び戻す	783
23 ☑	turn a blind eye to ～	～を見て見ぬふりをする	802
24 ☑	think much [highly] of ～	～を高く評価する, ～を尊敬[尊重]する	824
25 ☑	at[behind] the wheel	(車・船などを) 運転して	787
26 ☑	the bottom line	要点；(決算書の最下行の) 数字；最終結果	806
27 ☑	think again	考え直す, 考えを変える	818
28 ☑	check out ～	① (魅力的なので) ～を見てみる；～を調査[点検]する ② (図書館などから) ～を借り出す	778
29 ☑	come to think of it	考えてみると, そういえば	823
30 ☑	pay a visit (to ～)	(～を) 訪問する	798
31 ☑	be fed up with ～	～にうんざりしている	822
32 ☑	take one's time	(時間をかけて) ゆっくりやる, 自分のペースでやる	813
33 ☑	hold one's breath	息を止める；(期待して) 息をひそめて待つ	786
34 ☑	know ～ by sight	～の顔を (見て) 知っている	804
35 ☑	hold on	① 持ちこたえる, 頑張る ② 待つ；電話を切らずにいる ③ しっかりつかむ	779
36 ☑	have[take] a look (at ～)	(～を) 見る	807
37 ☑	Legend has it (that)	伝説によると…ということだ。	825
38 ☑	keep one's fingers crossed	(幸運[成功]を) 祈る	797
39 ☑	drive at ～	～のつもりである	791
40 ☑	serve ～ right	～にとって当然の報いである	799

385

Unit 21　英➡日　ファイナルチェック

			ID
1 ☐	hang up (〜)	（電話）（を）切る；（衣服など）を掛ける；〜を中断する	780
2 ☐	call it a day	その日の仕事を終える	795
3 ☐	hit it off (with 〜)	（人と）仲良くなる［意気投合する］	827
4 ☐	give 〜 a try	〜を試してみる	781
5 ☐	go ahead	先に行く；（ためらわず）進む	777
6 ☐	make *oneself* understood	自分の言うことを相手にわからせる	816
7 ☐	lose (*one's*) face	面目を失う	792
8 ☐	last but not least	最後になったが	803
9 ☐	take it easy	のんびり構える	814
10 ☐	What ... like?	…はどんなものか。	808
11 ☐	ask 〜 a favor	（人）にお願いをする［頼む］	790
12 ☐	could use 〜	〜があればありがたい，〜が欲しい	811
13 ☐	You're kidding (me).	冗談でしょう。，まさか。	830
14 ☐	I'm afraid not.	残念ながらそうではないようです。	820
15 ☐	from scratch	最初から	784
16 ☐	have no idea	見当がつかない	810
17 ☐	watch *one's* step	足元［言動］に注意する	828
18 ☐	having said that	そうは言ったものの	788
19 ☐	before *one* knows it	あっという間に	793
20 ☐	give *one's* regards to 〜	〜によろしくと伝える	829

21 ☐	see much of ~	~によく会う	817
22 ☐	Here we are.	さあ着いた。	826
23 ☐	on the dot	時間ちょうどに，きっかりに	789
24 ☐	How come (...)?	どうして(…か)。	812
25 ☐	give ~ a hand	~に手を貸す	782
26 ☐	treat A to B	A(人)にB(食事など)をおごる	821
27 ☐	see ~ off	(人)を見送る	785
28 ☐	pull ~'s leg	~をからかう[かつぐ]	805
29 ☐	have (a) good command of ~	(外国語など)を自由に使いこなす力がある	796
30 ☐	help *oneself* to ~	~を自由に取る	819

Part 5 (Section 1-4)			ID
31 ☐	keep track of ~	(記録するなどして)~を把握する； ~の跡をたどる	896
32 ☐	pass out	気絶する；酔いつぶれる	871
33 ☐	get on ~'s nerves	~の神経にさわる	916
34 ☐	keep ~ company	(人)と一緒にいる，(人)の相手をする； (話など)に付き合う	897
35 ☐	ascribe A to B	AをBのせいにする	925
36 ☐	take effect	① (法律などが)施行[実施]される ② (薬などが)効く	894
37 ☐	have an eye for ~	~に対する眼識[鑑識力]がある	920
38 ☐	get down to ~	(仕事・問題など)に本気で取り掛かる	881
39 ☐	follow suit	人のまねをする，先例にならう	914
40 ☐	indulge in ~	思う存分~をする，(快楽など)にふける	861

			ID
1 ☑	dare to *do*	思い切って [あえて] …する	923
2 ☑	hold true	当てはまる；有効である	902
3 ☑	hold[keep] ~ in check	~を抑える [食い止める]	919
4 ☑	*be* here to stay	定着している	834
5 ☑	bring A home to B	A (ある事柄) を B (人) に痛感させる	926
6 ☑	dispense with ~	~なしですます	854
7 ☑	let go of ~	~を手放す	899
8 ☑	follow through (on [with]) ~	(~を) やり遂げる	884
9 ☑	come to light	明るみに出る, 現れる	904
10 ☑	see[do] the sights (of ~)	(~の) 観光をする	912
11 ☑	allow for ~	~を可能にする；~を考慮に入れる	847
12 ☑	single out ~	~を (1つだけ) 選び出す	870
13 ☑	look ~ in the eye(s)	~の目を正視する	901
14 ☑	rule out ~	(可能性など) を排除する；~を認めない	869
15 ☑	refrain from ~	~を慎む	865
16 ☑	count for ~	~の価値 [重要性] を持つ	850
17 ☑	catch on	① (ファッション・考えなどが) 人気が出る [流行する] ② 理解する, 気づく	877
18 ☑	settle for ~	(不十分ながら) ~で我慢する	848
19 ☑	impose A on [upon] B	A を B に課す [押しつける]	924
20 ☑	*be* committed to ~	~に献身する；~と固く約束する [誓う]	833

21 ☑	round up ~	~を寄せ集める；~を検挙[逮捕]する	876
22 ☑	dwell on[upon] ~	① ~を詳しく述べる[書く] ② ~をくよくよ[つくづく]考える，~にこだわる	863
23 ☑	*be* eligible for ~	~の資格がある	839
24 ☑	embark on[upon] ~	(事業・計画など)に乗り出す，~を始める	862
25 ☑	make good (~)	① 成功する ② (約束など)を果たす；(損害など)を償う	887
26 ☑	wind up (~)	~を終わりにする；終わる	873
27 ☑	*be* beside *oneself* (with ~)	(~で)我を忘れる，(~に)夢中である	843
28 ☑	read between the lines	行間を読む；真意をつかむ	913
29 ☑	work out (~)	① (問題などが)うまくいく；~を計画する；~を 解決する；~の答えを出す　② 運動する	868
30 ☑	hang around [about / round]	ぶらつく；付き合う	880
31 ☑	attend to ~	~を処理する；~に注意を払う；~の世話をする	855
32 ☑	come in handy	役に立つ	906
33 ☑	fall short of ~	(目標・基準など)に達しない	907
34 ☑	discriminate against ~	~を差別する	866
35 ☑	*be* at odds (with ~)	(~と)食い違っている；(~と)反目し合っている	832
36 ☑	let down ~	~を失望させる	882
37 ☑	come of age	(法律的に)成人になる	905
38 ☑	pull up (~)	① ~を引き抜く[引き上げる]；(いすなど)を引き 寄せる　② (車などが)止まる；(車など)を止める	874
39 ☑	shy away (from ~)	(~を)避ける[敬遠する]	879
40 ☑	pave the way for[to] ~	~への準備をする[道を開く]	909

			ID
1 ☑	stand to reason	もっともである，理屈に合う	911
2 ☑	take pains	骨を折る，努力する	895
3 ☑	pull off ～	(困難なこと)をやってのける	883
4 ☑	*be worth doing*	…する価値がある	840
5 ☑	abide by ～	(法など)に従う，(約束など)を守る	867
6 ☑	*be out to do*	…しようと狙っている	841
7 ☑	play a joke on ～	～に(悪意のない)いたずらをする	915
8 ☑	*be vulnerable to* ～	(病気・誘惑など)に弱い； (非難・攻撃など)を受けやすい	838
9 ☑	take ～ into account	～を考慮に入れる	891
10 ☑	live up to ～	(期待など)に添う[恥じない行動をする]； (義務など)を果たす	900
11 ☑	comply with ～	(規則・命令など)に従う[応じる]	853
12 ☑	go a long way to *do*	…するのに大いに役立つ	908
13 ☑	cope with ～	～をうまく処理する，～に対処する	851
14 ☑	tell on[upon] ～	～に(悪く)影響する，～にこたえる	864
15 ☑	miss out on ～	(好機など)を逃す；～を取り逃がす	872
16 ☑	*be cut out to be* ～	～に向いている[適している]	844
17 ☑	get away with ～	① (罰を受けずに)～をうまくやる ② ～を持ち逃げする	878
18 ☑	put ～ to use	～を利用する	910
19 ☑	make do (with ～)	(代用品などで)間に合わせる	886
20 ☑	yearn for ～	～を恋しがる，～にあこがれる	849
21 ☑	*be no match for* ～	とても～にはかなわない	837

22 ☑	*be* (all) the rage	<u>(大)</u>流行している	845
23 ☑	make (both) ends meet	収入内でやりくりする	888
24 ☑	get[*be*] even with ~	(人)に<u>仕返しをする[恨みを晴らす]</u>	918
25 ☑	throw up (~)	① ~を<u>さっと上げる</u>；~を<u>投げ上げる</u> ② (食べた物を)<u>吐く</u>；~を<u>吐く</u>	875
26 ☑	submit to ~	~に<u>屈する[服従する]</u>	857
27 ☑	take ~ for granted	~を<u>当然のことと思う</u>	890
28 ☑	*be* susceptible to ~	~の<u>影響を受けやすい</u>；~に<u>感染しやすい</u>	831
29 ☑	have yet to *do*	<u>まだ</u>…<u>していない</u>, <u>これから</u>…<u>しなければならない</u>	922
30 ☑	*be* intent on[upon] ~	~に<u>懸命[熱心]である</u>	836
31 ☑	deal in ~	(商品)を<u>扱う</u>；(仕事など)に<u>従事する</u>	859
32 ☑	come to terms with ~	~と<u>折り合いがつく</u>； (あきらめて)~を<u>受け入れる</u>	903
33 ☑	make believe (that ...)	(…という)<u>ふりをする</u>	889
34 ☑	aspire to ~	~を<u>熱望する</u>	856
35 ☑	have ~ on *one's* mind	~を<u>気にしている[心配している]</u>	921
36 ☑	*be* all ears	<u>一心に耳を傾けている</u>	842
37 ☑	persist in ~	~に<u>固執する</u>, ~を<u>やり通す</u>	860
38 ☑	coincide with ~	~と<u>一致する</u>；~と<u>同時に起こる</u>	852
39 ☑	take notice (of ~)	(~に)<u>注目する</u>, (~に)<u>気づく</u>	893
40 ☑	take hold of ~	~を<u>つかむ</u>；~を<u>捕まえる</u>	892

			ID
1 ☑	find *oneself* ~	(気がつくと)~にいる[~である]	885
2 ☑	account for ~	① ~の<u>説明</u>となる，~の<u>理由を説明する</u> ② (割合など)を<u>占める</u>	846
3 ☑	consent to ~	~に<u>同意する</u>	858
4 ☑	*be* liable to do[to ~]	(*be* liable to *do* で)…<u>しがちである</u>； (*be* liable to ~ で)~に<u>かかりやすい</u>	835
5 ☑	keep abreast of [with] ~	(時勢など)に<u>遅れずabout</u>	898
6 ☑	get[have] the better of ~	~に<u>勝つ</u>；~を<u>出し抜く</u>	917
Part 5 (Section 5-7)			**ID**
7 ☑	down the road	やがては，将来は	980
8 ☑	part and parcel (of ~)	(~の)<u>不可分の要素</u>，(~の)<u>最重要部分</u>	971
9 ☑	on the verge of ~	~を<u>しそうで</u>，~の<u>瀬戸際で</u>	964
10 ☑	(all) on *one's* own	(すべて)<u>自分1人で</u>；(すべて)<u>独力で</u>	934
11 ☑	the other way around [round / about]	<u>逆に</u>，あべこべに	999
12 ☑	at stake	<u>危うくなった[て]</u>；<u>賭けられた[て]</u>	937
13 ☑	in proportion to ~	~に<u>比例して</u>	959
14 ☑	sort[kind] of	<u>ちょっと</u>；<u>なんとなく</u>	997
15 ☑	out of hand	① <u>手に負えない</u> ② <u>即座に</u>	950
16 ☑	the elephant in the room	誰も触れたがらない話題	970
17 ☑	on the ~ side	<u>~気味で[の]</u>	949
18 ☑	in the wake of ~	<u>~の通過後[跡]に</u>；<u>~の結果として</u>	960
19 ☑	one of these days	<u>そのうちに</u>	994

20 ☑ for nothing	① 無料で ② 無駄に	984
21 ☑ only too	① とても，大いに ② 遺憾[残念]ながら	996
22 ☑ per capita	1人当たりの[で]	952
23 ☑ once (and) for all	きっぱりと，これを最後に	993
24 ☑ for a rainy day	(将来の)まさかの時[緊急時]に備えて	940
25 ☑ a handful of ～	一握りの～；少数[量]の～	928
26 ☑ within walking distance of ～	～から歩いて行けるところに	965
27 ☑ quite a few ～	かなりの数の～	932
28 ☑ early on	早い時期に，早くから	981
29 ☑ ～ of one's own	自分自身の～	946
30 ☑ something of a ～	ちょっとした～，ある程度の～	955
31 ☑ for a change	気分転換に，たまには	982
32 ☑ (enough) ～ to go around	全員に行き渡るだけの～	938
33 ☑ but for ～	～がないならば	962
34 ☑ (at) first hand	直接に，じかに	975
35 ☑ of one's (own) doing	(人)が…した	947
36 ☑ as such	そういうものとして；それ自体では	974
37 ☑ out of the question	あり得ない，不可能で	951
38 ☑ second to none	誰[何]にも劣らない	954
39 ☑ on ～ terms with ...	…と～の関係[間柄]で	963
40 ☑ a case in point	適例	967

				ID
1	☑	all too	とても，非常に	973
2	☑	regardless of ～	～に(も)かかわらず，～に関係なく	957
3	☑	for all I know	よくは知らないが，たぶん	983
4	☑	all along	最初からずっと	972
5	☑	a variety of ～	①（同一種類のもの）いろいろ[さまざま]な～ ②～の1種[1つの型]	927
6	☑	if anything	どちらかと言えば；もしあるとしても	985
7	☑	to the effect that ...	…という趣旨の[で]	966
8	☑	at[on] short notice	急に，即座に	977
9	☑	in a row	連続して	986
10	☑	in the works	準備[計画・進行]中で	944
11	☑	all manner of ～	あらゆる種類の～	933
12	☑	scores of ～	多数の～	930
13	☑	upward(s) of ～	～以上(の)	956
14	☑	at will	思いのままに，随意に	978
15	☑	as of ～	～現在で，～の時点で	961
16	☑	more often than not	普通は，たいてい	989
17	☑	on the move	(忙しく)移動中の[で]；活躍中の[で]	948
18	☑	at ～'s disposal	(人)の自由になって[使えて]	936
19	☑	at ～'s convenience	～の都合のよいときに	976
20	☑	in accordance with ～	～に従って；～に応じて	958

21 ☑	a white elephant	無用の長物	969
22 ☑	in person	(代理人でなく)じかに, 自ら	987
23 ☑	a host of ~	多数の~	929
24 ☑	such as it is	大したものではないが, こんな程度のものだが	998
25 ☑	nothing short of ~	まさしく~(の)	945
26 ☑	to date	現在まで(のところ)	1000
27 ☑	the pros and cons	賛否両論	968
28 ☑	on second thought	考え直してみて	990
29 ☑	in earnest	本格的に；熱心に	941
30 ☑	right as rain	すっかり健康[正常]で	953
31 ☑	on the face of it	見たところは, 表面上は	991
32 ☑	many a[an] ~	多くの~, あまたの~	931
33 ☑	once upon a time	昔々	995
34 ☑	at issue	問題の；論争中の[で]	935
35 ☑	every other ~	① 1つおきの~, ~おきに ② 残りのすべての~	939
36 ☑	by and large	概して	979
37 ☑	in (good) shape	調子がよくて	942
38 ☑	on the spot	① その場で, 即座に ② 窮地に立って, 困って	992
39 ☑	in retrospect	(過去を)振り返って(みて)	988
40 ☑	in store (for ~)	(~のために)用意して； (~の身に)降りかかろうとして	943

Part 1 (Section 1-5)		ID
1 ☑ ～を探す [捜す]	<u>search</u> for ～	43
2 ☑ (語学など) をやり直して磨きをかける	<u>brush</u> up (<u>on</u>) ～	68
3 ☑ ① 在宅して，家庭で ② くつろいで ③ 精通して	at <u>home</u>	7
4 ☑ ～を気にかける，～に関心を持つ	<u>care</u> about ～	59
5 ☑ …しそうである	be <u>likely</u> to do	29
6 ☑ (～で) 役割を演じる [果たす]	<u>play</u> a role[part] (in ～)	88
7 ☑ 数十もの～；何ダースもの～	<u>dozens</u> of ～	4
8 ☑ (厄介なもの) を取り除く	<u>get rid</u> of ～	104
9 ☑ ～から便り [電話・伝言] がある	<u>hear</u> from ～	54
10 ☑ ～の一因となる，～に貢献する； ～に寄付 [寄稿] する	<u>contribute</u> to ～	34
11 ☑ ～に気がついている，～を知っている	be <u>aware</u> of ～	14
12 ☑ ① 間に合って ② やがて，そのうちに	in <u>time</u>	8
13 ☑ ～から構成されている	be <u>composed</u> of ～	19
14 ☑ ① ～をしようかなと思う；～のことを考える ② ～を思いつく ③ ～を思い出す	<u>think</u> of ～	45
15 ☑ A に B を思い出させる	<u>remind</u> A of [about] B	112
16 ☑ ～をよく考える	<u>think</u> over ～	85
17 ☑ ～から成り立っている	<u>consist</u> of ～	46
18 ☑ 催される；起こる	<u>take</u> place	87
19 ☑ ～ができる；～の可能性がある	be <u>capable</u> of ～	16
20 ☑ (スイッチなど) を消す；(水・ガスなど) を止める； (明かりなどが) 消える	<u>turn</u> off (～)	80

21 ☐	～に満足している	*be* satisfied with ～	26
22 ☐	AがBするのを妨げる，AをBから防ぐ	prevent *A* from *B*	111
23 ☐	～に成功する	succeed in ～	56
24 ☐	～の準備をする；～に備える	prepare for ～	44
25 ☐	～に集中する	concentrate on ～	41
26 ☐	AのBを手伝う，AをBで助ける	help *A* with *B*	108
27 ☐	～から起こる	result from ～	50
28 ☐	① 暮らす，（なんとか）やっていく ② 仲良くやっていく；進む	get along	82
29 ☐	決心する	make up *one's* mind	94
30 ☐	～と異なる	differ from ～	52
31 ☐	意味をなす；道理にかなう	make sense	90
32 ☐	AをBと結び付けて考える	associate *A* with *B*	114
33 ☐	① （公共の乗り物など）に乗る ② 仲良くやっていく；（なんとか）やっていく	get on (～)	39
34 ☐	～でできている	*be* made of ～	15
35 ☐	たくさん（の～）	a great[good] deal (of ～)	6
36 ☐	違いが生じる；重要である	make a difference	91
37 ☐	時間どおりに［で］	on time	10
38 ☐	～を理解する；～を計算する；～を解く	figure out ～	72
39 ☐	～を知りたがる，～に好奇心の強い	*be* curious about ～	27
40 ☐	～を（車などに）乗せる；～を拾う	pick up ～	65

Unit 2　日➡英　ファイナルチェック

			ID
1	☑	～(という結果)を引き起こす；～へ通じる	<u>lead</u> to ～	32
2	☑	楽しい時を過ごす	<u>enjoy</u> *oneself*	98
3	☑	～を探す[捜す]	<u>look</u> for ～	42
4	☑	1つの～	a <u>piece</u> of ～	1
5	☑	～に従事している；忙しく～をしている	*be* <u>engaged</u> in ～	23
6	☑	…してもかまわない	*be* <u>willing</u> to *do*	30
7	☑	～の価値[存在]を信じる；～を信用する	<u>believe</u> in ～	55
8	☑	～に基づいている	*be* <u>based</u> on [upon] ～	20
9	☑	(書類など)に書き込む	<u>fill</u> out ～	74
10	☑	…したものだった；昔は～であった	<u>used</u> to *do*[be ～]	106
11	☑	～を引き起こす	<u>bring</u> about ～	60
12	☑	いくつもの～；かなり多くの～	a <u>number</u> of ～	3
13	☑	① ～を通過する　② (苦しみなど)を経験する	<u>go</u> through ～	62
14	☑	目が覚める；(人)の目を覚まさせる	<u>wake</u> up (～)	67
15	☑	～を休みとしてとる	<u>have</u> ～ off	99
16	☑	① 2つの～　② 2, 3の～	a <u>couple</u> of ～	2
17	☑	(調査などの結果)を見つけ出す；(真相)を知る	<u>find</u> out ～	69
18	☑	A に B を知らせる	<u>inform</u> *A* of [about] *B*	115
19	☑	～を落ち着かせる[静める]；落ち着く[静まる]	<u>calm</u> down (～)	84
20	☑	最新(式)の	<u>up</u> to date	13
21	☑	(苦痛など)を訴える；～について不平を言う	<u>complain</u> about [of] ～	47

398

22 ☑	間違いをする	<u>make</u> a <u>mistake</u>	92
23 ☑	～を欠席する	*be* <u>absent</u> *from* ～	22
24 ☑	進歩する	<u>make</u> progress	93
25 ☑	集まる；～を集める	<u>get</u> together (～)	83
26 ☑	(～を)確かめる；確実に～をする	<u>make</u> sure (～)	89
27 ☑	～から立ち直る[回復する]	<u>recover</u> from ～	53
28 ☑	～を主張する	<u>insist</u> on[upon] ～	40
29 ☑	～に気をつける；～の世話をする	<u>take</u> care of ～	101
30 ☑	A を B に(質的に)変える	<u>turn</u> *A* into *B*	110
31 ☑	～とは違っている	*be* <u>different</u> from ～	21
32 ☑	(スイッチなど)をつける；(水・ガスなど)を出す；(明かりなどが)つく	<u>turn</u> on (～)	79
33 ☑	～を楽しみに待つ	<u>look forward</u> to ～	102
34 ☑	～を試着する	<u>try</u> on ～	78
35 ☑	① ～を脱ぐ；～を取り除く ② 離陸する；(流行・売り上げなどが)急増[急伸]する ③ ～を休暇としてとる	<u>take</u> off (～)	81
36 ☑	～を指摘する	<u>point</u> out ～	71
37 ☑	今にも…しようとしている	*be* <u>about</u> to *do*	31
38 ☑	① 働き続ける ② ～に取り組む；～を手がける；～に影響を与える；(薬などが)～に効く	<u>work</u> on (～)	77
39 ☑	① ～に言及する ② ～を参照する；～に問い合わせる	<u>refer</u> to ～	33
40 ☑	～を選ぶ	<u>pick</u> out ～	75

Unit 3　日➡英　ファイナルチェック

			ID
1 ☑	～を卒業する	<u>graduate</u> from ～	51
2 ☑	～で死ぬ	<u>die</u> of[from] ～	48
3 ☑	～を（身に）つける；（電気器具・ガスなど）をつける	<u>put</u> on ～	76
4 ☑	裕福である	*be* <u>well</u> off	28
5 ☑	…したほうがいい，…すべきだ	had <u>better</u> *do*	107
6 ☑	～に注意を払う	<u>pay</u> attention to ～	100
7 ☑	～に頼る；～しだいである	<u>depend</u> on[upon] ～	36
8 ☑	道に迷う	<u>get</u> lost	97
9 ☑	～を確信している	*be* <u>sure</u> of[about] ～	18
10 ☑	B より A を好む	<u>prefer</u> *A* <u>to</u> *B*	109
11 ☑	～を恐れる[怖がる]；～を心配している	*be* <u>afraid</u> of ～	17
12 ☑	たくさんの～	<u>plenty</u> of ～	5
13 ☑	A を B と見なす	<u>regard</u> *A* as *B*	113
14 ☑	（場所が）～に富む	<u>abound</u> in[with] ～	58
15 ☑	流行して	in <u>fashion</u>	9
16 ☑	～を扱う；～を処理する	<u>deal</u> with ～	61
17 ☑	（～と）結婚している	*be* <u>married</u> (to ～)	25
18 ☑	…し続ける	<u>keep</u> *doing*	86
19 ☑	大人になる；（事態などが）生じる	<u>grow</u> up	64
20 ☑	～に責任がある	*be* <u>responsible</u> for ～	24

21 ☐	～を立てる[建てる]；～を創設する[始める]	<u>set</u> up ～	66
22 ☐	当番で，勤務時間中で	on <u>duty</u>	11
23 ☐	総計～になる	<u>amount</u> to ～	35
24 ☐	(事・物)を大好きになる，(人)と恋に落ちる	<u>fall</u> <u>in</u> <u>love</u> with ～	105
25 ☐	① ～であることがわかる；(結果的に)～になる ② ～を産出する ③ (催しなどに)繰り出す	<u>turn</u> out (～)	73
26 ☐	予定どおりで，定時に	on <u>schedule</u>	12
27 ☐	～を実行する	<u>carry</u> out ～	70
28 ☐	～に頼る	<u>rely</u> on[upon] ～	38
29 ☐	(病気など)で苦しむ[悩む]	<u>suffer</u> from ～	49
30 ☐	～を求める	<u>ask</u> for ～	103
31 ☐	約束を守る	keep *one's* <u>promise</u>[word]	96
32 ☐	～をあきらめる；～を捨てる[やめる]	<u>give</u> up ～	63
33 ☐	～に集中する；～に焦点を合わせる	<u>focus</u> on ～	37
34 ☐	(大学生が)～を専攻する	<u>major</u> in ～	57
35 ☐	最善を尽くす	do *one's* <u>best</u>	95
Part 1 (Section 6-9)			**ID**
36 ☐	今までのところ	so <u>far</u>	161
37 ☐	(結果を表して)非常に～なので…	<u>so</u> ～ that ...	175
38 ☐	① ～によれば ② ～に従って；～に応じて	<u>according</u> to ～	164
39 ☐	B だけではなく A も	*A* as <u>well</u> as *B*	176
40 ☐	とにかく，いずれにしても	in <u>any</u> case[event]	146

Unit 4　日➡英　ファイナルチェック

			ID
1 ☑	～の準備中で	in preparation for ～	173
2 ☑	よくても，せいぜい	at best	125
3 ☑	① 実際に ② （ところが）実際は	in fact	148
4 ☑	まるで…のように	as if[though] ...	178
5 ☑	少なくとも	at least	126
6 ☑	例えば	for example [instance]	142
7 ☑	A だけではなく B も	not only A but (also) B	177
8 ☑	ここだけの話だが，内緒だが	between you and me	135
9 ☑	1つには	for one thing	143
10 ☑	間違って	by mistake	137
11 ☑	必ずしも～ではない	not always ～	158
12 ☑	人前で，公然と	in public	151
13 ☑	～のために	owing[due] to ～	165
14 ☑	急いで，あせって	in a hurry	144
15 ☑	～など	～ and so on [forth]	119
16 ☑	お互い	each other	174
17 ☑	詳細に	in detail	147
18 ☑	遅かれ早かれ，そのうち	sooner or later	162
19 ☑	① 多かれ少なかれ，程度の差はあれ ② ほぼ；おおよそ	more or less	133

402

20 ☐	① すぐに ② 同時に	at <u>once</u>	129
21 ☐	できる限り〜	as 〜 <u>as</u> <u>possible</u> [*one* <u>can</u>]	121
22 ☐	① 一体全体 ② 世界中で	on <u>earth</u>	159
23 ☐	結局（は）；やっぱり	after <u>all</u>	116
24 ☐	〜を求めて［探して］	<u>in</u> <u>search</u> of 〜	172
25 ☐	言い換えれば，つまり	in <u>other</u> <u>words</u>	150
26 ☐	① （〜の）至る所に［で］ ② 一面に	<u>all</u> over （〜）	168
27 ☐	せいぜい，多くても	at （the） <u>most</u>	127
28 ☐	〜にもかかわらず	in <u>spite</u> of 〜	167
29 ☐	それにもかかわらず	and <u>yet</u>	120
30 ☐	近ごろは，このごろは	these <u>days</u>	163
31 ☐	① 〜のほかに ② 〜を除いては	<u>apart</u> from 〜	169
32 ☐	いつものように	as <u>usual</u>	124
33 ☐	将来は；今後は	in <u>the</u> <u>future</u>	154
34 ☐	おそらく，たぶん	no <u>doubt</u>	156
35 ☐	〜のおかげで	<u>thanks</u> to 〜	166
36 ☐	1度に	at <u>a</u> <u>time</u>	128
37 ☐	全然〜ない	by <u>no</u> <u>means</u>	138
38 ☐	〜を除いては；〜のほかに	<u>aside</u> from 〜	170
39 ☐	（〜の）結果として	as <u>a</u> <u>result</u> （of 〜）	122
40 ☐	（〜に）加えて；さらに	in <u>addition</u> （to 〜）	145

			ID
1 ☑	長い目で見れば，結局は	in the long run	155
2 ☑	手で	by hand	136
3 ☑	結局は，ついには	in the end	153
4 ☑	無作為に；手当たりしだいに	at random	132
5 ☑	…するやいなや	as soon as ...	179
6 ☑	ところで	by the way	139
7 ☑	(ところが)実際には； (想像などではなく)現実に	in reality	152
8 ☑	(時間的に)〜より先に； (位置的に)〜の前に；〜より進歩して	ahead of 〜	171
9 ☑	いつも，常に	all the time	117
10 ☑	他方では；これに反して	on the other hand	160
11 ☑	もはや〜ない	no longer 〜	157
12 ☑	① まったく　② 一体，そもそも ③ そもそも，ともかく	at all	130
13 ☑	① 一般に　② 一般の	in general	149
14 ☑	〜はどこか調子がおかしい[故障している]。	Something is wrong with 〜.	180
15 ☑	全体として(の)	as a whole	123
16 ☑	とにかく，いずれにしても	at any rate	131
17 ☑	〜からほど遠い，〜どころではない	far from 〜	140
18 ☑	ずっと；はるばる	all the way	118
19 ☑	ときどき	at times	134
20 ☑	しばらくの間	for a while	141
Part 2 (Section 1-2)			ID
21 ☑	間もなく	before long　= soon	213

22 ☑	突然に，不意に	all of a sudden = suddenly, abruptly	209
23 ☑	～より前で	prior to ～ = before	206
24 ☑	重要な	of importance = important	202
25 ☑	それでもやはり	all[just] the same = nevertheless	210
26 ☑	(部品など)を組み立てる； (考えなど)をまとめる	put together ～ = assemble, build	196
27 ☑	大体は，大部分は	for the most part = mostly, generally	216
28 ☑	～を手に入れる	come by ～ = get, obtain	185
29 ☑	～を延期する	put off ～ = postpone	195
30 ☑	～を中止する[取り消す]	call off ～ = cancel	182
31 ☑	ときどき	from time to time = sometimes, occasionally	217
32 ☑	～を我慢する	put up with ～ = tolerate, endure, stand	198
33 ☑	(～を)続ける	carry on (～) = continue	183
34 ☑	～にけちをつける，～を非難する	find fault with ～ = criticize	188
35 ☑	ときどき	(every) once in a while = sometimes, occasionally	207
36 ☑	ときどき	on occasion(s) = sometimes, occasionally	221
37 ☑	～を克服する；(病気など)から回復する	get over ～ = overcome	189
38 ☑	前もって	in advance = beforehand	218
39 ☑	～を暗記する	learn ～ by heart = memorize	191
40 ☑	～を取り除く；～を廃止する	do away with ～ = eliminate, abolish	187

Unit 6 日➡英 ファイナルチェック

			ID
1 ☑	今すぐ，直ちに	<u>right</u> away ＝<u>immediately</u>	224
2 ☑	① ～を掲げる；～を上げる；～を建てる ② ～を泊める	put up ～ ①＝<u>raise</u>, <u>lift</u>, <u>erect</u>, <u>construct</u> ②＝<u>accommodate</u>	197
3 ☑	何度も繰り返し	<u>over</u> and <u>over</u> (again) ＝<u>repeatedly</u>	223
4 ☑	～に似ている	<u>take</u> after ～ ＝<u>resemble</u>	201
5 ☑	～もまた	as <u>well</u> ＝<u>too</u>, <u>also</u>	212
6 ☑	(乗り物)に乗って；乗って[た]	on <u>board</u> (～) ＝<u>aboard</u>	205
7 ☑	普通は；概して	as <u>a</u> (general) <u>rule</u> ＝<u>generally</u>, <u>usually</u>	211
8 ☑	起こる	come about ＝<u>happen</u>, <u>occur</u>	184
9 ☑	～と一緒に，～に加えて	<u>along</u> with ～ ＝<u>besides</u>	203
10 ☑	～を調べる	<u>look</u> into ～ ＝<u>investigate</u>	192
11 ☑	わざと，故意に	on <u>purpose</u> ＝<u>intentionally</u>, <u>purposely</u>	222
12 ☑	永久に	for <u>good</u> ＝<u>forever</u>, <u>permanently</u>	215
13 ☑	(解決策など)を思いつく	come <u>up</u> with ～ ＝<u>devise</u>, <u>invent</u>, <u>conceive</u>	186
14 ☑	～を(ざっと)調べる	<u>look</u> over ～ ＝<u>examine</u>	193
15 ☑	徐々に	by <u>degrees</u> ＝<u>gradually</u>	214
16 ☑	とりわけ，特に	above <u>all</u> (else) ＝<u>especially</u>, <u>particularly</u>	208
17 ☑	始まる	set <u>in</u> ＝<u>begin</u>, <u>start</u>	200
18 ☑	死ぬ	<u>pass</u> away ＝<u>die</u>	194

19 ☐	特に	in particular = especially, particularly	220
20 ☐	① ～を育てる ② （問題・話題など）を持ち出す	bring up ～ ＝ raise	181
21 ☐	（手渡しで）～を提出する［届ける］	hand in ～ ＝ submit	190
22 ☐	～に関連して	in connection with ～ = concerning, about	204
23 ☐	～を始める	set about ～ ＝ begin, start	199
24 ☐	全部で	in all ＝ altogether	219

Part 2 (Section 3-4) | | | ID

25 ☐	偶然に	by chance	273
26 ☐	もしかして	by any chance	274
27 ☐	（～の）邪魔になって	in the way (of ～)	265
28 ☐	（～への）途中で	on the way (to ～)	266
29 ☐	～に当てはまる	*be* true of ～	251
30 ☐	～に忠実である	*be* true to ～	252
31 ☐	～行きである	*be* bound for ～	255
32 ☐	きっと…する；…する責任がある	*be* bound to *do*	256
33 ☐	…したのを覚えている	remember *doing*	229
34 ☐	忘れずに…する	remember to *do*	230
35 ☐	ある距離を置いて	at a distance	277
36 ☐	遠方に［で］	in the distance	278
37 ☐	～を心配している	*be* anxious about ～	257
38 ☐	…したがる	*be* anxious to *do*	258
39 ☐	当然のこととして	as a matter of course	275
40 ☐	実を言うと，実際は	as a matter of fact	276

				ID
1	☑	～を思いつく；～に出くわす	hit on[upon] ～	238
2	☑	ふと (人) の心に浮かぶ	occur to ～	239
3	☑	(考えなどが) (人) にわかり始める [思い浮かぶ]	dawn on ～	240
4	☑	～を心配している	*be* concerned about[for] ～	245
5	☑	～に関係している	*be* concerned with [in] ～	246
6	☑	～で疲れる	*be* tired from [with] ～	253
7	☑	～に飽きる [うんざりしている]	*be* tired of ～	254
8	☑	～に一致する；～に相当する	correspond to ～	236
9	☑	～とやりとりを交わす，～と文通する	correspond with ～	237
10	☑	それどころか，それに反して	on the contrary	269
11	☑	それと反対の [に]	to the contrary	270
12	☑	将来の～，来るべき～	～ to come	259
13	☑	あと～，残りの～；持ち帰り用の～	～ to go	260
14	☑	～を一時解雇する	lay off ～	243
15	☑	～を並べる；～を設計する	lay out ～	244
16	☑	最初は	at first	263
17	☑	初めて	for the first time	264
18	☑	(遅れた状態から)～に追いつく	catch up with[to] ～	231
19	☑	～に遅れずについていく	keep pace with ～	232
20	☑	～に遅れずについていく	keep up with ～	233

Unit 8　日➡英　ファイナルチェック

Part 2 (Section 5-6)		ID
1 ☐ ～としては，～に関する限りは	for *one's* (own) part	351
2 ☐ ～の側での，～としては	on *one's* part	352
3 ☐ ① 屈服する ② ～を提出する	give in (～)	299
4 ☐ (～に)屈する；(～に)道を譲る	give way (to ～)	300
5 ☐ ～をわきに置く；～を取っておく；～を蓄える	put aside ～	313
6 ☐ ～を蓄える；～を取っておく；～をわきに置く	set aside ～	314
7 ☐ ～に等しい	be equal to ～	328
8 ☐ ～に等しい	be equivalent to ～	329
9 ☐ 行ったり来たり；前後[左右]に	back and forth	336
10 ☐ 行ったり来たり；上下に	up and down	337
11 ☐ ～にさかのぼる，～に始まる	date back to ～	311
12 ☐ ～から始まる，～にさかのぼる	date from ～	312
13 ☐ ～は言うまでもなく	not to mention ～	361
14 ☐ ～は言うまでもなく	to say nothing of ～	362
15 ☐ ～を引き渡す；～を手渡す	hand over ～	309
16 ☐ ① ～を引き渡す；～を譲る ② ～をひっくり返す；(ページなど)をめくる； ひっくり返る	turn over (～)	310
17 ☐ …しがちである	be apt to *do*	330
18 ☐ …する傾向がある；…したい気がする	be inclined to *do*	331
19 ☐ ～を制止する；(真相など)を隠す	hold back ～	317
20 ☐ (真相など)を隠す；～を制止する	keep back ～	318

21 ☑	A を B と区別する	distinguish *A* from *B*	287
22 ☑	A を B と区別する	tell *A* from *B*	288
23 ☑	(距離・時間的に)すぐ近くに	close[near] at hand	355
24 ☑	(距離・時間的に)すぐ近くに	(just) around the corner	356
25 ☑	① (寝ないで)起きている ② (寝た状態から)上半身を起こす ③ きちんと座る	sit up	315
26 ☑	(寝ないで)起きている	stay up	316
27 ☑	① ～の世話をする　② ～を好む；～を望む	care for ～	293
28 ☑	～の世話をする	look after ～	294
29 ☑	～にもかかわらず	for all ～	357
30 ☑	～にもかかわらず	with all ～	358
31 ☑	A に B を供給する	provide *A* with *B*	281
32 ☑	A に B を供給する	supply *A* with *B*	282
33 ☑	～を誇り[自慢]に思う	take pride in ～	322
34 ☑	～を誇り[自慢]に思う	pride *oneself* on ～	323
35 ☑	まず第一に	first of all	334
36 ☑	まず第一に	in the first place	335
37 ☑	(～に)気をつける	look out (for ～)	307
38 ☑	(～に)気をつける	watch out (for ～)	308
39 ☑	～の埋め合わせをする，～を補償する	compensate for ～	291
40 ☑	① ～を構成する；～を作り上げる ② 仲直りをする ③ ～の埋め合わせをする	make up (～)	292

411

			ID
1 ☑	ぜひとも	at all cost(s) [any cost]	347
2 ☑	① ぜひとも，必ず ② ぜひどうぞ	by all means	348
3 ☑	要するに，つまり	in a word	340
4 ☑	つまり，手短に言えば	in short	341
5 ☑	～に屈する	surrender to ~	324
6 ☑	～に屈する；～に道を譲る	yield to ~	325
7 ☑	～について言えば，～に関する限り	as for ~	359
8 ☑	～に関して(は)	as to ~	360
9 ☑	～に頼る，～を当てにする	count on[upon] ~	305
10 ☑	～に基づく；～に頼る	rest on[upon] ~	306
11 ☑	～に参加する	participate in ~	289
12 ☑	～に参加する	take part in ~	290
13 ☑	～にとって不可欠である	be essential to ~	326
14 ☑	～にとって不可欠である	be indispensable to[for] ~	327
15 ☑	～にくっつく；～に固執 [執着] する	cling to ~	303
16 ☑	(主義・決定など)を堅持する；～にくっつく	stick to ~	304
17 ☑	① (予定の所に)現れる ② 目立つ；～を目立たせる	show up (~)	295
18 ☑	① 現れる；起こる ② (ガス・音量など)を大きくする；～を探し出す	turn up (~)	296
19 ☑	当分の間(は)，差し当たり	for the present	353
20 ☑	当分の間(は)，差し当たり	for the time being	354

21 ☑	理論的に(は)；原則的に(は)	in principle	345
22 ☑	理論上は	in theory	346
23 ☑	～にある	consist in ～	297
24 ☑	～にある	lie in ～	298
25 ☑	いわば	as it were	349
26 ☑	いわば	so to speak[say]	350
27 ☑	AをBと間違える	mistake A for B	283
28 ☑	AをBだと(誤って)思う[間違える]	take A for B	284
29 ☑	際立つ；目立つ	stand out	301
30 ☑	突き出る；目立つ	stick out	302
31 ☑	一般的に言えば	generally speaking	342
32 ☑	全体的には，概して	on the whole	343
33 ☑	全体的には，概して	all in all	344
34 ☑	現在は，目下	at present	338
35 ☑	現在は；(ちょうど)その時	at the moment	339
36 ☑	～を気の毒に思う，～に同情する	feel sorry for ～	319
37 ☑	～に同情する	take[have] pity on ～	320
38 ☑	～に同情する	sympathize with ～	321
39 ☑	AをBと見なす	look on[upon] A as B	285
40 ☑	AをBと見なす	think of A as B	286

Unit 10 日➡英 ファイナルチェック

			ID
1 ☑	ある意味では，ある点で	<u>in</u> a <u>sense</u>	332
2 ☑	ある意味では，ある点で	<u>in</u> a <u>way</u>	333

3 ☑	① ～の次の[に]　② ほとんど～	<u>next</u> to ～	418
4 ☑	くつろいで	at (*one's*) <u>ease</u>	373
5 ☑	不安で，落ち着かないで	<u>ill</u> at <u>ease</u>	374
6 ☑	① （火・明かりなど）を消す　② ～を出す	<u>put</u> out ～	395
7 ☑	① ～経由で　② ～として，～のつもりで(の)	<u>by</u> <u>way</u> of ～	420
8 ☑	① ～を偶然見つける，～に偶然出会う ② （考えなどが）（相手に）伝わる[理解される]	<u>come</u> across (～)	381
9 ☑	① ～と付き合う；～と一緒に行く　② ～に似合う	<u>go</u> with ～	389
10 ☑	① ～まで　② ～しだいである；～の責任である ③ （悪いこと）をしようとしている	<u>up</u> to ～	413
11 ☑	① 詳細に；長々と　② とうとう，ついに	at <u>length</u>	417
12 ☑	① ～のほうを見る；～に気をつける ② ～に頼る，～を当てにする	<u>look</u> to ～	393
13 ☑	① 出かける　② （灯火などが）消える；気絶する；死ぬ	<u>go</u> out	387
14 ☑	① ～のため[結果]である　② …する予定である	*be* <u>due</u> to ～	412
15 ☑	① ～を受ける，～を経験する ② ～と（約束して）会う，～と会見する	<u>meet</u> with ～	407
16 ☑	① ～を持ち上げる；～を支える；持ちこたえる ② ～を遅らせる　③ ～に強盗に入る	<u>hold</u> up (～)	391
17 ☑	① 事実上，実際は　② （法律などが）実施されて	in <u>effect</u>	415
18 ☑	① ～を意味する，～の略である ② ～を許容する，～を我慢する	<u>stand</u> for ～	398
19 ☑	① 連続して　② 直立して，垂直にして	on <u>end</u>	419
20 ☑	① 一般の；全体としての　② 逃走中で，逮捕されないで	at <u>large</u>	414

21 ☑	① ～を配る；～を発する ② （供給物・力などが）尽きる［なくなる］	give out (～)	383
22 ☑	① ～を扶養する　② ～に備える；(法律が)～を規定する	provide for ～	408
23 ☑	① ～に取り組む；～に作用する ② （命令・信念など）に従って行動する	act on[upon] ～	375
24 ☑	① ～を常食にする　② （～の収入・金額）で生活する　③ 生き続ける	live on (～)	392
25 ☑	① 定住する；落ち着く　② （腰を据えて）始める	settle down	396
26 ☑	① ～に詳細に目を通す，～を調べる　② ～を復習する；～を繰り返す	go over ～	388
27 ☑	① （人）を訪問する　② ～に要求する	call on[upon] ～	380
28 ☑	① （辞書などで）～を調べる　② （人）を訪ねる ③ （景気などが）上向く［好転する］	look up ～	394
29 ☑	① （手など）を差し出す ② （希望など）を抱かせる；持ちこたえる［耐える］	hold out (～)	390
30 ☑	① ～のほうへ進む　② ～に寄与する［役立つ］	make for ～	405
31 ☑	① ばらばらになる［解散する］；～をばらばらにする［解散させる］ ② （人が）別れる；（関係などが）終わる；～を終わらせる	break up (～)	378
32 ☑	① （車が）～をひく　② （～から）あふれる	run over (～)	410
33 ☑	① （火事・戦争などが）起こる ② （汗・吹き出物などが）出る；急にしだす	break out	377
34 ☑	① ～を引き受ける；～を雇う ② （様相・色・性質など）を呈する［帯びる］	take on ～	400
35 ☑	① ～を理解する　② ～を見分ける ③ （書類・小切手など）を作成する	make out ～	406
36 ☑	① 押し入る；口を挟む　② ～を慣らす	break in (～)	376
37 ☑	① ～を却下［拒絶］する　② （音量・火力など）を小さくする	turn down ～	403
38 ☑	～に依存している	be dependent on [upon] ～	363
39 ☑	～から独立している	be independent of ～	364
40 ☑	① ～も同然，ほとんど～　② ～以外すべて	all but ～	416

Unit 11　日➡英　ファイナルチェック

			ID
19 ☐	～を見下す	<u>look down</u> on[upon] ～	367
20 ☐	～を尊敬する	<u>look up</u> to ～	368

Part 3 (Section 1-6)

			ID
21 ☐	道をあける	<u>make</u> way	518
22 ☐	～を熟考[反省]する	<u>reflect</u> on[upon] ～	430
23 ☐	成功する，うまくやる；間に合う；出席する	<u>make</u> it	594
24 ☐	着席する	<u>take</u>[have] a <u>seat</u>	525
25 ☐	(～の)速度を落とす；ペースが落ちる	<u>slow</u> down (～)	461
26 ☐	～を書き留める；(建物など)を取り壊す	<u>take</u> down ～	464
27 ☐	握手する	<u>shake</u> hands	527
28 ☐	～に用心深い	*be* <u>wary</u> of ～	581
29 ☐	交代でする	<u>take</u> turns	522
30 ☐	A(人)にBを禁止する	<u>prohibit</u> A <u>from</u> B	497
31 ☐	～に値する[ふさわしい]	*be* <u>worthy</u> of ～	574
32 ☐	① ～を分解する；～を壊す ② 故障する；取り乱す；肉体的[精神的]に参る	<u>break</u> down (～)	462
33 ☐	AからBを奪う	<u>deprive</u> A <u>of</u> B	504
34 ☐	① ～に到着する　② …できる；…するようになる	<u>get</u> to ～	428
35 ☐	AにBを贈る[与える]	<u>present</u> A <u>with</u> B	512
36 ☐	(契約など)を取り結ぶ；(議論など)を始める	<u>enter</u> into ～	436
37 ☐	～を回顧[回想]する	<u>look back</u> on [upon / to] ～	593
38 ☐	話をやめる；～を黙らせる	<u>shut</u> up (～)	458
39 ☐	～を実行[実施]する	<u>put</u> ～ into <u>practice</u> [operation]	595
40 ☐	(人)を拘束する；～を固く縛る；提携する	<u>tie</u> up (～)	454

417

			ID
1 ☑	AをBと診断する	<u>diagnose</u> A <u>as</u> B	513
2 ☑	～に似ている	be <u>similar</u> to ～	550
3 ☑	持ち主が変わる	<u>change</u> hands	528
4 ☑	～と一致する；～に従う[合わせる]	<u>conform</u> to[with] ～	425
5 ☑	A(人)にBの印象を与える	<u>strike</u> A <u>as</u> B	514
6 ☑	～と関係がある；～と姻戚関係がある	be <u>related</u> to ～	549
7 ☑	～に携わっている[関係している]； ～に熱中している	be <u>involved</u> in ～	562
8 ☑	BのことでAを非難[告訴]する	<u>accuse</u> A <u>of</u> B	507
9 ☑	～になりやすい	be <u>prone</u> to ～	560
10 ☑	～に熱中している	be <u>absorbed</u> in ～	563
11 ☑	(物)を(しぶしぶ)手放す	<u>part</u> with ～	445
12 ☑	～に賛成する；～を承認する	<u>approve</u> of ～	439
13 ☑	現れる；ばれる；出版される	<u>come</u> out	466
14 ☑	A(人)にB(物・事)を請け合う[保証する]	<u>assure</u> A <u>of</u> B	509
15 ☑	～と同じ[同一]である	be <u>identical</u> to [with] ～	561
16 ☑	～に取り掛かる；～に精を出す	<u>go</u> about ～	448
17 ☑	BのことでAを罰する	<u>punish</u> A <u>for</u> B	502
18 ☑	～の邪魔をする，～を妨げる	<u>interfere</u> with ～	444
19 ☑	① いつもの席に着く；特定の地位を占める ② ～に取って代わる	<u>take</u> one's <u>place</u>	521
20 ☑	～に特有である；いかにも～らしい	be <u>characteristic</u> of ～	573

21 ☑	～を（どれにするか）決める，（複数の選択肢から）～に決める	decide on[upon] ～	431
22 ☑	AをBにちなんで名づける	name A after B	516
23 ☑	～を引き起こす［生む］	give rise to ～	542
24 ☑	（手段など）に訴える［頼る］	resort to ～	426
25 ☑	（～に）発言権［発言力］を持つ	have a say (in ～)	529
26 ☑	～に由来する，～から出ている	derive from ～	442
27 ☑	（病気）にかかる	come down with ～	585
28 ☑	（～と）連絡を取る	get in touch (with ～)	589
29 ☑	～より好ましい［優れている］	*be* preferable to ～	557
30 ☑	はっきり［思い切って］話す	speak out[up]	468
31 ☑	AをBに任せる；AをBに残す	leave A (up) to B	488
32 ☑	急に～をしだす；突然～に入る	burst into ～	437
33 ☑	～を確信している	*be* confident of [about] ～	576
34 ☑	失明する	go blind	590
35 ☑	BのことでAを非難する；BをAのせいにする	blame A for B	501
36 ☑	BについてAを疑う	suspect A of B	508
37 ☑	最後には～になる	end up	450
38 ☑	思い切ってやってみる；賭ける	take a chance [chances]	523
39 ☑	～の生活をする	live[lead] a ～ life	519
40 ☑	（～を）急にやめる；～を切り離す	break off (～)	478

				ID
1	☑	～を産む；～の原因になる	give birth to ～	543
2	☑	(暴力・脅迫などで) A から B を奪う	rob A of B	505
3	☑	～を認める [告白する]	admit to ～	424
4	☑	～に慣れている	*be* accustomed to ～	554
5	☑	～に欠けている	*be* lacking in ～	564
6	☑	元気づく；～を元気づける [応援する]	cheer up (～)	455
7	☑	～についてやかましい [気難しい]	*be* particular about[over] ～	584
8	☑	～を知らない	*be* ignorant of ～	575
9	☑	～を好む	have a liking for ～	541
10	☑	～を自慢する，～を誇らしげに話す	boast of[about] ～	440
11	☑	～を見つける [見かける]	catch sight of ～	547
12	☑	～(の量) を減らす，～を切り詰める	cut down[back] (on) ～	460
13	☑	～に気をつけている，～から目を離さない	keep an eye on ～	545
14	☑	～に精通している；～と知り合いである	*be* acquainted with ～	572
15	☑	(～を) 要約する；～を合計する	sum up (～)	452
16	☑	(あえて) 危険を冒す；賭ける	take a risk[risks]	526
17	☑	(人) のためになる [役に立つ]	do ～ good	588
18	☑	～に対して寛大である	*be* tolerant of ～	580
19	☑	(B と) 共通に A を持っている	have A in common (with B)	591
20	☑	① (物・言葉など) を差し入れる [加える]；(設備など) を取り付ける ② (労力・時間・金など) を注ぎ込む [投入する]	put in ～	480

21 ☑	使い果たす；尽きる	<u>run</u> out	467
22 ☑	～を増やす	<u>add</u> to ～	421
23 ☑	～を受けやすい；～に服従している	be <u>subject</u> to ～	551
24 ☑	(A を)B に合わせて調節する	<u>adjust</u> (A) <u>to</u> B	485
25 ☑	A の B を治す；A(人)の B(悪癖など)を取り除く	<u>cure</u> A <u>of</u> B	506
26 ☑	～を重要視する；～を理解する	<u>make</u> <u>much</u> of ～	537
27 ☑	(問題など)を解決[調整]する	<u>iron</u> out ～	473
28 ☑	(責任・仕事などが)～に降りかかる；(休日などが)～に当たる	<u>fall</u> on[upon] ～	432
29 ☑	(光・音・においなど)を発する	<u>give</u> off ～	477
30 ☑	A(人)に B を思いとどまらせる	<u>discourage</u> A <u>from</u> B	495
31 ☑	～に影響を与える	have an <u>influence</u> [effect] on ～	540
32 ☑	～を心にとどめておく[忘れない]	<u>keep</u>[bear] ～ in <u>mind</u>	592
33 ☑	～を確信している	be <u>convinced</u> of ～	579
34 ☑	～に人気がある	be <u>popular</u> with [among] ～	568
35 ☑	～へたどり着く，～まで道を探しながら進む	<u>find</u> one's <u>way to</u> ～	544
36 ☑	～に満足している	be <u>content</u> [contented] with ～	570
37 ☑	～を近づけない；～に近づかない；～を慎む	<u>keep</u> off ～	476
38 ☑	思い通りにする	have[get] one's (own) <u>way</u>	530
39 ☑	ちょっと立ち寄る	<u>drop</u> in	481
40 ☑	A(人)を説得して B をさせる	<u>talk</u> A <u>into</u> B	511

Unit 14 日➡英 ファイナルチェック

			ID
1 ☐	出発する；～を引き起こす	<u>set</u> off (～)	474
2 ☐	～について有罪である，～を犯している	*be* <u>guilty</u> of ～	578
3 ☐	(～に) 電話をかける；(記憶・勇気など) を呼び起こす	<u>call</u> up (～)	457
4 ☐	～を整理する；～を処理する	<u>sort</u> out ～	470
5 ☐	…するのが困難である，苦労しながら…する	<u>have</u> <u>difficulty</u> (in) *doing*	538
6 ☐	～に敏感である	*be* <u>sensitive</u> to ～	553
7 ☐	～を常食[餌]にする	<u>feed</u> on ～	433
8 ☐	～を利用する	<u>make</u> <u>use</u> of ～	534
9 ☐	～より優れている	*be* <u>superior</u> to ～	552
10 ☐	① ～に侵入する ② 急に～をしだす	<u>break</u> into ～	435
11 ☐	A を B と交換する	<u>exchange</u> *A* for *B*	500
12 ☐	出現する，生まれ出る	<u>come</u> into <u>being</u> [existence]	586
13 ☐	① 近づく；(壇上などに) 上がる ② (量・速度など) を増す；(活動など) を促進する	<u>step</u> up (～)	459
14 ☐	生計を立てる	<u>make</u>[<u>earn</u>] a [*one's*] <u>living</u>	520
15 ☐	～を制御[管理・支配]する	<u>take</u> <u>control</u> of ～	533
16 ☐	～に反している	*be* <u>contrary</u> to ～	555
17 ☐	B に A を注文する	<u>order</u> *A* from *B*	498
18 ☐	～をすり減らす[疲れ果てさせる]；すり減る	<u>wear</u> out (～)	471
19 ☐	～を全焼させる；(建物が) 全焼する	<u>burn</u> down (～)	465
20 ☐	努力する	<u>make</u> an <u>effort</u> [<u>efforts</u>]	517

21 ☑	① ～を偶然見つける，～に偶然出会う ② ～を走って横切る	<u>run</u> across ～	449
22 ☑	～に精通[熟達]している	be <u>versed</u> in ～	565
23 ☑	～に適している；(目的など)に合っている	be <u>suitable</u> <u>for</u>[to] ～	582
24 ☑	～と親しくなる	<u>make</u> <u>friends</u> with ～	536
25 ☑	(人・車が)割り込む	<u>cut</u> in	482
26 ☑	A(恩・義務など)をBに負っている； A(金)をBに借りている	<u>owe</u> A <u>to</u> B	491
27 ☑	～に沿って進む；～から離れない；～に従う	<u>keep</u> to ～	427
28 ☑	冷静さを保つ	<u>keep</u>[hold] one's <u>temper</u>	531
29 ☑	AをBのせい[結果]と考える	<u>attribute</u> A <u>to</u> B	490
30 ☑	～を強調[重視]する	<u>put</u> <u>emphasis</u> [stress] on[upon] ～	548
31 ☑	～に偶然出会う，～を偶然見つける；～にぶつかる	<u>run</u> into ～	434
32 ☑	AにBをさせない，AをBから守る	<u>keep</u> A <u>from</u> B	494
33 ☑	(物・情報など)を次に回す[伝える]	<u>pass</u> on ～	483
34 ☑	～で忙しい	be <u>busy</u> with ～	567
35 ☑	(天候が)晴れる； (疑念・不明点など)を明らかにする	<u>clear</u> up (～)	453
36 ☑	AをBにたとえる	<u>liken</u> A <u>to</u> B	493
37 ☑	～を使い果たす	<u>use</u> up ～	451
38 ☑	～を(子孫[後世]に)伝える	<u>hand</u> down ～	463
39 ☑	～の犠牲[餌食]になる	<u>fall</u> <u>victim</u> to ～	546
40 ☑	～はどうなるか	<u>become</u> of ～	441

423

			ID
1 ☑	～を驚かす；～の不意を打つ	<u>take</u> ～ by <u>surprise</u>	597
2 ☑	～をからかう	<u>make</u> <u>fun</u> of ～	535
3 ☑	～を備えている	*be* <u>equipped</u> with ～	569
4 ☑	～を利用する；～につけ込む	<u>take</u> <u>advantage</u> of ～	532
5 ☑	(仕事・目的など)に打ち込んでいる	*be* <u>dedicated</u> to ～	558
6 ☑	(困難・問題など)に直面している	*be* <u>confronted</u> with[by] ～	571
7 ☑	A を B に変える[変質させる]	<u>transform</u> *A* <u>into</u> [<u>to</u>] *B*	510
8 ☑	A を B に限定する；A を B に閉じ込める	<u>confine</u> *A* <u>to</u> *B*	492
9 ☑	(～を)引き継ぐ；～を支配する	<u>take</u> over (～)	479
10 ☑	(はっきりした)形をとる	<u>take</u> shape	524
11 ☑	B のことで A を祝う	<u>congratulate</u> *A* <u>on</u> [<u>for</u>] *B*	515
12 ☑	(夢・予言などが)実現する	<u>come</u> true	587
13 ☑	～に特有である	*be* <u>peculiar</u> to ～	559
14 ☑	脱落する，中途退学する	<u>drop</u> out	469
15 ☑	～を処分する；～を平らげる	<u>dispose</u> of ～	438
16 ☑	～を切望する	<u>long</u> for ～	446
17 ☑	(主義・規則など)に忠実に従う；～にくっつく	<u>adhere</u> to ～	429
18 ☑	A を B にさらす	<u>expose</u> *A* <u>to</u> *B*	487
19 ☑	B のことで A を許す	<u>forgive</u> *A* <u>for</u> *B*	503
20 ☑	A (人)に B を禁止する	<u>forbid</u> *A* <u>from</u> *B*	496

21 ☑	(新製品)を製造[発売]する； ～を転がして出す；転がり出る	roll out (～)	472
22 ☑	A を B に取り付ける[付与する]	attach A to B	489
23 ☑	B の代わりに A を使う	substitute A for B	499
24 ☑	B のことで(A に)感謝している	be grateful (to A) for B	583
25 ☑	～を利用できる；～に近づける	have access to ～	539
26 ☑	～に対して思いやりのある	be considerate of [to] ～	577
27 ☑	～が豊富である	be abundant in ～	566
28 ☑	(環境など)に順応する[慣れる]	adapt to ～	422
29 ☑	A を B と比較する；A を B にたとえる	compare A with [to] B	486
30 ☑	(～を)見せびらかす	show off (～)	475
31 ☑	～に反対する	object to ～	423
32 ☑	～を目指す；～を狙う	aim at ～	443
33 ☑	(秘密など)を漏らす；～をただでやる；～を配る	give away ～	484
34 ☑	～に無関心[無頓着]である	be indifferent to [toward(s)] ～	556
35 ☑	(人)を呼ぶ，(物)を取り寄せる	send for ～	447
36 ☑	爆発する；かっとなる；～を爆破する	blow up (～)	456
37 ☑	(受講など)の届け出をする；～に加わる	sign up for ～	596
Part 3 (Section 7-8)			**ID**
38 ☑	～がない[不足している]ために	for lack[want] of ～	615
39 ☑	(その人の)性格に合わない[調和しない]； 役に不向きな	out of character	660
40 ☑	～のために	for the sake of ～	613

			ID
1 ☑	～から見て；～を考慮して	in (the) light of ～	610
2 ☑	その間(に)；一方で，話は変わって	in the meantime [meanwhile]	630
3 ☑	(計画などが)進行中で	under way	652
4 ☑	～の危険があって	in danger of ～	600
5 ☑	自分の意志で，自発的に	of one's own accord[free will]	655
6 ☑	～を恐れて	for fear of ～	614
7 ☑	～ではなく；～とは対照的に	as opposed to ～	619
8 ☑	平均して	on (the[an]) average	638
9 ☑	～から以後は	from ～ on [onward(s)]	649
10 ☑	～のいるところ[面前]で	in the presence of ～	608
11 ☑	～を犠牲にして	at the expense of ～	616
12 ☑	① 職場で；仕事中で[の] ② 作用して；運転[作動]中で[の]	at work	632
13 ☑	言葉では表現できないほどの[に]	beyond description	658
14 ☑	～に敬意を表して；～のために	in honor of ～	609
15 ☑	～に応じて[答えて]	in response to ～	602
16 ☑	～の基準[原則]で	on a ～ basis	639
17 ☑	警戒して	on (one's) guard	643
18 ☑	～を代表して；～のために	on[in] behalf of ～	622
19 ☑	実際には	in practice	628

20 ☑	〜に直面して；〜にもかかわらず	in (the) face of 〜	604
21 ☑	〜の観点から；〜に換算して	in terms of 〜	598
22 ☑	十中八九，おおかた	in all likelihood	631
23 ☑	〜と比べて；〜に関連して	in relation to 〜	606
24 ☑	〜と交換に	in exchange for 〜	612
25 ☑	〜に関して（は）	with[in] regard to 〜	624
26 ☑	〜を預かって[管理して]	in charge of 〜	605
27 ☑	あるべき場所に，きちんと整って；用意ができて	in place	627
28 ☑	要を得た，適切な	to the point	646
29 ☑	陳列中で[の]，展示して	on display	641
30 ☑	一見したところでは；ひと目で[の]	at first sight	635
31 ☑	〜を見て	at (the) sight of 〜	617
32 ☑	〜の程度に	to 〜 extent [degree]	644
33 ☑	建築[工事]中で	under construction	653
34 ☑	必ず，間違いなく	without fail	656
35 ☑	需要があって，必要とされて	in demand	629
36 ☑	時折；あちこちに	at intervals	637
37 ☑	一部には；幾分（かは）	in part	625
38 ☑	〜のなすがままになって	at the mercy of 〜	618
39 ☑	〜と調和[一致]して	in harmony with 〜	611
40 ☑	〜に賛成して；〜のほうを選んで	in favor of 〜	603

			ID
1 ☑	～を必要として	in need of ～	601
2 ☑	増加中で	on the increase	642
3 ☑	途方に暮れて，困って；損をして	at a loss	634
4 ☑	～が驚いたことには	to one's surprise	645
5 ☑	確かに	for sure[certain]	651
6 ☑	～のおかげで，～によって	by[in] virtue of ～	621
7 ☑	～の視点から（は）	from ～ point of view	650
8 ☑	最近，近ごろ	of late	654
9 ☑	～の代わりに	in place of ～	607
10 ☑	～と著しく違って；～と対照をなして	in contrast to [with] ～	599
11 ☑	～な規模で[の]	on a ～ scale	640
12 ☑	心の底では，本当は	at heart	636
13 ☑	時代遅れの[で]	behind the times	657
14 ☑	順々に；（立ち代わって）次に（は）	in turn	626
15 ☑	（人）に都合がよい[よく]，（人）に有利な[に]	to one's advantage	648
16 ☑	さらに悪いことに	to make matters [things] worse	647
17 ☑	危険な状態で	at risk	633
18 ☑	～を用いて，～によって	by means of ～	620
19 ☑	息切れして	out of breath	659
20 ☑	～の容疑[罪]で	on (a[the]) charge of ～	623

Part 4 (Section 1-2)		ID
21 ☐	～もの数[量]の；～と同数[量]の	as <u>many</u>[<u>much</u>] <u>as</u> ～	687
22 ☐	もし…ならば	<u>provided</u> (that) ...	701
23 ☐	…することに慣れている	*be* <u>used</u> <u>to</u> *doing*	673
24 ☐	誰[どれ]にも劣らず～	as ～ <u>as</u> <u>any</u>	689
25 ☐	…するのも同じだ；(気は進まないが)…してもよい；(どうせなら)…するほうがいい	<u>might</u> (just) <u>as</u> <u>well</u> *do*	666
26 ☐	(人)が…しているところを見つける[捕らえる]	<u>catch</u> ～ *doing*	678
27 ☐	それ自体では，本来は	in <u>itself</u>	682
28 ☐	(～に関して)よくあることだが	<u>as</u> is often <u>the</u> <u>case</u> (with ～)	708
29 ☐	冗談はさておき	<u>joking</u>[<u>kidding</u>] aside	677
30 ☐	はるかに，ずっと	by <u>far</u>	700
31 ☐	一般の～と比べると，～としては	<u>as</u> ～ <u>go</u>	709
32 ☐	…から判断すると；…のように；…のやり方で	(in) <u>the</u> <u>way</u> ...	712
33 ☐	…したい気がする	<u>feel</u> <u>like</u> *doing*	672
34 ☐	どんなに[何が・いつなど]…でも	<u>no</u> <u>matter</u> how[what / when, etc.] ...	661
35 ☐	それだけいっそう～	<u>that</u> <u>much</u> + 比較級	691
36 ☐	次のとおり	as <u>follows</u>	707
37 ☐	いわゆる～	<u>what</u> we <u>call</u> ～	662
38 ☐	実を言えば	to <u>tell</u> (you) <u>the</u> <u>truth</u>	670
39 ☐	いくら～してもしすぎることはない	<u>cannot</u> ～ <u>too</u> (...)	667
40 ☐	次々に	<u>one</u> after <u>another</u>	684

Unit 18 日➡英 ファイナルチェック

21 ☑	最高です。これ以上よい状態はあり得ない。	Couldn't be better.	695
22 ☑	言うまでもなく	needless to say	671
23 ☑	〜も同然，ほとんど〜	as good as 〜	688
24 ☑	…せずにはいられない，…せざるを得ない	cannot help doing	674
25 ☑	(〜するよりも)むしろ…したい	would[had] rather do (than 〜)	686
26 ☑	(人)の知る限り(では)	to the best of one's knowledge	697
27 ☑	すなわち，つまり	that is (to say)	681
28 ☑	死ぬまで〜；ひどく〜	〜 to death	713
29 ☑	…するたびに	every[each] time …	702
30 ☑	〜と言えば	speaking[talking] of 〜	679
31 ☑	容易に	with ease	714
32 ☑	いっそう悪いことに	worse still[yet]	696
33 ☑	ほかならぬ〜，まさに〜	none other than 〜	685
34 ☑	〜に関する限り	as[so] far as 〜 be concerned	706
35 ☑	おそらく…するだろう；…するのはもっともだ	may well do	665
Part 4 (Section 3-4)			**ID**
36 ☑	(経済的・時間的に)…する余裕がある	can afford to do	748
37 ☑	① もし…ならば ② …するといけないから，…に備えて	in case …	767
38 ☑	…して(時間・期間)を過ごす	spend 〜 (in) doing	753
39 ☑	もしあるとしても；もしあれば	if any	770
40 ☑	…しても無駄である。	It is no use doing.	731

Unit 19 日➡英 ファイナルチェック

			ID
1 ☑	…である限り	as[so] <u>long</u> <u>as</u> ...	761
2 ☑	…するように取り計らう[気をつける]	<u>see</u> (to it) <u>that</u> ...	762
3 ☑	確かに〜だが，…だ。	(It is) <u>True</u> 〜, <u>but</u>	727
4 ☑	(結果などは)未定である	<u>remain</u> <u>to</u> <u>be</u> seen	755
5 ☑	…の点で，…のゆえに	in <u>that</u> ...	760
6 ☑	やむなく…する	*be* <u>forced</u> to *do*	741
7 ☑	〜だ，その結果…だ	〜, <u>so</u> (that) ...	765
8 ☑	(〜に対して)責めを負うべきである[責任がある]	*be* <u>to</u> <u>blame</u> (for 〜)	743
9 ☑	…するよりほかに仕方がない	have <u>no</u> (other) <u>choice</u> but to *do*	752
10 ☑	前者は〜，後者は…	the <u>former</u> 〜, the <u>latter</u> ...	736
11 ☑	…なのは当然だ。	(It is) <u>No</u> <u>wonder</u> (that)	719
12 ☑	わざわざ…する	<u>bother</u> to *do*	749
13 ☑	〜になって初めて…する。	It is <u>not</u> <u>until</u> 〜 <u>that</u>	732
14 ☑	…までに(は)	<u>by</u> the <u>time</u> ...	764
15 ☑	必ず…するよう努力する，…することを重視する	make <u>a</u> <u>point</u> of *doing*	754
16 ☑	…する傾向がある，…しがちである	<u>tend</u> to *do*	745
17 ☑	…しさえする	<u>go</u> so <u>far</u> <u>as</u> to *do*	751
18 ☑	AとBとは別のものである	*A* is <u>one</u> <u>thing</u>; *B* is <u>another</u>	737
19 ☑	まさに…するときに	<u>even</u> as ...	769
20 ☑	(ちょうど)〜であるように，…だ。	(Just) <u>As</u> 〜, <u>so</u>	718

21 ☐	…するために	in order[so as] to *do*	759
22 ☐	偶然…する	happen to *do*	746
23 ☐	AのBに対する関係はCのDに対する関係に等しい。	A is to B what C is to D.	733
24 ☐	(とっくに)…してよいころだ。	It is (high) time (that)	729
25 ☐	たまたま…だ。，折よく[運悪く]…だ。	It happens that	720
26 ☐	申し分ない	leave nothing to be desired	758
27 ☐	…なのは言うまでもない。	It goes without saying that	726
28 ☐	～の資格がある	be entitled to ～	744
29 ☐	わざわざ[労を惜しまず]…する	take the trouble to *do*	757
30 ☐	～するかしないうちに…	hardly ～ when [before] ...	724
31 ☐	① …することになっている ② …すべきである ③ …するつもりである；…できる	be to *do*	740
32 ☐	終わる	come to an end[a close]	750
33 ☐	～であればあるほど，いっそう…	the + 比較級 ～， the + 比較級 ...	717
34 ☐	…を考慮すれば；なので	given (that) ...	768
35 ☐	AというよりB	not so much A as B	723
36 ☐	(人は)ただ…すればよい。	All *one* has to do is (to) *do*.	738
37 ☐	…することになっている；(世間で)…と考えられている	be supposed to *do*	742
38 ☐	BほどAなものはない。	Nothing is more A than B.	735
39 ☐	…だ，その上～でもある	..., and ～ at that	774
40 ☐	…である以上，今はもう…なので	now that ...	766

Unit 20　日➡英　ファイナルチェック

			ID
1 ☑	…すれば必ず〜する	<u>never</u> *do* <u>without</u> 〜	725
2 ☑	〜するやいなや…する	<u>no sooner</u> 〜 <u>than</u> ...	730
3 ☑	ひょっとしたら[たぶん]…だろう。	(The) <u>Chances</u> <u>are</u> (that)	721
4 ☑	AやらBやらで	<u>what with</u> *A* <u>and</u> *B*	773
5 ☑	…することはできない。	<u>There</u> <u>is</u> <u>no</u> *doing*.	722
6 ☑	…と言えば十分である。	<u>Suffice</u> (<u>it</u>) <u>to say</u> <u>that</u>	739
7 ☑	なんとか…する[やり遂げる]	<u>manage</u> <u>to</u> *do*	747
8 ☑	…するのに長くはかからない。間もなく…する。	<u>It</u> <u>is not long</u> <u>before</u>	728
9 ☑	〜が…できるように	<u>so</u> that 〜 <u>can</u> *do*	763
10 ☑	…だから	<u>inasmuch</u>[<u>in as</u> <u>much</u>] <u>as</u> ...	775
11 ☑	…する気持ちになる	<u>bring</u> *oneself* <u>to</u> *do*	756
12 ☑	…という条件で、…ならば	<u>on</u> (<u>the</u>) <u>condition</u> (<u>that</u>) ...	771
13 ☑	…さえしない	<u>not</u> <u>so</u> <u>much</u> <u>as</u> *do*	734
14 ☑	〜が…しないように、〜が…するといけないから	<u>lest</u> 〜 (<u>should</u>) *do*	772
15 ☑	それほど〜ではない	<u>not</u> <u>all</u> <u>that</u> 〜	716
Part 4 (Section 5-6)			ID
16 ☑	どうして…か。何の目的で…か。	<u>What</u> ... <u>for</u>?	809
17 ☑	どういたしまして。	<u>My</u> <u>pleasure</u>.	815
18 ☑	投票に行く	<u>go</u> <u>to</u> <u>the</u> <u>polls</u>	800
19 ☑	ほぼ；かろうじて	<u>just</u> <u>about</u>	776
20 ☑	（公職に）就任する	<u>take</u> <u>office</u>	801

21 ☑	(帰らずに)そこで待つ	<u>stick</u> around[about]	794
22 ☑	(〜に)折り返し電話する，(〜に)電話をかけ直す；〜を呼び戻す	<u>call</u> back (〜)	783
23 ☑	〜を見て見ぬふりをする	<u>turn</u> a <u>blind</u> <u>eye</u> to 〜	802
24 ☑	〜を高く評価する，〜を尊敬[尊重]する	<u>think</u> <u>much</u> [<u>highly</u>] of 〜	824
25 ☑	(車・船などを)運転して	at[behind] the <u>wheel</u>	787
26 ☑	要点；(決算書の最下行の)数字；最終結果	the <u>bottom</u> <u>line</u>	806
27 ☑	考え直す，考えを変える	<u>think</u> again	818
28 ☑	① (魅力的なので)〜を見てみる；〜を調査[点検]する ② (図書館などから)〜を借り出す	<u>check</u> out 〜	778
29 ☑	考えてみると，そういえば	<u>come</u> <u>to</u> <u>think</u> of it	823
30 ☑	(〜を)訪問する	<u>pay</u> a <u>visit</u> (to 〜)	798
31 ☑	〜にうんざりしている	*be* <u>fed</u> up with 〜	822
32 ☑	(時間をかけて)ゆっくりやる，自分のペースでやる	<u>take</u> *one's* <u>time</u>	813
33 ☑	息を止める；(期待して)息をひそめて待つ	<u>hold</u> *one's* <u>breath</u>	786
34 ☑	〜の顔を(見て)知っている	<u>know</u> 〜 by <u>sight</u>	804
35 ☑	① 持ちこたえる，頑張る ② 待つ；電話を切らずにいる ③ しっかりつかむ	<u>hold</u> on	779
36 ☑	(〜を)見る	<u>have</u>[<u>take</u>] a <u>look</u> (at 〜)	807
37 ☑	伝説によると…ということだ。	<u>Legend</u> <u>has</u> <u>it</u> (that)	825
38 ☑	(幸運[成功]を)祈る	<u>keep</u> *one's* <u>fingers</u> <u>crossed</u>	797
39 ☑	〜のつもりである	<u>drive</u> <u>at</u> 〜	791
40 ☑	〜にとって当然の報いである	<u>serve</u> 〜 <u>right</u>	799

435

			ID
1 ☐	（電話）（を）切る；（衣服など）を掛ける； 〜を中断する	<u>hang</u> up （〜）	780
2 ☐	その日の仕事を終える	<u>call</u> <u>it</u> a <u>day</u>	795
3 ☐	（人と）仲良くなる［意気投合する］	<u>hit</u> <u>it</u> off （with 〜）	827
4 ☐	〜を試してみる	<u>give</u> 〜 a <u>try</u>	781
5 ☐	先に行く；（ためらわず）進む	<u>go</u> ahead	777
6 ☐	自分の言うことを相手にわからせる	<u>make</u> *oneself* <u>understood</u>	816
7 ☐	面目を失う	<u>lose</u> （*one's*） <u>face</u>	792
8 ☐	最後になったが	<u>last</u> **but** <u>not</u> <u>least</u>	803
9 ☐	のんびり構える	<u>take</u> <u>it</u> <u>easy</u>	814
10 ☐	…はどんなものか。	<u>What</u> ... <u>like</u>?	808
11 ☐	（人）にお願いをする［頼む］	<u>ask</u> 〜 a <u>favor</u>	790
12 ☐	〜があればありがたい，〜が欲しい	**could** <u>use</u> 〜	811
13 ☐	冗談でしょう。，まさか。	<u>You're</u> <u>kidding</u> （me）.	830
14 ☐	残念ながらそうではないようです。	<u>I'm</u> <u>afraid</u> <u>not</u>.	820
15 ☐	最初から	**from** <u>scratch</u>	784
16 ☐	見当がつかない	<u>have</u> **no** <u>idea</u>	810
17 ☐	足元［言動］に注意する	<u>watch</u> *one's* <u>step</u>	828
18 ☐	そうは言ったものの	<u>having</u> <u>said</u> that	788
19 ☐	あっという間に	<u>before</u> *one* <u>knows</u> <u>it</u>	793
20 ☐	〜によろしくと伝える	<u>give</u> *one's* <u>regards</u> <u>to</u> 〜	829

21 ☑	～によく会う	see much of ～	817
22 ☑	さあ着いた。	Here we are.	826
23 ☑	時間ちょうどに，きっかりに	on the dot	789
24 ☑	どうして(…か)。	How come (...)?	812
25 ☑	～に手を貸す	give ～ a hand	782
26 ☑	A(人)にB(食事など)をおごる	treat A to B	821
27 ☑	(人)を見送る	see ～ off	785
28 ☑	～をからかう[かつぐ]	pull ～'s leg	805
29 ☑	(外国語など)を自由に使いこなす力がある	have (a) good command of ～	796
30 ☑	～を自由に取る	help *oneself* to ～	819

Part 5 (Section 1-4)			ID
31 ☑	(記録するなどして)～を把握する；～の跡をたどる	keep track of ～	896
32 ☑	気絶する；酔いつぶれる	pass out	871
33 ☑	～の神経にさわる	get on ～'s nerves	916
34 ☑	(人)と一緒にいる，(人)の相手をする；(話など)に付き合う	keep ～ company	897
35 ☑	AをBのせいにする	ascribe A to B	925
36 ☑	① (法律などが)施行[実施]される ② (薬などが)効く	take effect	894
37 ☑	～に対する眼識[鑑識力]がある	have an eye for ～	920
38 ☑	(仕事・問題など)に本気で取り掛かる	get down to ～	881
39 ☑	人のまねをする，先例にならう	follow suit	914
40 ☑	思う存分～をする，(快楽など)にふける	indulge in ～	861

			ID
1 ☐	思い切って[あえて]…する	*dare* to *do*	923
2 ☐	当てはまる；有効である	hold true	902
3 ☐	～を抑える[食い止める]	hold[keep] ～ in check	919
4 ☐	定着している	*be* here to stay	834
5 ☐	A(ある事柄)をB(人)に痛感させる	bring *A* home to *B*	926
6 ☐	～なしですます	dispense with ～	854
7 ☐	～を手放す	let go of ～	899
8 ☐	(～を)やり遂げる	follow through (on[with] ～)	884
9 ☐	明るみに出る，現れる	come to light	904
10 ☐	(～の)観光をする	see[do] the sights (of ～)	912
11 ☐	～を可能にする；～を考慮に入れる	allow for ～	847
12 ☐	～を(1つだけ)選び出す	single out ～	870
13 ☐	～の目を正視する	look ～ in the eye(s)	901
14 ☐	(可能性など)を排除する；～を認めない	rule out ～	869
15 ☐	～を慎む	refrain from ～	865
16 ☐	～の価値[重要性]を持つ	count for ～	850
17 ☐	① (ファッション・考えなどが)人気が出る[流行する] ② 理解する，気づく	catch on	877
18 ☐	(不十分ながら)～で我慢する	settle for ～	848
19 ☐	AをBに課す[押しつける]	impose *A* on [upon] *B*	924
20 ☐	～に献身する；～と固く約束する[誓う]	*be* committed to ～	833

21 ☐	～を寄せ集める；～を検挙[逮捕]する	<u>round</u> up ～	876
22 ☐	① ～を詳しく述べる[書く] ② ～をくよくよ[つくづく]考える，～にこだわる	<u>dwell</u> on[upon] ～	863
23 ☐	～の資格がある	*be* <u>eligible</u> for ～	839
24 ☐	(事業・計画など)に乗り出す，～を始める	<u>embark</u> on[upon] ～	862
25 ☐	① 成功する ② (約束など)を果たす；(損害など)を償う	<u>make</u> good (～)	887
26 ☐	～を終わりにする；終わる	<u>wind</u> up (～)	873
27 ☐	(～で)我を忘れる，(～に)夢中である	*be* <u>beside</u> *oneself* (with ～)	843
28 ☐	行間を読む；真意をつかむ	<u>read</u> between <u>the</u> <u>lines</u>	913
29 ☐	① (問題などが)うまくいく；～を計画する；～を解決する；～の答えを出す　② 運動する	<u>work</u> out (～)	868
30 ☐	ぶらつく；付き合う	<u>hang</u> around [about / round]	880
31 ☐	～を処理する；～に注意を払う；～の世話をする	<u>attend</u> to ～	855
32 ☐	役に立つ	<u>come</u> in <u>handy</u>	906
33 ☐	(目標・基準など)に達しない	<u>fall</u> <u>short</u> of ～	907
34 ☐	～を差別する	<u>discriminate</u> against ～	866
35 ☐	(～と)食い違っている；(～と)反目し合っている	*be* at <u>odds</u> (with ～)	832
36 ☐	～を失望させる	<u>let</u> down ～	882
37 ☐	(法律的に)成人になる	<u>come</u> of <u>age</u>	905
38 ☐	① ～を引き抜く[引き上げる]；(いすなど)を引き寄せる　② (車などが)止まる；(車など)を止める	<u>pull</u> up (～)	874
39 ☐	(～を)避ける[敬遠する]	<u>shy</u> away (from ～)	879
40 ☐	～への準備をする[道を開く]	<u>pave</u> <u>the</u> <u>way</u> for [to] ～	909

Unit 23　日➡英　ファイナルチェック

			ID
1 ☑	もっともである，理屈に合う	<u>stand</u> to <u>reason</u>	911
2 ☑	骨を折る，努力する	<u>take</u> pains	895
3 ☑	(困難なこと)をやってのける	<u>pull</u> off ～	883
4 ☑	…する価値がある	be <u>worth</u> *doing*	840
5 ☑	(法など)に従う，(約束など)を守る	<u>abide</u> by ～	867
6 ☑	…しようと狙っている	be <u>out</u> to *do*	841
7 ☑	～に(悪意のない)いたずらをする	<u>play</u> a joke on ～	915
8 ☑	(病気・誘惑など)に弱い；(非難・攻撃など)を受けやすい	be <u>vulnerable</u> to ～	838
9 ☑	～を考慮に入れる	<u>take</u> ～ into account	891
10 ☑	(期待など)に添う[恥じない行動をする]；(義務など)を果たす	<u>live</u> up to ～	900
11 ☑	(規則・命令など)に従う[応じる]	<u>comply</u> with ～	853
12 ☑	…するのに大いに役立つ	<u>go</u> a <u>long</u> way to *do*	908
13 ☑	～をうまく処理する，～に対処する	<u>cope</u> with ～	851
14 ☑	～に(悪く)影響する，～にこたえる	<u>tell</u> on[upon] ～	864
15 ☑	(好機など)を逃す；～を取り逃がす	<u>miss</u> out on ～	872
16 ☑	～に向いている[適している]	be <u>cut</u> out to <u>be</u> ～	844
17 ☑	① (罰を受けずに)～をうまくやる ② ～を持ち逃げする	<u>get</u> away with ～	878
18 ☑	～を利用する	<u>put</u> ～ to <u>use</u>	910
19 ☑	(代用品などで)間に合わせる	<u>make</u> do (with ～)	886
20 ☑	～を恋しがる，～にあこがれる	<u>yearn</u> for ～	849
21 ☑	とても～にはかなわない	be <u>no</u> <u>match</u> for ～	837

440

22 ☑	(大)流行している	*be* (all) the rage	845
23 ☑	収入内でやりくりする	make (both) ends meet	888
24 ☑	(人)に仕返しをする[恨みを晴らす]	get[*be*] even with ~	918
25 ☑	① ~をさっと上げる；~を投げ上げる ② (食べた物を)吐く；~を吐く	throw up (~)	875
26 ☑	~に屈する[服従する]	submit to ~	857
27 ☑	~を当然のことと思う	take ~ for granted	890
28 ☑	~の影響を受けやすい；~に感染しやすい	*be* susceptible to ~	831
29 ☑	まだ…していない，これから…しなければならない	have yet to *do*	922
30 ☑	~に懸命[熱心]である	*be* intent on [upon] ~	836
31 ☑	(商品)を扱う；(仕事など)に従事する	deal in ~	859
32 ☑	~と折り合いがつく；(あきらめて)~を受け入れる	come to terms with ~	903
33 ☑	(…という)ふりをする	make believe (that ...)	889
34 ☑	~を熱望する	aspire to ~	856
35 ☑	~を気にしている[心配している]	have ~ on *one's* mind	921
36 ☑	一心に耳を傾けている	*be* all ears	842
37 ☑	~に固執する，~をやり通す	persist in ~	860
38 ☑	~と一致する；~と同時に起こる	coincide with ~	852
39 ☑	(~に)注目する，(~に)気づく	take notice (of ~)	893
40 ☑	~をつかむ；~を捕まえる	take hold of ~	892

441

			ID
1 ☑	（気がつくと）～にいる［～である］	find *oneself* ～	885
2 ☑	① ～の説明となる，～の理由を説明する ② （割合など）を占める	account for ～	846
3 ☑	～に同意する	consent to ～	858
4 ☑	…しがちである；～にかかりやすい	*be* liable to *do*［to ～］	835
5 ☑	（時勢など）に遅れずついて行く	keep abreast of ［with］～	898
6 ☑	～に勝つ；～を出し抜く	get［have］the better of ～	917

Part 5 (Section 5-7)			ID
7 ☑	やがては，将来は	down the road	980
8 ☑	（～の）不可分の要素，（～の）最重要部分	part and parcel (of ～)	971
9 ☑	～をしそうで，～の瀬戸際で	on the verge of ～	964
10 ☑	（すべて）自分1人で；（すべて）独力で	(all) on *one's* own	934
11 ☑	逆に，あべこべに	the other way around ［round / about］	999
12 ☑	危うくなった［て］；賭けられた［て］	at stake	937
13 ☑	～に比例して	in proportion to ～	959
14 ☑	ちょっと；なんとなく	sort［kind］of	997
15 ☑	① 手に負えない　② 即座に	out of hand	950
16 ☑	誰も触れたがらない話題	the elephant in the room	970
17 ☑	～気味で［の］	on the ～ side	949
18 ☑	～の通過後［跡］に；～の結果として	in the wake of ～	960

19 ☐	そのうちに	one of these days	994
20 ☐	① 無料で ② 無駄に	for nothing	984
21 ☐	① とても，大いに ② 遺憾[残念]ながら	only too	996
22 ☐	1人当たりの[で]	per capita	952
23 ☐	きっぱりと，これを最後に	once (and) for all	993
24 ☐	(将来の)まさかの時[緊急時]に備えて	for a rainy day	940
25 ☐	一握りの〜；少数[量]の〜	a handful of 〜	928
26 ☐	〜から歩いて行けるところに	within walking distance of 〜	965
27 ☐	かなりの数の〜	quite a few 〜	932
28 ☐	早い時期に，早くから	early on	981
29 ☐	自分自身の〜	〜 of one's own	946
30 ☐	ちょっとした〜，ある程度の〜	something of a 〜	955
31 ☐	気分転換に，たまには	for a change	982
32 ☐	全員に行き渡るだけの〜	(enough) 〜 to go around	938
33 ☐	〜がないならば	but for 〜	962
34 ☐	直接に，じかに	(at) first hand	975
35 ☐	(人)が…した	of one's (own) doing	947
36 ☐	そういうものとして；それ自体では	as such	974
37 ☐	あり得ない，不可能で	out of the question	951
38 ☐	誰[何]にも劣らない	second to none	954
39 ☐	…と〜の関係[間柄]で	on 〜 terms with …	963
40 ☐	適例	a case in point	967

Unit 25　日➡英　ファイナルチェック

			ID
1 ☑	とても，非常に	<u>all</u> too	973
2 ☑	～に(も)かかわらず，～に関係なく	<u>regardless</u> of ～	957
3 ☑	よくは知らないが，たぶん	for <u>all</u> <u>I</u> <u>know</u>	983
4 ☑	最初からずっと	all <u>along</u>	972
5 ☑	① (同一種類のもので)いろいろ[さまざま]な～ ② ～の1種[1つの型]	a <u>variety</u> of ～	927
6 ☑	どちらかと言えば；もしあるとしても	if <u>anything</u>	985
7 ☑	…という趣旨の[で]	<u>to</u> <u>the</u> <u>effect</u> that …	966
8 ☑	急に，即座に	at[on] <u>short</u> <u>notice</u>	977
9 ☑	連続して	in <u>a</u> <u>row</u>	986
10 ☑	準備[計画・進行]中で	in <u>the</u> <u>works</u>	944
11 ☑	あらゆる種類の～	<u>all</u> <u>manner</u> of ～	933
12 ☑	多数の～	<u>scores</u> of ～	930
13 ☑	～以上(の)	<u>upward(s)</u> of ～	956
14 ☑	思いのままに，随意に	at <u>will</u>	978
15 ☑	～現在で，～の時点で	<u>as</u> of ～	961
16 ☑	普通は，たいてい	<u>more</u> <u>often</u> than <u>not</u>	989
17 ☑	(忙しく)移動中の[で]；活躍中の[で]	on <u>the</u> <u>move</u>	948
18 ☑	(人)の自由になって[使えて]	<u>at</u> ～'s <u>disposal</u>	936
19 ☑	～の都合のよいときに	<u>at</u> ～'s <u>convenience</u>	976

20 ☑	～に従って；～に応じて	in accordance with ～	958
21 ☑	無用の長物	a white elephant	969
22 ☑	(代理人でなく)じかに，自ら	in person	987
23 ☑	多数の～	a host of ～	929
24 ☑	大したものではないが，こんな程度のものだが	such as it is	998
25 ☑	まさしく～(の)	nothing short of ～	945
26 ☑	現在まで(のところ)	to date	1000
27 ☑	賛否両論	the pros and cons	968
28 ☑	考え直してみて	on second thought	990
29 ☑	本格的に；熱心に	in earnest	941
30 ☑	すっかり健康[正常]で	right as rain	953
31 ☑	見たところは，表面上は	on the face of it	991
32 ☑	多くの～，あまたの～	many a[an] ～	931
33 ☑	昔々	once upon a time	995
34 ☑	問題の；論争中の[で]	at issue	935
35 ☑	① 1つおきの～，～おきに ② 残りのすべての～	every other ～	939
36 ☑	概して	by and large	979
37 ☑	調子がよくて	in (good) shape	942
38 ☑	① その場で，即座に ② 窮地に立って，困って	on the spot	992
39 ☑	(過去を)振り返って(みて)	in retrospect	988
40 ☑	(～のために)用意して； (～の身に)降りかかろうとして	in store (for ～)	943

INDEX

・**太字**は見出し熟語，**細字**は見出し熟語の解説内及び「深める！」内に掲載されている関連表現などを示す。
・黒の数字は**熟語の番号**，青の斜体の数字は*ページ番号*を示す。

O

MY IDIOMS LIST

なかなか覚えられない熟語と意味を書き出して、
自分専用の苦手熟語リストを作ろう！

熟語	意味
☐	
☐	
☐	
☐	
☐	
☐	
☐	
☐	
☐	
☐	
☐	
☐	
☐	
☐	
☐	

熟語	意味
☐	
☐	
☐	
☐	
☐	
☐	
☐	
☐	
☐	
☐	
☐	
☐	
☐	
☐	
☐	

熟語	意味
☐	
☐	
☐	
☐	
☐	
☐	
☐	
☐	
☐	
☐	
☐	
☐	
☐	
☐	
☐	

熟語	意味
☐	
☐	
☐	
☐	
☐	
☐	
☐	
☐	
☐	
☐	
☐	
☐	
☐	
☐	
☐	

熟語	意味
☐	
☐	
☐	
☐	
☐	
☐	
☐	
☐	
☐	
☐	
☐	
☐	
☐	
☐	
☐	

熟語	意味
□	
□	
□	
□	
□	
□	
□	
□	
□	
□	
□	
□	
□	
□	
□	

熟語	意味
☐	
☐	
☐	
☐	
☐	
☐	
☐	
☐	
☐	
☐	
☐	
☐	
☐	
☐	
☐	

熟語	意味
☐	
☐	
☐	
☐	
☐	
☐	
☐	
☐	
☐	
☐	
☐	
☐	
☐	
☐	
☐	

花本 金吾（はなもと きんご）

早稲田大学名誉教授

装丁デザイン	及川真咲デザイン事務所
ペーパークラフト制作・撮影	AJIN
本文デザイン	牧野 剛士
編集協力	日本アイアール株式会社
執筆協力	池上 博
	（伊那北高校講師）
校正・校閲	大塚 恭子
	株式会社 交学社
	大磯 巖
	大河 恭子
	石川 道子
	有限会社 アリエッタ
	株式会社 友人社
英文校閲	William F. O'Connor
	Adrian Pinnington
	Jason A. Chau
録音	株式会社巧芸創作
ナレーター	Carolyn Miller
	Josh Keller
	原田 桃子
組版所	幸和印刷株式会社
編集担当	上原 英